작지만 강한
나라를
만든 사람들

작지만 강한 나라를 만든 사람들

위기 속에서 성공의 기회를 발견한
유럽 강소국 사람들의 지혜

김성진 지음

살림

유럽 8개 강소국을 벤치마킹하다

왜 우리는 시지프스가 되었나?

내가 유럽에 첫 발을 디딘 것은 1989년이었다. 중국, 러시아가 영공을 개방하지 않던 시절이라 유럽행 비행기는 먼저 미국 알래스카의 앵커리지 공항에 중간 기착했다. 그곳에서 한 시간 정도 머문 뒤 다시 북극을 가로질러 유럽으로 들어갔다.

그때부터 20년이 지났지만 유럽은 눈여겨보지 않으면 별 변화가 없어 보인다. 자동차가 최신 모델로 바뀐 것 이외에는 길거리도, 건물도 거의 그대로다. 물론 대도시 근교에 첨단 쇼핑센터가 대거 등장한 게 변화라면 변화다.

반면 우리의 겉모습은 세상이 놀랄 만큼 변했다. 솟아오른 현대식 빌딩의 스카이라인이 하늘을 빼곡하게 만들었고, 길거리엔 자동차가 넘쳐난다. 몇 달만 해외에 나갔다왔을 뿐인데 서울은 그새 많이 달라졌다는 얘기를 하는 사람들이 적지 않다.

겉모습은 더욱 화려하고 유려해졌는데 살기가 더 팍팍하다고 푸념하는 사람이 많다. 선진국 클럽이라는 경제협력개발기구OECD의 회원국도 되었지만 곧 외환위기가 닥쳤다. 허리띠를 다시 졸라맸지만 10년이 지난 뒤 가구당 부채는 오히려 네 배 정도 늘었다는 통계도 있다. 정치는 20년 전이나 지금이나 마찬가지고 교육환경도 나아지기는커녕 오히려 무한 경쟁이 더욱 심해졌다는 불평이 많다.

그래서 그리스 신화에 나오는 시지프스Sisyphus같다는 비유도 나온다. 큰 돌을 가파른 언덕위로 굴려 올려 정상에 놓으면 돌은 금방 산 밑으로 떨어지고 만다. 그러면 다시 피땀을 흘리며 산 밑에서부터 돌을 굴려 올려야 하는 게 바로 시지프스의 운명이다.

모든 사람이 열심히 노력해 선진국 문턱에 돌을 올려놓으면 그만 밑으로 떨어져 버리는 일이 계속되어 왔다. 겉으로 보면 미세한 변화조차 없는 유럽의 나라들은 위기를 기회로 만들며 발전하는 것 같은데 변화의 중심에 있는 듯했던 우리는 오히려 제자리에 머물러 있는 게 아닌가하는 상실감마저 든다. 유럽과 우리의 거리는 20년 전보다 오히려 더 늘어난 것 같다.

불확실성 시대, 길을 찾아서

지식인이나 선각자의 역할은 아무래도 그 시대가 가진 문제가 무엇인지 확실하게 정리하고 대안을 제시하는 데에 있다고 할 수 있다. 시대의 표징을 불확실성이란 개념으로 동시대 사람들에게 정리해 준 이는 바로 갤브레이스 John K. Galbraith, 1908~2006였다. 그는 1975년 출간된 『불확실성의 시대』를 통해 현대 경제학이 불확실성을 어떻게 줄여나가는지에 초점을 맞췄다.

21세기에 우리가 맞닥뜨린 불확실성은 물론 과거와는 비교할 수 없을 정도로 커졌다. 정보통신 IT을 비롯한 첨단 과학의 눈부신 발전에, 급속한 환경변화, 그리고 예측의 범위를 언제나 넘어서는 경제지표의 변화는 한 치 앞의 세상을 내다보기도 힘겹게 만들고 있다. 과연 우리는 어디에서 길을 찾아 시지프스의 고리를 끊고 선진국으로 도약할 것인지에 대한 논의가 필요한 시점이 되었다.

그런데 갤브레이스는 집필을 위해 자주 머물렀던 스위스에서 길을 하나 찾았다. 스위스 같은 작은 나라가 놀랄만한 내적 문제해결 능력을 지닌 것에 대해 매우 놀랐던 것이다.

"스위스는 민주주의의 권능 안에 존재하는 여러 문제 — 이를테면 환경의 보전, 독일어·프랑스어·이탈리아어 등을 말하는 사람들 사이의 민족적 융화, 종교가 서로 다른 데 대한 관용적 태도, 우량 주택과 공공서비스의 제공, 농업이나 공업에 대한 배려 깊은 원조, 민주주의 사상을 기르는 교육 등 — 에 대하여는 총체적으로 말해서 훌륭한 해결책을 찾아냈던 것이다." 1)

사실 유럽의 작은 나라들은 비바람에 무너지고 전쟁으로 폐허가 되기를 몇 번이나 반복하면서도 인내와 고통으로 문제해결 능력을 키워왔다. 아이슬란드처럼 무모한 금융허브의 꿈을 키우다 국가파산 지경에까지 빠진 예외적 경우도 있긴 하지만 이들은 대부분 승자가 모든 것을 다 갖는 유럽의 정글에서조차 살아남았다. 지금은 강대국보다 오히려 더욱 번영하고 있다는 사실은 매우 주목할 만하다.

그러니 우리의 입장에서는 전쟁과 평화의 시대를 거치며 온갖 위기를 극복해온 노하우를 벽돌처럼 빼곡하게 쌓아 놓은 그들의 보물창고를 들여다보아야 한다. 강대국의 손아귀에 휘둘리면서도 내부의 문제를 슬기롭게 극복함으로써 세계 최고 수준의 선진국을 만든 그 노하우가 우리에게도 필요하다. 그들은 어떤 재난과 위기도 극복할 비책을 이미 가지고 있다.

유럽 8개 강소국, 온몸으로 부딪치다

유럽에서도 '작지만 강한 나라'는 어떤 나라일까? 물론 스위스처럼 내적으로 성숙한 문제해결 능력을 키워 그 흔한 외침 한번 받지 않은 나라도 있다. 그러나 우리에게 참고가 될 나라는 강대국에 휩쓸리면서도 굳건히 버텨온 나라들일 것이다.

그들의 보물창고에 접근하는 방법은 그곳 사람들과 똑같이 일상에 부딪쳐보는 것이었다. 비록 길지는 않았지만 8개의 작은 나라를 직접 들여다보는 데 모두 85일이 걸렸다. 그 시간 동안 그들과 함께 길거리에서 걷고 전차를 탔으며 그들의 눈으로 그들의 세상을 들여다보려 노력했다. 이 책은 구석구석을 찾아다니며 발로 쓴 '유럽 강소국의 비밀'이다. 그 비밀은 결국 그들의 경험이며 문화요 전통이었다.

그중에는 하루 정도면 걸어서 국토 종단에 횡단까지 가능한 모나코 같은 나라도 있고, 자동차로 하루 종일 달려야 국토의 끝에서 끝까지 갈 수 있는 스웨덴 같은 나라도 있다. 깎아지른 피오르드의 절벽에 얹혀사는 노르웨이도 있고, 전 국토가 거의 바다보다 낮게 가라앉아 밤이나 낮이나 '물과의 전쟁'을 해 온 네덜란드도 있다.

아시아 · 아프리카까지 마구잡이로 삼켰던 프랑스의 한 귀퉁이에서 고작 3만 명 남짓의 인구에도 여전히 강력한 존재감을 과시하는 초미니 국가 모나코는 강소국의 선두주자다. 그나마 과거의 영토 대부분을 프랑스에 빼앗겼고 국가 파산 위기마저 겪었지만 창의적 정책과 강력한 구조조정을 통해 지금 모나코의 국민소득은 프랑스보다 두 배나 많다.

전통적 강대국 프랑스와 스페인 사이에서 교묘한 줄타기를 계속해 온 안도라도 '비밀의 화원'임이 분명하다. 피레네 산맥의 험준한 산골짜기에 고작 8만의 인구밖에 없지만, 세상을 호령했던 두 강대국조차 안도라를 집어삼키진 못했다. 오히려 지금은 프랑스와 스페인에서 이민 오려고 줄을 선 이상향이 되었다.

유럽연합의 기원이 된 벨기에, 네덜란드, 룩셈부르크는 '베네룩스 3국'으로 불리며 '왜 작아서 강한 지'를 한 눈에 보여준다. 인구가 48만에 불과한 룩셈부르크는 기적이라 할 만한 요소들로 가득하다. 그 작은 인구만으로도 여전히 자신들의 고유어를 일상생활에서 쓰고 있는 나라다. 길거리 표지는 모두 프랑스어지만 독일어 신문이 더 많이 읽히고 영어는 런던처럼 쓰인다. 국민소득에 관한 한 늘 세계 1위에 올라있는 불가사의한 나라가 바로 룩셈부르크이다.

유럽의 북쪽 끝 변방이었던 스웨덴, 덴마크, 노르웨이는 세계 최고의 부국을 만들어 놓았다. 그저 야만인으로 치부되어온 바이킹의 후손들이 이제 세계 역사를 가장 앞장서며 써나가고 있다. '바이킹 르네상스'라고도 할 만한 화려한 꽃을 피우고 있다.

우리나라와 이들 8개 강소국을 직접 비교하긴 힘들다. 면적도, 인구도 그리고 환경도 그 편차가 워낙 큰 탓이다. 그러나 우리는 벽돌을 하나씩 쌓아갔던 그들의 지혜를 다시 살펴보아야 한다. 양적 성장만을 추구하고 결과만을 중시했던 과거의 관행에서 이젠 벗어나야 한다. 그래야 앞으로 우리가 살아나갈 청사진을 보다 명확하게 세울 수 있다.

유럽의 강소국들이 가진 경험은 '확실한 불확실성의 시대'를 건너가야 할 우리에게 좋은 이정표가 될 수 있을 것이다. 그래서 그들의 삶을 체험하고 역사 속으로 역류했으며 미래의 타임머신까지 타보려는 간절한 마음으로 현장을 누볐다. 우리의 과거를 되짚어 점검하고 새로운 날개를 펴기 위해 우리가 꼭 참고해야 할 튼실한 벤치마킹 자료가 되기를 바랄 뿐이다.

이 책을 기꺼이 출판해준 살림출판사 심만수 사장님께 감사의 말씀을 드린다. 책임 편집자 정회엽 선생은 여정을 함께 한 굳건한 동지처럼 늘 내게 버팀목이 되어 주었다. 유럽 강소국들을 일일이 탐사하는 힘든 여정에 따로, 때론 같이 해준 가족들이야 말로 긴 여행을 무사히 마치게 해준 힘이었다.

한 맺힌 약소국 대한민국을 강하게 만들기 위해 몸과 마음을 다 바치고 있는 모든 분께 감히 이 책을 바친다. 그리하여 부유한 사람이 가난한 사람들과, 건강한 사람이 아픈 사람들과, 권력을 누리는 사람들이 세상에서 소외된 사람들과 손을 맞잡고 인류보편의 진리를 구현해 나가는 정의로운 미래의 대한민국을 기원해 본다.

2009년 2월

김성진

Contents

머리말　유럽 8개 강소국을 벤치마킹하다 　　　　　　　　　　　**5**

제1부　**계란으로 바위를 깬 초미니 강소국**

　　모나코 정치 리더십이 만든 기적 　　　　　　　　　**19**

　　안도라 강대국을 제압한 외교의 귀재 　　　　　　　**47**

제2부　**작아서 강한 베네룩스 3국**

　　룩셈부르크 세계화의 교과서 　　　　　　　　　　　**77**

　　벨기에 기술의 달인, 세계를 호령하다 　　　　　　　**109**

　　네덜란드 국가가 초일류 주식회사 　　　　　　　　　**141**

제3부   바이킹, 초일류 강소국으로 부활하다

스웨덴 북풍이 만든 세계 최고의 복지 · 환경 국가   179
덴마크 황무지에서 일군 최첨단 국가   215
노르웨이 불굴의 개척정신, 세상을 정복하다   239

맺음말   아문센 스피릿, 강소국 대한민국의 정신   264
부록   인터넷으로 만나는 유럽 강소국   276
주   278

모나코, 안도라, 산마리노, 리히텐슈타인…….

일개 도시 정도의 작은 규모를 가진 나라들.

유럽이라는 정글 속에서도 꿋꿋하게 생존해 온 그들에게는

과연 어떤 힘이 있었던 것일까?

늘 절체절명의 위기였던 그들이 살아남을 수 있었던 유일한 길은

생존을 위해서라면 체면에 얽매이지 않았던

철저한 실용주의에 있었다.

제1부

계란으로
바위를 깬
초미니 강소국

모나코 | 안도라

유럽에서 가장 작은 나라는 바티칸이다. 로마 시내의 한쪽에 있는 교황청과 그 부속 지역을 포함해 전체 면적이 0.44제곱킬로미터다. 국경선을 따라 나라 전체를 한 바퀴 돌면 얼마나 걸릴까? 중간에 커피 한 잔 마시고 그 유명한 로마의 길거리 피자 한 조각까지 느긋하게 먹으며 걸어도 1시간, 종종걸음이면 30분이면 족하다. 국토 종단은 10분 정도면 그리 힘들지 않게 주파할 수도 있다. 여의도의 20분의 1쯤 된다.

바티칸은 한 뼘 정도랄 수 있는 영토밖에 없어도 교황을 국가 원수로 하는 엄연한 국가다. 세계 각국에 대사를 파견하고 신임장도 제정한다. 우리나라를 비롯한 세계 각국도 교황청 대사를 따로 파견한다. 2008년 현재 바티칸 인구는 824명이다.[2] 물론 바티칸 근무 인력 상당수가 아침에 바티칸으로 출근하는 로마 시민인데, 세계 각국에서 몰려오는 순례객에 관광객까지 더하면 바티칸 유동 인구는 몇 배로 늘어난다. 큰 행사가 있을 때엔 전 국토가 사람들로 빡빡하게 채워진다.

유럽에서 두 번째로 작은 나라는 바로 모나코다. 국토 면적이 1.95제곱킬로미터, 인구는 32,796명이다.[3] 이탈리아 내륙에 있는 또 다른 작은 나라 산마리노San Marino나 스위스와 오스트리아 사이에 있는 리히텐슈타인Liechtenstein보다 영토로 따지면 훨씬 작다.

얼핏 보면 모나코는 프랑스의 한 휴양도시 같다. 국경도 따로 없고 공용어도 프랑스어여서 칸, 니스, 모나코가 같은 유형의 휴양 도시처럼 보인다. 그러나 로마 시내에 있는 바티칸이 별개의 국가인 것처럼 모나코 역시 프랑스에 둘러싸여 있어도 '모나코 대공국'이 정식 명칭인 엄연한 독립국이다. 모나코 대공은 프랑스 대통령과 형식상으로는 같은 레벨의 국가원수이다. 식민지를 개척한답시고 아프리카로, 아메리카로 온갖 제국주의 수탈은 다 하며 으스대던 강대국 프랑스가 아니던가. 그런데 그 코앞에 툭 튀기면 날아갈 것 같은 조그만 나라 하나를 독립국으로 남겨 뒀으니 모나코의 내공도 만만치 않다.

안도라는 피레네 산맥의 험준한 지형 속에 감춰져 있다. 워낙 험하다 보니 자연스레 프랑스와 스페인이라는 두 나라의 국경이 된 곳이 피레네 산맥이다. 바로 그 깊숙한 곳에 둥지를 튼 나라가 안도라다.

지형적으로 험준하다는 점만 가지고 안도라가 여전히 독립국으로 남아 있다고 단정하기는 힘들다. 스페인이 어떤 나라인가? 브라질을 제외한 남미대륙을 죄다 점령한 식민지 수탈의 선두주자다. 프랑스 역시 유럽의 강대국이다. 아무리 먼 곳이라도 찾아가 탐욕스러움을 보여 주었던 두 강대국이 눈앞에 있는 작은 나라를 지형이 조금 험하다고 가만 뒀을까? 상상하기 힘들다.

안도라는 이 두 강대국 틈바구니에서 살아남았다. 아니 스페인과 프랑스 두 거인이 서로 견제하도록 맞붙여 놓고 그 밑에서 '꿩 먹고 알 먹고' 하며 국익을 추구했던 영리한 사람들이 모여 있다. 명목상으로는 프랑스 대통령과 스페인의 주교를 공동의 국가원수로 떠받들지만 실제 권한은 안도라인들이 다 갖고 있다.

안도라는 지금 인구 8만 명 정도지만 이웃 두 강대국 프랑스와 스페인보다 훨씬 더 잘 산다. 두 나라에서 안도라로 이민 가려는 사람이 줄을 서 있을 정도다. 그들은 살아남았고 더군다나 강대국을 앞설 정도의 길을 개척했다. 안도라는 강대국을 상대로 약소국이 어떤 마인드를 가져야 하는지 보여 주는 교과서다.

외교diplomacy란 한 국가가 국제 사회에서 정치적 목적이나 자국의 이익을 평화적인 방법으로 달성하려는 행위를 말한다고 한다. 좀 더 솔직하게 얘기하면 외교란 "국익을 위해 거짓말을 하는 애국적 행위"[4]다. 안도라는 적어도 프랑스와 스페인을 상대한 노련한 외교의 달인들이었다.

모나코
정치 리더십이 만든 기적

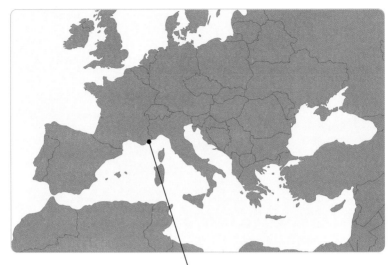

모나코 Monaco

공 식 명 칭	모나코 공국 Principality of Monaco
정 치 체 제	입헌군주제
수 도	모나코 Monaco
면 적	1.95 km²
인 구	3만 명
언 어	프랑스어(공용어), 영어, 이탈리아어, 모네가스크어
종 교	천주교(90%)
문 자 해 독 률	99%
평 균 기 대 수 명	79세
통 화	유로 Euro
1인당 국민소득	$30,000
주 요 산 업	카지노, 금융업, 관광업

　유럽대륙을 연결하는 가장 중요한 도로에는 'E'란 알파벳이 먼저 오고 뒤에 숫자가 붙는다. 이 가운데 가장 중요한 도로의 하나가 'E80'이다. 이 도로는 유럽의 서쪽 끝에서 동쪽 끝까지 연결한다. 서쪽 끝은 포르투갈의 수도 리스본, 동쪽 끝은 터키다. 스페인을 넘어온 E80은 피레네 산맥을 넘은 뒤 프랑스의 툴루즈를 거친다. 여기서부터 E80은 옆으로 평행선을 그으며 달리는데 묘하게도 아래로 처져 있던 해안선이 위로 솟구쳐 올라오면서 지중해 해안을 따라간다. 세계적으로 이름 높은 휴양도시들이 바로 이 구간에 모여 있다. 니스, 칸, 그리고 동화 같은 모나코다. 조금 더 가면 이탈리아의 제노바로 이어진다.

　지중해 연안 지형은 깎아지른 산이 해안까지 그대로 이어져 바다로 떨어지는 모양새다. 해안에서 도대체 평지를 찾기가 힘들다. 이들 해안 지역이 수려한 풍광을 자랑하게 된 건 역설적으로 그 지형이 워낙 험하기 때문이기도 하다. 그래서 이 구간 고속도로는 산 중턱에 건설됐다. 말이 도로이지 실제로는 산과 계곡을 연결한 다리와 터널의 연속이다. 산 중턱을 가로질러 다니니 자동차를 탔다기보다는 비행기에

탑승한 기분이 든다고 말하는 사람이 많다.

고속도로에서 모나코 출구를 따라 나오면 길이 험해진다. 산이 깎아지르다 보니 진입로 역시 가파르기 이를 데 없다. 거의 180도 이상 꺾이는 도로가 부지기수인 데다 도로폭도 매우 좁다. 승용차 두 대가 겨우 빠져나갈 정도의 도로인데도 대형 버스가 들락날락한다.

모나코하면 어떤 이미지가 떠오를까? 중년층에게는 카지노라는 단어가 떠오를 성싶다. 그런데 청바지에 아무나 들고나는 라스베이거스와는 다르다. 모나코 카지노는 정장에 넥타이까지 매야 출입할 수 있다니 그야말로 '럭셔리'란 말이 붙어야 할 것 같다.

자동차를 좋아하는 이는 세계적인 자동차 경주 시리즈 포뮬러 원F1이 열리는 몬테카를로에 먼저 관심이 갈 것이다. 다른 나라 경기는 자동차 전용 경주 코스에서 열리지만 유독 몬테카를로만 험한 일반도로에서 열린다. 분위기가 자동차 경주장과는 판이하니 마니아들이 더 열광한다.

올드 영화 팬들은 미국의 여배우 그레이스 켈리Grace P. Kelly, 1929~1982의 신데렐라 스토리를 떠올릴 수도 있겠다. 사실 그레이스란 배우는 필라델피아 출신의 백만장자를 아버지로 둔 탓에 '부엌데기에서 왕비로의 신분 급상승'의 주인공 신데렐라 이미지와는 거리가 있다. 그래도 미국의 영화배우가 모나코 대공을 칸 영화제에서 만나 사랑하고 결국 왕비가 됐다는 것 자체가 한 편의 영화다.[5]

세금 고지서에 진절머리가 난 사람들도 은근히 모나코에 관심을 보인다. 국가에서 부과하는 세금이 거의 없는 곳이기 때문이다. 한때 유럽의 유명 인사들이 세금을 적게 물기 위해 모나코로 이주했다는 뉴

한눈에 보이는 모나코 중심부. 모나코는 명실공히 세계 최고의 레저·관광 중심지다.

스가 나오면 그저 다른 세상 이야기려니 하면서도 부러워하는 사람이
많았다.

모나코의 '카지노 로얄' 앞에 서면 일단 놀랄 만한 광경이 펼쳐진
다. 국토 전체가 거의 한눈에 다 들어온다. 바티칸보다는 꽤 크긴 하
지만 한 국가의 영토를 한 곳에서 대략 다 훑어볼 수 있다는 것은 정
말 놀랄 만하다. 초미니 국가란 말은 그래서 붙었다.

행정구역은 크게 4개로 나뉘어 있다. E80 고속도로에서 들어오는
초입부터 몬테카를로다. 카지노가 있다 보니 한 집 건너 한 집이 모두
호텔이다. 새로 지은 것도 많지만 기존의 다세대 주택을 개조한 경우
가 더 많다.

몬테카를로에서 지중해를 바라보면 항구는 'ㄱ' 자 형이다. 왼쪽으
로 지중해가 보이고 오른쪽이 내항으로 라콩다민La Comdamine이라고 부

른다. 지형적으로 보면 해안가인데 부둣가를 중심으로 상업, 업무 시설이 집중되어 있다. 평지가 상대적으로 많은 이 해안가 곳곳에 벤치도 있고 노점상도 있다. 길거리 카페에서 음식도 팔아 세계 각처에서 몰려든 사람들로 붐빈다.

라콩다민을 건너 바다로 돌출한 곳엔 하늘로 우뚝 솟은 천혜의 요새가 보인다. 해발 65미터의 이곳이 바로 앙트완 요새Fort Antoine다. 여기서부터 모나코빌Monaco Ville이라고 부른다. 왕궁을 비롯해 정부청사 등이 모두 이곳에 있다. 모나코는 사실 앙트완 요새가 시작이니 이곳은 모나코의 뿌리인 셈이다.

해양 연구에 일생을 바친 알베르 1세Albert I, 재위 1899~1922가 건설한 모나코 해양 박물관도 여기에 있다. 박물관 아래에는 유럽에서 손꼽히는 수족관이 있다. 역시 알베르 1세의 작품인데 박물관이나 수족관 모두 모나코의 명소로 엄청난 수익을 내는 관광자원이 됐다. 이국적 식물로 꽉 들어찬 생마르텡 공원도 관광객들의 발길이 이어진다. 좋은 지도자는 동시대 국민들뿐만 아니라 후손들까지 가만히 앉아서 돈을 척척 벌어들이며 평화롭게 살도록 해 준다.

모나코빌을 조금만 지나면 그동안의 모나코 분위기와 약간 다른 곳이 있다. 여기가 퐁비에유Font Vielle다. 본래 바다였는데 좁은 땅덩어리를 조금이나마 넓혀 보려고 매립했다. 모나코의 산업단지다.

본래 지금의 모나코를 비롯한 지중해 지역 원주민[6]들은 기원전에 이미 지중해 연안을 중심으로 해안 루트를 개척했는데 이들은 그리스 신화의 위대한 영웅 헤라클레스를 주신으로 섬겼다고 한다. 그래서 그들은 지중해 곳곳에 헤라클레스를 기리는 신전을 세웠다. 그중 가장 큰 사원이 오늘날 모나코빌에 있었다고 한다. 이 사원의 이름이 '헤라클레스 모나이코스Hercules Monaikos'였다.

모나이코스라는 말은 그리스어로 '홀로' 혹은 '하나'라는 뜻이니 '헤라클레스를 섬기는 유일한 사원'이란 뜻이다. 모나코라는 이름은 여기에서 유래했다고 한다. 그리스 신 가운데 가장 활동적 모험가였던 헤라클레스를 섬기던 사람들의 후예들이어서 모나코인들 역시 매우 역동적인 것 같다.

파산 직전의 나라를 카지노로 구하다

모나코를 둘러보면 의문이 생기기 마련이다. 국토가 워낙 좁다 보니 제대로 된 산업을 발전시킬 수도 없었고 식량을 자급할 농토마저 거의 없었다. 인구도 웬만한 회사 종업원 수보다 적다.[7] 그런데 특별하다. 경제 통계만 살펴보면 그 특징이 확연히 눈에 들어온다. 2007년 구매력 평가PPP 기준 1인당 국민총생산은 프랑스가 33,000달러이다. 그런데 모나코는 프랑스의 두 배인 67,000달러다.[8]

관광 산업으로 그만큼 벌어들일까? 물론 가장 핵심 산업이 관광이기는 하다. 그런데 바로 옆에 다닥다닥 붙은 니스나 칸 등도 관광도시이긴 마찬가지다. 혹 카지노 수입이 엄청나지 않을까? 엄청나기는 하다. 그런데 카지노 수입은 모나코 전체 수입 중 5퍼센트 이하로 구조조정을 했다.

모나코가 불가사의한 발전을 이룬 것은 순전히 최고경영자라 할 왕실의 공이었다. 모나코 왕실의 조상은 이탈리아 제노바 출신의 그리말디Grimaldi가문이다.[9] 이 집안이 모나코에 들어와 왕 노릇을 시작한 것이 1297년이다.[10] 중간에 우여곡절은 있었지만 여전히 그 후손들이 왕위를 지키고 있어 세계에서 가장 오래된 왕조다.

물론 오래 집권했다고 다 잘했다는 것은 아니지만 그만큼 끈질긴 생명력을 통해 리더십을 검증해 왔다는 설명은 가능하다. 더군다나 모나코가 입헌군주제의 기초를 마련한 것은 1911년, 실제로 입헌군주제가 작동한 것은 제2차 세계대전 이후의 일이니 현대 모나코의 기반은 모나코 왕실이 전제군주 시절 이루어 낸 쾌거라 할 수 있다. 모나코의 성공 비결에는 지리적 요인이나 환경적 요인도 물론 있다. 그런데 왕실의 탁월한 리더십을 빼놓고는 설명이 불가능하다.

모나코가 가장 심각한 위기에 처해 있을 때는 프랑스 혁명기였다. 혁명의 주체들은 프랑스의 절대군주 루이 16세Louis XVI, 1754~1793와 왕비 마리 앙투아네트Marie Antoinette, 1755~1793까지 단두대에서 목을 날릴 정도였다. 구체제의 '꼭두각시' 모나코 정도야 한 칼에 날려 버릴 심산이었다. 혁명군은 1793년 2월 15일 모나코와 프랑스 합병을 선언한 뒤 모나코로 군대를 보냈다.

모나코는 속수무책이었다. 모나코 대공 오노레 4세Honore IV와 왕실 가문은 모두 인질이 됐다. 오노레라는 말이 명예Honor였지만 오노레 4세는 치욕의 왕이었다. 왕궁이 부분적으로 파괴되었고 값비싼 예술품들은 모두 경매장에서 처분될 정도였다. 모나코 왕궁은 곧 프랑스 혁명군을 위한 군 막사로 사용되더니 이어 노숙자들의 숙소와 병원으로 바뀌었다.

프랑스 혁명기를 가까스로 넘긴 모나코는 1815년 체결된 파리평화조약에서 느닷없이 북부 이탈리아의 왕국이었던 사르데냐 왕국의 보호령으로 편입됐다. 강대국의 밀실협상은 약소국의 희생을 전제로 하는데 모나코가 그 희생양이었다. 1819년 즉위한 오노레 5세는 1841년까지의 재위 기간 내내 내부적으로는 재정난, 외부적으로는 강대국의 입김에 밀려 모나코는 벼랑 끝에 서게 됐다.

1841년 오노르 5세가 자식도 없이 서거하자 동생인 플로레스탕 Florestan이 왕위를 계승했다. 엎친 데 덮친 격으로 플로레스탕은 오로지 문학과 예술에만 관심이 있어 세상 물정을 몰랐다. 그런데 모나코가 운이 좋았던 것은 플로레스탕과 결혼한 왕비 카롤린느가 있어서였다. 그녀는 부유한 부르주아 출신으로 뛰어난 지혜와 비즈니스 감각을 겸비했다. 부족한 남편의 능력을 대부분 메울 수 있는 리더십의 소유자였으니 이 시기 실질적인 통치자는 바로 카롤린느 왕비였다.

카롤린느 왕비가 맞닥뜨린 과제는 오노레 왕 부자가 직면한 문제보다 더욱 심각했다. 우선 그리말디 가문이 14세기에 사들여 국토로 편입했던 두 지역 망통 Menton 과 로크브륀느 Roquebrune 11)가 모나코와의 분리 운동을 시작했다. 이곳 주민은 모나코가 별 볼일 없어진 것처럼 보이자 아예 독립하겠다는 생각을 한 것이다. 게다가 보호국이라는 구실로 모나코에 일일이 간섭하던 사르데냐 왕국이 부추기기도 했다.

사르데냐 왕국은 망통 주민들에게도 자유헌법을 허용하기로 했고 주민들은 작은 주인보단 큰 주인이 더 잘 보호해 줄 것이란 환상도 가졌다. 사르데냐 왕국은 잘 하면 이 두 지역을 손아귀에 넣을 수도 있겠다 싶었던 것이다. 1848년 프랑스 노동자들이 주동이 된 2월 혁명도 자유주의를 더욱 부추겼고 망통 주민들의 독립 분위기를 더욱 고조시켰다.

카롤린느는 무능한 남편 플로레스탕의 왕위를 아들인 샤를(즉위 후 샤를 3세Charles III)에게 이양, 새 리더십으로 위기를 모면해 보려 했지만 망통과 로크브륀느는 결국 1848년 3월 20일 모나코로부터 독립을 선언했다. 이런 와중이던 1860년 프랑스와 이탈리아의 사보이 왕가 간에 줄다리기가 계속되던 니스 지역이 프랑스로 편입되자 프랑스는 이참에 망통과 로크브륀느를 집어삼킬 야심을 숨기지 않았다.

모나코에서 망통과 로크브륀느를 떼어 내면 국토는 12분의 1로 줄어들었다. 해안 지역 성채와 그 주변의 땅만 조금 남게 된다. 프랑스의 끈을 잡지 못하면 결국 그 작은 땅마저도 프랑스가 집어삼킬 수도 있었다. 카롤린느는 심장을 잘라 내는 마음으로 망통과 로크브륀느를 프랑스에 내주었고 프랑스는 생색내기용으로 보상금 400만 프랑의 지급을 약속했다.

사실 모나코 왕실이 망통과 로크브륀느를 내놓지 않으려 했던 가장 큰 이유는 모나코 세금의 대부분이 그곳에서 나왔기 때문이다. 왕실 입장에서는 나라를 끌고 나갈 수입원이 하루아침에 사라져 버린 것이었다. 수족을 다 잘라 내고 겨우 독립은 확보했지만 모나코는 국가 자체가 경제 파산으로 공중 분해될 위기에 처했다.

이 위기를 해결하는 방법은 하나밖에 없었다. 왕실이 돈을 벌어 오는 방법이었다. 샤를 3세와 카롤린느 태후는 몇 가지 사업을 벌이긴 했지만 경험도 일천한 데다 사기꾼마저 줄줄이 붙어 있어 거의 말아먹었다. 이럴 때 카지노 이야기가 왕실에 들어왔다. 카지노 자체가 유럽에 몇 개 없었던 데다 각국 정부가 대부분 카지노 산업을 불법으로 묶어 놓거나 규제를 심하게 하고 있었다.

샤를 3세와 카롤린느 태후는 카지노 경영에 있어서 당대 최고로 평가받던 프랑스 출신의 블랑Francois Blanc을 불러들였다. 그는 함부르크에서 카지노를 경영하고 있었고 더욱 좋은 사업지를 찾고 있었다. 블랑은 왕실의 적극적인 지원이 있으면 성공할 수 있다는 판단을 내렸다. 샤를 3세와 카롤린느는 블랑을 통해 국가 재건을 노렸고 블랑은 사업상의 대박을 노렸다.

모나코 왕실은 블랑에게 50년간의 경영권을 내주는 방식으로 카지노 산업을 전문가에게 완전히 일임하면서 후방 지원을 맡았다. 블랑은 카지노 건설뿐만 아니라 유럽인들을 모나코로 끌어오기 위해 당장 필요한 교통수단 확보, 특히 철도의 확충 등을 직접 책임졌다.

오늘날의 모나코를 가능하게 했던 '카지노 로얄'.

샤를 3세와 카롤린느 태후는 남들이 가지 않은 길을 가야 모나코가 살 수 있다는 전향적 사고의 소유자들이었다. 카지노 산업은 모나코를 구할 수 있는 마지막 카드였다. 1863년 모나코 왕실은 블랑과 50년의 장기 계약을 체결했다. 왕실은 당장 눈앞의 이익만을 좇아 서두르지 않았다. 시간이 걸려도 국익에 도움이 되는 정도를 택했다.

블랑은 계약을 체결하자마자 몬테카를로에 카지노Place du Casino를 건축하기 시작했다. 유럽에서 내로라하는 부자들을 몬테카를로로 끌어들이려는 목표를 세웠으니 당연히 호화스러워야 했다. 블랑 역시 50년이란 긴 시간을 보장받았으니 당장의 이익보다 제대로 된 카지노를 만들어 보자는 대의를 더 중시했다.

블랑은 인프라 구축에 나섰다. 무엇보다 불편한 교통문제를 해결해야 했다. 모나코 왕실의 재정이 바닥인지라 블랑은 프랑스에 매달렸다. 프랑스에서 모나코로 들어오는 도로를 확충하고 니스에서 철도편을 늘린다면 프랑스 역시 새로 얻은 니스나 망통과 로크브륀느까지도 모나코 벨트로 묶어 경제 회생이 가능하다는 윈윈전략으로 프랑스를 설득했다.

망통과 로크브륀느 지역경제 활성화에 관심을 가지고 있던 프랑스 역시 적극적 태도를 보였다. 1868년 말 니스-몬테카를로 철도 노선이 확충되었고 카지노 건물도 완공됐다. 그러자 사람들이 모나코를 찾기 시작했다. 블랑의 예측대로 모나코와 주변의 프랑스 영토도 경제 활로를 찾기 시작했다. 사람을 구경하기조차 힘들던 곳에 관광객들이 들어오기 시작하자 다세대 주택이 호텔로 리모델링되거나 아예 호텔이 신축되기도 했다. 돈이 들어오자 모나코 경제가 서서히 움직이기 시작했다. 모나코 경제가 용트림을 시작한 것이다.

　도박 산업은 벼랑에 서 있던 모나코 왕실이 선택한 마지막 카드였다. 모나코 왕실은 도박으로 벌어들인 돈을 모나코 국민들이 또 도박으로 탕진하는 유혹에서 벗어나도록 적극 계도에 나섰으며 이를 통해 다른 산업을 육성하는 프로젝트를 시작했다.

완벽한 현대적 경영기법이 카지노를 살리다

　모나코의 카지노 사업 도전은 놀랍게도 현대의 기업 경영에도 딱 들어맞을 정도의 놀랄 만한 노하우로 무장되어 있다. 모나코가 카지노를 통해 기사회생하지 못했다면 국가재정난으로 프랑스에 무릎을 완전히 꿇었을 것이다. 그런데 모나코는 위기를 기회로 바꾸는 방법을 알았으며 멋지게 성공했다.

　현대 기업에서도 다를 것이 하나도 없다. 잃어버린 10년으로 불리는 일본 경제 불황기의 기업을 연구한 니이하라 히로아키는 현대 기업의 성공요건[12]을 6가지로 요약한 바 있다. 모나코의 카지노 산업을 여기에 비추어 보면 왕실의 리더십은 가장 현대적인 경영기법을 구사했음을 알 수 있다.

　기업이 성공할 수 있는 첫 번째 조건은 "모르는 것은 나눠라."이다. 경영자가 잘 알지 못하는 사업에 섣불리 발을 들이지 않는 용기다. 이는 주력 업종 선택과도 깊은 관련이 있다. 카롤린느 태후와 샤를 3세는 카지노 사업에 대해 이해가 없었지만 블랑이라는 전문경영인을 영입해 전권을 주었다. 전문가를 전적으로 지원하고 일체 간섭을 하지 않은 것이다.

특히 '모르는 것은 나눠라.' 라는 의미에는 '세계시장을 겨냥한 한 가지 사업에 집중하라.' 는 의미도 들어 있다. 모나코의 카지노 사업은 상품으로서도 탁월한 선택이었다. 카지노 중에도 룰렛_{Roulette [13]}을 중점 사업으로 채택함으로써 선택과 집중을 통한 세계 독점이라는 등식을 자연스레 성립시킬 수 있었다.

유럽에선 이미 17세기 후반부터 룰렛이 상류사회의 파티에 자연스 럽게 그 모습을 드러내 도박의 지존으로 이미 군림했다. 그런데 경기 규칙을 둘러싼 잡음도 끊이지 않은 데다 도박이 사회적 문제로 확산 되면서 19세기엔 대부분 국가들이 룰렛을 금지하고 있었다. 이 틈을 몬테카를로 카지노가 비집고 들어간 것이다. 룰렛이 모나코 카지노의 간판이었으니 카지노 마니아들이라면 모나코로 가지 않을 수 없었다. 블랑의 룰렛 전략은 모나코 카지노를 처음부터 궤도에 올려놓을 수 있었던 필승 전략이었다.

물론 모나코의 도약을 배 아파하던 주변의 반격이 시작됐다. 모나 코 주변 도시 그리고 멀리는 다른 국가의 도시에서도 카지노를 즉각 합법화하고 손님을 끌어들이려 했지만 룰렛을 허용하진 못했다. 사회 적 파장을 우려했던 탓이다. 결국 룰렛은 1933년까지 모나코에서만 가능한 도박이었고 그 인기는 하늘을 찌를 듯했다. 룰렛은 20세기 초 에야 미국에 전수되어 도박의 황제 자리에 올랐다.

모나코의 상승세는 무서웠다. 세계의 부자들을 카지노로 끌어들이면 서 호텔과 식당이 번창했고 천혜의 해안에는 부자들의 요트가 정박하면서 단지 카지노에서 끝나는 것이 아니라 관광·레저 산업의 발전으로 이어졌다. 모나코가 꿈의 도시로 성장해 갈 발판을 마련했던 것이다.

두 번째 조건은 "스스로 끊임없이 생각하라."이다. 이는 곧 경쟁력의 차별화로 이어진다. 샤를 3세와 카롤린느 태후는 벼랑에 선 모나코 경제를 되살리기 위해 끊임없이 연구하고 고민해 왔다. 그 결과 아무리 많은 비용이 들어도 최상의 서비스를 통해 시장을 확장하는 미래지향적 결단을 내렸다.

일본 택배 산업의 시조 '야마토ヤマト 운수'가 바로 그랬다. 야마토 운수는 1976년 택배 사업을 시작하면서 두 가지 선택의 기로에 놓여있었다. 그것은 바로 좋은 서비스냐 아니면 비용이냐의 선택이다. 좋은

서비스를 제공하면 초기 투자비용이 대폭 올라갈 수밖에 없다. 그러나 비용을 줄이면 처음 부담은 줄어들겠지만 좋은 서비스 제공에는 한계가 생기게 마련이다.

당시 경영자 오구라 마사오小倉昌男 사장의 철학은 확고했다. 좋은 서비스를 제공하여 비용은 올라가지만 결국 화물이 늘어 수익이 개선되는 선순환을 선택한 것이다. 이른바 '서비스 먼저, 이익은 나중'의 전략이었다. 사업을 시작할 때 불과 11개의 물건을 위탁받았던

카지노 내부의 모습. 카지노는 위기에 처한 모나코가 부활한 원동력이 되었다.

야마토 운수는 이제 하루 평균 270만 개, 연간 9억 개의 화물을 수송하는 굴지의 회사로 성장했다.

모나코 카지노 사업을 총괄한 최고경영자 블랑도 당장 눈앞의 이익을 끌어내기보다는 장기 전략 수립에 치중했다. 투자금이 많이 들었지만 서비스 개선에 최우선의 중점을 두었다. 기존의 건물을 적당히 활용할 수도 있었지만 새로운 고급 카지노 건물을 신축했다. 또 교통 인프라 등도 최우선으로 확립해 고객 서비스를 생각함으로써 결국 '고비용＝손님증가＝수익개선'이라는 선순환 프로그램을 카지노 경영에 도입했다.

"객관적 시각으로 불합리한 점을 찾아내라."는 제3의 조건도 마찬가지다. 이것저것 벌여 놓고 조금씩 매출을 올리면 유지가 될 것이라는 생각부터 잘라 내야 한다는 것이다. 일본의 캐논은 1996년에 비채산 사업에서 철수함으로써 총 매출액이 무려 740억 엔이나 줄어들었다. 외형이 그만큼 줄어든 것이다. 그러나 캐논은 260억 엔의 적자를 줄임으로써 이익 체질의 기업으로 변모했다.

모나코 왕실도 처음엔 이것저것 손을 대 보았지만 결국 카지노에 승부를 걸었다. 다소 체면이 손상되는 위험이 있었지만 국가 전체를 이익 체질의 기업으로 바꿔야 한다는 명제에 충실했다. 블랑이 카지노 사업의 전권을 가졌지만 왕실은 이를 성공시키기 위해 끊임없이 필요한 인프라를 제공하고 지원하는 역할에 머물렀다. 이 때문에 카지노 사업을 대박 산업으로 연결시킬 수 있었다.

네 번째 조건은 "기업의 위기를 천재일우의 기회로 전환하라."는 것이다. 위기가 닥쳤을 때 냉혹하리만큼 반성하고 판단할 수 있는 경영자만이 성공할 수 있다는 결론이다. 국가적으로 파산 일보 직전까지 갔을 때 모나코 왕실은 가장 냉정하고 냉철한 판단을 할 수 있었다. 국가 파산을 앞둔 시점에서 모나코가 가진 장점과 강점을 골라낼 수 있었던 지혜야 말로 모나코를 벼랑에서 구할 수 있었던 원천이었다.

다섯 번째 조건은 "과도한 성장을 지양하고 사업 리스크를 직시하라."이다. 이는 경영기법으로 보면 사업 포트폴리오를 구축하고 리스크를 분산하라는 의미로 풀이할 수 있다. 모나코 왕실은 전문경영인 블랑과 50년의 계약을 했다. 이는 내부적으로 50년 앞을 내다보고 계획을 세웠다는 뜻이기도 하다.

카지노로 기사회생했던 모나코 왕실은 사업이 궤도에 올라가자 우선 잘 되는 카지노 부문을 확대하기보다는 관광 등의 연관 산업, 그리고 새로운 사업으로 눈을 돌려 전체적인 균형을 취하기 위해 엄청난 노력을 했다. 이는 국가의 균형 발전이라는 자체 포트폴리오에서 출발한 주도면밀한 리스크 회피 전략이었다.

마지막 조건은 "세상을 위해, 인간을 위해서라는 자발적인 기업 문화를 가져라."이다. 기업의 이익추구는 수단일 뿐이며 궁극적 목표는 사회 공헌이라는 것이다. 일류 기업은 거의 대부분 "기업은 이익을 창출해 장기적으로 사회에 공헌하는 것을 목적으로 한다."는 기업관을 가지고 있다는 것이 바로 이 책의 분석이다.

모나코는 카지노 산업에 진출하면서 카지노에서 나오는 수익금을 오로지 왕실에서 전용하려 하지 않았다. 국가의 발전과 국민의 복지를 위해 대부분 재투자하는 방향으로 목표가 설정되어 있었다. 특히 모나코 왕실은 카지노 산업이 국민의 건전한 정신을 해치지 않도록 만전을 기했다. 경제 회생을 카지노 산업으로 풀어 나갔지만 모나코 국민이 한탕주의에 휩쓸리지 않도록 세심한 주의를 기울여 "성실하게 노력하는 자만이 성공할 수 있다."는 롤 모델을 제시했다. 이를 위해 국민이 온몸으로 느낄 수 있는 복지 확충에도 세심한 노력을 기울였다.

모나코의 카지노 사업 성공은 현대 기업의 최고경영자들이 다시 되새겨 봄직한 일대 경영 혁신이요, 국가 혁신이다. 니이하라 히로아키는 일본의 기업을 분석하면서 우량 기업은 업종과 상관없이 이런 조건을 갖추고 있음을 지적했다. 모나코는 기업이 아닌 국가지만 최신 경영기법에 결코 모자라는 부분이 없다. 그뿐만이 아니라 질적 발전을 위한 큰 걸음을 바로 내딛기 시작했다.

카지노에서 문화 대국으로의 업그레이드

'노블리스 오블리제'란 가진 자들이 해야 할 의무를 뜻하는 프랑스어이다. 가진 것이 많다는 것은 그 사회로부터 혜택을 많이 받았다는 뜻이다. 그러니 그에 버금가는 의무도 앞장서서 해야 한다는 의미다. 모나코 왕실은 늘 노블리스 오블리제의 의무를 가벼이 여기지 않았다. 군림만 하면서 모든 의무를 백성에게 맡긴 왕실은 존재하기 힘들다는 것을 오랜 역사를 통해 깨달았기 때문이다.

1889년 즉위한 알베르 1세는 그런 면에서 큰 업적을 남겼다. 알베르 1세가 아니었다면 모나코는 그저 유럽의 라스베이거스, 카지노 공화국으로 끝나고 말았을 것이다. 아니 환락의 도시, 유흥의 도시로만

남았을지 모른다. 알베르 1세의 진정한 리더십은 카지노의 경제력으로 문화 강국 모나코를 만들었다는 데 있다.

알베르 1세는 '문화가 결국 돈'이라는 문화 산업의 중요성을 정말 일찍 깨달은 지도자였다. 알베르 1세의 예지력은 우리 자신을 들여다 보면 분명해진다. 우리는 거의 대부분 20세기 말, 21세기 초가 되어서야 문화 산업의 경쟁력을 국가적으로 중요하게 생각하기 시작했다. 그런데 모나코의 알베르 1세는 우리보다 거의 100년이나 앞서 문화 산업의 기초를 다지며 인프라 구축에 나섰다.

알베르 1세의 미래지향적 태도는 무엇보다 자신의 배경에서 나왔다. 자신이 해양학, 고생물학 분야에서 세계적 명성을 가진 위대한 학자였다. 그는 학자다운 태도로 문화 산업의 벽돌을 하나하나 쌓았다. 모나코 해양학 연구소를 창립하는가 하면 1910년엔 모나코의 명물이 된 해양 박물관을 창립했다. 그러자 사람들은 카지노가 아니라 해양 박물관을 보고 공부하기 위해 아이들 손을 잡고 모나코를 찾았다.

알베르 1세의 예술 사랑도 남달랐다. 수준 높은 예술성이 카지노보다 더욱 많은 사람들을 모나코로 끌어들이고 또 나라를 살찌울 것이라고 본 것이다. 오페라 극장이라는 하드웨어는 이미 파리 오페라 극장을 건축한 세계적인 거장 샤를 가르

카지노의 경제력을 바탕으로 모나코를 문화 강국으로 이끈 알베르 1세.

니에_{Charles Garnier, 1825~1898}의 설계로 1869년 공사가 끝나 있었다. 알베르 1세는 카지노로 벌어들인 경제력을 기초로 이미 마련된 하드웨어 안에 강력한 소프트웨어를 집어넣었다.

소프트웨어의 핵심은 사람이다. 루마니아 출신으로 당대의 세계적 마에스트로인 라울 군스부르크_{Raoul Gunsbourg, 1860~1955}를 오페라 극장의 상임감독으로 초빙했다. 물심양면 모든 지원을 아끼지 않았다. 그는 1892년부터 타계할 때까지 무려 53년을 이 극장에서 예술 감독으로 일하며 모나코 오페라를 세계 수준으로 올려놓았다. 유럽의 고급문화계 인사들은 세계 최고 수준의 오페라를 보려 모나코로 몰려왔다.

알베르 1세는 정치 분야에서도 한발 앞서 나갔다. 대공이 모든 권한을 갖는 중세식 전제군주 제도를 자신이 나서서 개혁했다. 1911년 최초의 헌법이 제정되었고 선거를 통해 의회를 구성한 것도 대공이었다.

그뿐만이 아니었다. 가장 혁명적인 조치는 모나코 국민들에게서 일체의 납세의무를 면제한 역사적 사건이었다. 전통적으로 왕실은 국민의 세금을 짜내 호화로운 생활을 해온 것이 일반적이었다. 왕정이 폐지된 지금도 허리를 졸라매는 우리 서민들은 정부의 세금 폭탄에 허리가 휘청거릴 정도가 아닌가.

그런데 알베르 1세는 아예 국민에게서 한 푼의 세금도 걷지 않겠다는 선언을 했으니 그야말로 세상이 뒤집힐 만한 사건이었다. 이 조치는 카지노로 돈을 많이 벌어들이니 국민들에게 환심이나 사자는 일회성 이벤트와는 전혀 차원이 다른 정책 결정이었다. 면세 조치 이후 일어난 일련의 현상은 알베르 1세가 얼마나 주도면밀하게 이 문제를 검

문화강국 모나코를 상징하는 '해양 박물관'.

토하고 결정했는지 그대로 보여 주었다.

　국민과 기업 모두에게 최소한의 상징적인 세목만 남기고 폐지해 버리자 모나코 전체가 일종의 대규모 면세점이 됐다. 그러자 당장 세계적인 명품 브랜드 기업이 자발적으로 모나코에 속속 매장을 오픈했다. 세금이 없으니 그만큼 싸게 팔 수 있고 또 다른 나라처럼 소득세니, 부가가치세니 하는 복잡한 환급 절차도 없으니 해당 기업으로서도 엄청난 이익이 됐다.

　'면세점 모나코'는 쇼핑객을 끌어들이기 시작했다. '카지노 → 카지노＋관광 → 카지노＋관광＋교육 → 카지노＋관광＋교육＋쇼핑'으로 모나코는 대박 행진을 이어갔다. 처음엔 그저 유럽의 내로라하는 부자들이 카지노를 하러 왔지만 이젠 가족들이 손에 손을 잡고 모나코로 왔다. 수준 높은 오페라도 보고 해양 박물관도 견학했다. 더군다나 나라 전체가 면세점이니 살 것이 있을 때 모나코에 오면 모든 것이 해결되는 셈이었다.

알베르 1세는 프랑스와의 관계에도 더욱 신경을 썼다. 안전보장협약·관세동맹을 체결한 것이다. 그래서 알베르 1세는 모나코의 국가 기틀을 완벽히 만들어 후손에게 물려준 셈이다. 그 핵심은 모나코를 카지노의 대명사에서 세계 최고의 문화를 느끼고 즐길 수 있는 나라로 질적인 도약을 이룩한 업적이다.

알베르 1세는 그야말로 '카지노 모나코'를 '문화 강소국 모나코'로 업그레이드한 리더십의 소유자였다. 알베르 1세는 1922년 자신의 소임을 다한 뒤 서거했다. 그를 이어 루이 2세Louis II, 그리고 레니어 3세Rainier III로 왕위가 이어졌다.

현대의 모나코, 세상에서 가장 살기 좋은 도시

레니어 3세는 1949년 왕위에 올라 2005년 타계할 때까지 그야말로 20세기 후반기의 모나코를 이끈 인물이다. 미국 배우 그레이스 켈리와의 세기적 사랑과 결혼 그리고 왕비의 죽음과 심심찮게 흘러나오는 자녀들의 스캔들이 레니어 3세 리더십의 본질을 살짝 가리기도 했다. 그를 둘러싼 가십이 리더십을 가려 버린 꼴이다. 그러나 한 꺼풀 벗겨 보면 알베르 1세가 만든 토대 위에 강력한 현대적 의미의 강소국을 건설한 장본인이 바로 레니어 3세였다.

레니어 3세는 행동을 중시한 리더십의 소유자였다. 프랑스와의 관계 개선도 말이 아니라 행동으로 지켜야 한다는 신념의 소유자였다. 왕세자 시절인 제2차 세계대전 중에는 스스로 프랑스군에 입대해 전쟁에 나갔고 목숨을 걸고 독일군과 싸웠다. 프랑스로부터 뢰종도뇌르 훈장을 받을 정도로 많은 전공을 세웠다. 모나코의 발전은 바로 이와 같은 지도자의 솔선수범에 있었다. 보호국인 프랑스에서 전쟁이 일어나면 왕실의 지도층이 먼저 자원해 프랑스군에 입대하고 또 용감히 싸우니 프랑스로선 모나코를 만만히 볼 수만은 없었다.

1949년 왕위에 오른 레니어 3세가 제일 먼저 착수한 일은 민주적인 정치 개혁이었다. 알베르 1세가 1911년 최초의 헌법을 제정하며 도입했던 민주주의 제도를 시대정신에 맞게 본격적으로 도입했다. 1962년 헌법을 새로 제정, 의회의 권한을 대폭 확대하는 개혁을 단행했다. 새 헌법 제정에 따라 대공과 의원 18명으로 구성되는 임기 5년의 의회가 공동으로 입법권을 행사하기 시작했다. 실질적인 입헌군주제가 실현됐다.

의회는 하원인 국민회의(18석)와 상원인 지역위원회(15석)의 양원으로 구성되어 있다. 1978년부터 1988년 총선까지 왕당파인 민족민주연합이 국민회의 의석 18석을 모두 점유했으나 1993년 1월 총선부터 소수정당이던 캄포라 당과 메데생 당, 무소속도 의석을 획득하고 있다. 물론 이 소수정당도 모나코 왕실의 존재를 근본적으로 부정하지 않는다.

프랑스와의 안전보장협정도 더욱 구체화됐다. 총리에 해당하는 국

La Legion d'honneur

무장관은 프랑스 정부가 추천하는 인사를 국왕이 임명토록 하고 있다. 프랑스와의 업무 협조를 더욱 원활히 하고 양국 관계를 더욱 밀착시키려는 조치다.

레니어 3세의 리더십이 가장 성과를 거둔 곳은 경제 부문이다. 그핵심은 카지노 산업에 대한 국가 의존도를 대폭 줄이고 균형을 회복하는 결단이었다. 한 국가가 특정 부문에만 의존하는 것은 자칫 국가 위기로 연결될 수 있을 정도로 위험한 선택이다. 카지노 산업은 그대로 유지하면서 상대적으로 소외되어 온 관광 산업, 그리고 신규 사업인 금융업 육성에 모나코의 사활을 걸었다. 카지노와 연계된다는 관광 산업과는 달리 금융업 육성은 새로운 도전이었다.

레니어 3세는 1962년 프랑스의 샤를르 드골Charles De Gaulle, 1870~1970 대통령과 '프랑스-모나코 보호에 관한 포괄적 협정'을 체결하면서 금융업 육성의 전기를 만들었다. 이 협정을 통해 모나코 은행은 저축이나 투자에 대해 소득세나 부가가치세 등 일체의 세금을 물리지 않을 근거를 마련했다.

그러자 세계 각국의 부자들이 모나코를 눈여겨보았다. 그 대표적 인물이 그리스의 선박왕이라 불리던 오나시스Aristotle Onassis, 1906~1975였다. 케네디 대통령의 영부인 재클린 케네디와 재혼하기도 해 세계적 화제를 모았던 인물이다. 그가 모나코에 사금고를 개설하자 추이를 지켜보던 유럽의 부자들이 모나코 은행에 돈을 예탁하기 시작했다.

그런데 이 조치의 예외 조항으로 인해 문제점도 있었다. 그것은 모나코에 있는 프랑스 기업이나 프랑스인의 경우 면세 혜택을 받을 수 없다는 예외 조항이었다. 모든 세금을 부과하고 있는 프랑스 입장에서는 프랑스의 코앞에 있는 모나코에서 면세가 인정될 경우 국부 유출을 막을 장치가 전혀 없었기 때문이었다. 더군다나 모나코 입장에서도 프랑스인들이 집단 이주할 경우 상당한 문제가 생길 수도 있었다. 그러자 모나코에 거주하던 프랑스인들이 가만있지 않았다. 연일 시위에 나서는 진풍경도 벌어졌다.

모나코 은행은 1970년대 들어 정치의 안정, 경제의 지속적인 성장에 힘입어 비약적인 발전을 시작했다. 모나코에는 현재 모두 41개의 은행이 활동하고 있다. 이 가운데 모나코 은행은 19개, 프랑스 은행은 모두 13개의 지점을 개설해 놓고 있다. 프랑스를 제외한 다른 외국 은행도 모두 9개의 지점을 개설해 활동하고 있다.

모나코 금융자산은 공식 발표되지 않지만 대략 600억 유로를 넘어설 것으로 보이며 이 가운데 70퍼센트가 모나코에 거주하지 않는 외국인의 투자금일 것으로 추정되고 있다. 금융기관에 종사하는 인원은 거의 2,200명을 넘어, 모나코 전체 인구의 7퍼센트 가량이 금융업 종사자로 분류된다.

모나코 은행은 스위스에 이어 세계 부자들의 사금고 역할을 톡톡히 하고 있다. 스위스와 마찬가지로 세계의 지하자금이 모나코로 유입되어 돈세탁이 일어나기도 하지만 모나코 당국이 이에 개입하지는 않는다. 이런 노력 끝에 정부 재정은 카지노 의존도를 획기적으로 줄이는 산업 다변화에 성공했다. 레니어 3세 치하에서 이미 도박과 관련된 수입은 모나코 전체 국민총생산의 5퍼센트 미만으로 줄어들었다. 또한 경제 개혁이 어느 정도 성공하면서 요람에서 무덤까지 국가가 보살펴 주는 사회복지 혜택도 대폭 확충됐다.

2005년 11월 마침내 레니어 3세가 서거하고 아들인 알베르 왕자가 대공에 올라 알베르 2세Albert II가 됐다. 왕세자 시절엔 만능 스포츠맨이었고 또 뭇 여인들과 수많은 염문을 뿌린 주인공이기도 했다. 자신의 핏줄임을 인정한 아이들도 둘이나 된다. 알베르 2세 대공은 이들이 모두 자식임을 솔직히 인정했지만 합법적인 결혼을 통해 태어난 아이들이 아니라서 왕위 계승권은 없다고 했다.

그러다 보니 일부에서는 알베르 2세가 즉위 후에도 스캔들 메이커가 될 것인지 입방아를 찧기도 했다. 자칫하면 플레이보이 왕이 탄생할 수도 있다는 이야기까지 나돌았다. 그러나 알베르 2세는 과거의 이미지를 벗고 세계적 지도자로 거듭나려는 행보를 보이고 있다. 세계적 해양학자로 존경을 받았던 증조할아버지 알베르 1세나, 현대 모나코 재건의 핵심 주역인 아버지 레니어 3세의 리더십을 따라 잡으려고 노력 중이다.

그의 행보는 세계적 현안인 환경에 맞추어져 있다. 즉위 이듬해인 2006년 4월엔 개 썰매를 이용해 북극점을 다녀오기도 했다. 모나코 왕으로서보다는 세계적 해양학자로 존경을 받았던 알베르 1세에 대한 헌정 성격이 더 강한 북극 탐험이었다. "알베르 1세의 탐험 기록에는 북위 81~82도부터 얼음이 얼어 있었다고 돼 있는데, 이번 탐사에선 86도 지점에 가서야 얼음을 볼 수 있었다."라고 인터뷰에서 온난화를 설명한 것도 그런 속내를 드러낸 것이다.

알베르 2세는 지구온난화를 막는 전사의 이미지를 통해 세계 정치에 영향을 미치려 하고 있다. 모나코 국가 차원에서 탄소중립Carbon Neutral 운동을 적극 지원하면서 환경운동가로서의 이미지를 높이려

하고 있다. 탄소중립 운동은 지구온난화의 주범인 이산화탄소 발행을 상대적으로 줄이면서 동시에 숲을 육성하는 등의 조치를 통해 이산화탄소를 빨아들여 궁극적으로 탄소 발생량을 0으로 만들려는 운동이다.[14]

이를 위해 알베르 2세는 세계적으로 명성이 높은 모나코 요트 쇼 조직위원회를 활용하는 등 적극적으로 활동하고 있다. 모나코 요트 쇼는 2006년부터 탄소중립 운동에 적극 뛰어들어 수익금을 통해 유럽뿐만 아니라 뉴질랜드 등에까지 풍력발전 설비를 제공하고 있다. 2008년 현재 전 세계적으로 약 5만 가구에 전기를 공급하는 풍력발전이 모나코 요트 쇼의 후원으로 이루어졌다고 한다.

모나코 정부는 알베르 2세의 특별 지시에 따라 세계에서 처음으로 저개발국에 대한 공적개발원조ODA를 국민소득의 0.7퍼센트까지 올리기로 선언하고 이를 추진하고 있다. 2007년의 경우 한국 ODA 규모가 0.07퍼센트, 국제사회가 대략 0.22~0.33퍼센트인 점을 감안하면 모나코의 원조는 거의 혁명적 조치라고도 할 수 있다.

강소국은 자신의 국가가 잘 살아야 하기도 하지만 국제적 발언권을 더욱 높이는 것도 생존의 무기일 수 있다. 모나코는 그런 면에서 의제 설정이나 국제적 이슈 현장에서 자신의 체급과 비교할 수 없는 강대국을 능수능란하게 다루고 있다. 나라 크기는 초경량급이지만 거의 헤비급 국가들과 어깨를 나란히 하며 국제사회를 끌어가고 있다. 그것은 바로 모나코 왕실이 오랫동안 축적해 온 리더십의 결과물이다.

한동안 미국 「월스트리트저널The Wall Street Journal」의 자매지인 투자 전문지 「배런스Barron's」가 '세상에서 가장 살기 좋은 곳'으로 선정한 세계 7대 도시가 사람들의 주목을 끈 적이 있다. 추천을 받은 100개의 도시를 놓고 투자 전문가들이 자연과 날씨, 교통, 문화와 엔터테인먼트, 주거환경 및 물가 그리고 치안의 5개 항목에 각각 점수를 매겼다. 이렇게 선정된 도시는 편리한 교통과 따뜻한 날씨, 다양한 레저 문화 등 천혜의 조건을 두루 갖춘 휴양지라는 뜻이다. 여행지로도 적합하지만 살기에도 가장 적합한 조건을 갖추고 있다는 평가를 받은 것이다.

이 7대 도시 중 하나가 바로 모나코의 몬테카를로였다. 이와 함께 미국의 주피터Jupiter와 솔트레이크시티Salt Lake City, 캐나다의 밴쿠버Vancouver, 프랑스의 엑상프로방스Aix-en-Provence, 스페인의 마요르카Mallorca섬, 그리고 아시아에서는 유일하게 일본의 후쿠오카福岡가 포함됐다.

세계에서 여행하기에도 가장 좋은 곳일 뿐만 아니라 살기에도 가장 적합한 도시이자 나라인 모나코. 물론 「배런스」의 평가가 절대적인 것은 아니지만 모나코의 내실이 얼마나 뛰어난지 보여 주는 척도가 될 수는 있을 것이다. 수시로 지도가 바뀌고 나라가 명멸했던 격동의 유럽에서 13세기 이후 700여 년이나 나라를 유지했고 또 최고의 강소국으로 만들었다는 점은 결코 과소평가할 수 없다.

세계 강소국 모나코의 역사와 전통 그리고 현재는, 정치 리더십이 어떤 역할을 해야 하는지를 보여 주는 가장 좋은 롤 모델role model이라고 할 수 있다.

안도라

강대국을 제압한 외교의 귀재

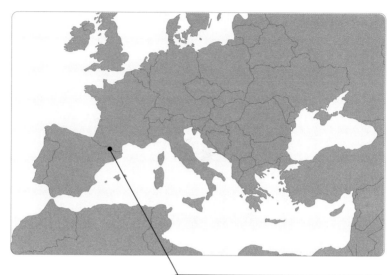

프랑스

● 솔데우

■ 안도라 라 베이야

스페인

안도라 Andorra

공 식 명 칭	안도라 공국 Principality of Andorra
정 치 체 제	공동 군주하 의회책임제
수 도	안도라 라 벨라 Andorra la Vella
면 적	468km²
인 구	8만 명
언 어	카탈루냐어, 프랑스어, 스페인어
종 교	천주교(99%)
문 자 해 독 률	100%
평 균 기 대 수 명	83세
통 화	유로 Euro
1인당 국민소득	$38,800
주 요 산 업	관광업, 금융업

피레네 산맥의 샹그릴라

인간은 늘 낙원을 그리워하는 성향이 있는 것 같다. 죽어서 간다는 천국도 있지만 이왕이면 지상의 어딘가에 이상향理想鄕이 숨어 있지 않을까 하는 믿음도 있다. 영국의 작가 제임스 힐턴James Hilton, 1900~1954의 소설『잃어버린 지평선The Lost Horizon』(1933)은 그런 인간의 욕구에 불을 지핀 작품이다. 히말라야 고산준령 어느 곳에 '샹그릴라Shangri-La'라는 이상향이 숨어 있다는 내용 때문이다.

본래 '샹그릴라'라는 말의 유래에 대해선 여러 가지 설이 있다. 티베트 불교 전통에서 언급되는 신비의 도시 '샴브할라Shambhala'에서 왔다고도 하고 티베트어의 한 방언에서 쓰는 '香格里拉샹그릴라'에서 유래됐다고도 한다. 香格里拉라는 말의 본래 뜻은 '마음속의 해와 달'이다. 그런데 1997년 느닷없이 중국정부가 '샹그릴라'를 찾아냈다고 발표했다. 윈난성雲南省 디칭迪慶의 장족藏族 자치주라고 했다.

2002년에는 아예 그곳 명칭을 샹그릴라 현縣으로 바꾸어 관광 상품으로 내놓았다. 연평균 중국인은 100만 명 이상, 외국인은 10만 명이나 그곳을 방문했다고 한다. 물론 마음에 그리던 광경과는 너무 달라

실망했다는 반응도 적지 않았다. 샹그릴라는 본래 뜻 그대로 우리의 마음속에만 있기 때문이 아닐까.

유럽에도 그런 이상향이 있다면 필시 피레네 산맥의 고산준령 속에 있을 것이다. 한때 피레네 산맥은 지금의 스페인을 점령했던 이슬람교도와 유럽의 마지막 경계선이기도 했다. 프랑스의 철학자 파스칼 Blaise Pascal, 1623~1662은 『팡세』에서 "피레네 산맥 이쪽의 정의는 저쪽은 부정의"라고 말하며 인간 사회의 기준이 혼란스럽다고 토로한 바 있다. 파스칼에게도 피레네는 현실적으로 또 심리적으로도 넘기 힘든 험준한 지형이었다.

그런데 그곳에도 샹그릴라가 있다. 바로 '안도라'라는 나라다. 중국의 샹그릴라가 자연의 순수함 혹은 태고의 원시라면 안도라는 사람들이 하나하나 일구어 만든 인공의 이상향이다. 2008년 7월 현재 안도라 인구는 82,627명[15]인데, 외국 방문객은 1년에 1,100만 명을 넘어선다고 하니 웬만한 '이상향'이 아니고서는 그곳에 왜 가겠는가?

가혹한 환경을 역이용하다

안도라는 프랑스와 스페인 경계의 피레네 산맥, 그중에서도 가장 험준한 지역에 있다. 피레네의 첩첩산중을 넘어가야 그곳에 안도라가 있다. 프랑스에서 안도라로 가는 길은 툴루즈Toulouse에서 22번 도로로 연결된다. 프랑스의 마지막 마을이 콜 더 피모렝Col de Puymorens인데 이 마을도 해발 1,915미터이다. 거의 한라산(1,950미터) 높이다. 여기서 안도라로 넘어가는 길은 마치 심전도 기록지처럼 험준한 산을 지그재그로 오른다. 안도라 국경을 들어가면 엔발리라Envalira라는 마을을 앞두고는 도로가 무려 해발 2,410미터까지 올라간다. 피레네 산맥에서 가장 높은 곳에 건설된 도로다.

프랑스 쪽 국경을 넘어 엔발리라에 들어서면 그곳에서 발원한 발리라Valira 강이 있다. 안도라의 주요 마을은 이 강이 흐르는 계곡을 따라 병풍처럼 서 있다. 엔발리라에서 7킬로미터 정도 떨어진 곳이 솔데우Soldeu인데 피레네 산맥에서 가장 높은 곳에 있는 스키장(2,580미터)이 지척이다.

스페인에서 가장 가까운 대도시는 바르셀로나다. 프랑스 쪽보다는 다소 완만하지만 피레네 중턱에서 급경사로 솟구쳐 오른다. 여기에서 전장 5킬로미터의 카디Cadi 터널을 지나서 계속 올라가면 국경에 도착할 수 있다.

안도라는 레저 스포츠의 샹그릴라라는 느낌을 갖게 한다. 천혜의 고산준령은 겨울에는 스키로 유럽인들을 끌어모은다. 4~5월까지도 스키가 가능하다. 여름에는 험준한 산을 트레킹하거나 발리라 강에서 래프팅하는 사람들로 또 가득하다.

안도라는 서울 크기의 3분의 2 정도(468제곱킬로미터)여서 모나코보다는 훨씬 크다. 그래서 수도도 따로 있다. 안도라 라 베이야Andorra La Vella가 수도다. 안도라의 다른 도시들보다 비교적 낮은 곳(해발 1,050미터)에 있지만 주변에는 깎아지른 험준한 산들이 수도를 감싸고 있다.

안도라 라 베이야는 유럽 각지에서 온 사람과 자동차로 꼭 남대문 시장 같다. 그야말로 인산인해人山人海다. 모두들 쇼핑백 한두 개 정도는

들고 다니면서 싱글벙글 왁자지껄한다. 낯익은 명품점이 줄을 지어
있고 사이사이에 세계적인 패스트푸드점이나 유명 프랜차이즈 식당
도 있다. 안도라 라 베이야에서만 볼 수 있는 명품 가게만 줄잡아
1,500개 정도 된다. 이곳의 제일 번화가인 '메리체일' 거리에만 무려
1,000여 개가 밀집되어 있다.

　유럽은 레저 스포츠의 선구자이고 유럽인들은 늘 새로운 신천지를
찾아 모험을 떠나고 싶어 한다. 이런 유럽인들에게 유럽에서도 가장
가까운 피레네 지역은 새로운 모험의 대상으로 부족함이 없다. 여름
에는 등반이나 트레킹, 자전거 하이킹을 하려는 사람들로 만원이고,
겨울이면 저렴하면서도 기막히게 좋은 설원이 있는 스키어들의 낙원
이 된다. 안도라의 새로운 경제 동력은 바로 그 척박한 땅에 있다. 스

안도라의 수도 '안도라 라 베이야'.

키 리조트가 속속 건설되었고 또 관광객들이 묵을 호텔도 신축됐다. 경기가 부양되기 시작한 것이다.

스키만 타고 간다면 뭔가 허전하다. 그래서 안도라는 오는 사람들이 뭔가 사도록 만들었고 그것이 바로 쇼핑 천국 안도라를 만들었다. 지리적으로 접근이 꽤나 어려운 이곳이 쇼핑 천국이 된 이유는 모나코가 그랬던 것처럼 면세 정책 때문이다. 물건에 세금이 붙으면 비싸지는 것이 당연하다. 그런데 안도라에 오면 거의 모든 것이 면세품이다. 주유소도 면세, 물건도 면세, 음식값도 면세니 저렴할 수밖에 없다.

프랑스나 스페인에서 자동차를 몰고 와서 쇼핑하고 스키 타고 호텔에 묵은 뒤 기름을 가득 채워 돌아가면 자기 나라에서 휴가를 보낸 것보다 훨씬 싸게 먹히니 기회만 되면 안도라에 가고 싶은 것이다. 심지어 타고 온 자동차를 버리고 이곳에서 새 자동차를 면세로 사가는 사람도 부지기수다. 물론 이들은 자신의 나라 국경에서 다시 관세를 내야 하지만 그래도 본국보다는 훨씬 싸다고 한다.

안도라는 과거 무역에 관한 한 그리 좋지 않은 기억이 있다. 한때 스페인-프랑스 간 밀무역의 중심지였기 때문이다. 근대 국가가 성립되면서 상품이 국경을 넘어갈 때 세금을 부과하는 관세가 형성되었고 프랑스와 스페인 두 나라도 예외는 아니었다. 앞서거니 뒤서거니 세계를 호령했던 두 나라는 무역도 성했는데 두 나라에 낀 안도라가 밀무역의 중심지가 된 것이다. 밀무역은 세금을 내지 않을 뿐만 아니라 무역 금지 품목까지 거래되기 마련이다.

자칫 스페인과 프랑스에 미운 털이 박히는 날이면 끝장이니 안도라는 완전히 개념을 바꾸었다. 세금이 없는 텍스 헤븐tax heaven이란 강력한 무기를 들이댔던 것이다. 사실 유럽 각국은 제2차 세계대전 이후 복지국가의 완벽한 틀을 만들어 냈지만 이는 수많은 시민의 조세부담을 전제로 한 것이었다. 물건을 살 때도, 팔 때도 세금을 냈고 자녀에게 재산을 물려줄 때에도 과중한 상속세에 시달려야 했다. 안도라는 그런 사람들을 끌어들이는 전략을 구사한 것이다. 안도라의 전략은 다분히 모나코와 서로 깊은 영향을 주고받았다. 인구 3만의 모나코와 8만의 안도라는 세상에서 가장 비슷한 규모의 국가이니 발전 전략도 비슷할 수밖에 없다.

개인 소득에 대해서도 거의 세금이 없다. 특히 금융 수입, 자본 이전, 상속을 할 때에도 아무런 세금이 없다. 부가가치세도 존재하지 않는다. 재산세가 있긴 한데 거의 명목 수준이지 실제론 아무 부담도 되지 않는 수준이다. 그나마 재산세를 거두는 이유는 도로 보수나 쓰레기 수거 등 기본 인프라에 쓰기 위해서다.

세금이 거의 없다 보니 물건값이 쌀 수밖에 없다. 그러니 세계의 명품업체들이 이곳에 진출하기 시작했다. 세금 천국이 쇼핑 천국의 원동력인 셈이다. 휴양을 하러 온 전 세계 여행객들은 이곳에서 쇼핑에 열을 올린다. 아예 쇼핑만을 위해 이곳에 오는 사람들도 적지 않다. 게다가 안도라 통화도 따로 없다. 유로화가 도입되기 전에도 스페인의 페세타(peseta)나 프랑스의 프랑(franc)이 쓰였으니 외환 통제도 환전도 필요치 않은 곳이다.

스위스가 세계적으로 성공을 거둔 은행업이 안도라에서도 꽃피었다. 모나코와 경쟁할 정도로 안도라 당국이 비밀은행 업무를 제도적으로 뒷받침해 주기 시작했다. 안도라의 은행들은 이용객 현황은 물론 은행 잔고를 철저히 익명으로 처리해 수탁자의 비밀을 보호해 준다. 외국인이라 할지라도 언제나 은행 비밀창구를 개설할 수 있으며 특히 안도라 법에 따라 그 돈은 어떤 기축 통화로도 예금·출금이 자유롭도록 되어 있다. 게다가 이자에 대한 소득세도 물리지 않는다.

게다가 안도라 은행의 안정도도 모나코 못지않다. 일찍부터 장사에 눈뜬 안도라 은행 관계자들은 고객을 생명같이 여기니 고객 감동이 실현되지 않을 수 없다. 오랜 역사를 자랑하는 스위스의 명성과는 비교하기 힘들지만 안도라만의 강점도 있다. 스위스 정도로 안정적이면서도 스위스와는 달리 안도라 은행은 눈에 띄지 않으니 돈 많은 사람들에게 더할 나위 없이 좋은 피난처. 미국이나 영국보다 훨씬 높은 이자 수입에 소득세도 얼마 되지 않는다.

그래서 꽤 부자이지만 자신의 조국이 정치·경제적으로 불안하다고 느낀 사람들이 안도라로 우선 모여들었다. 자기 나라가 과중한 세금을 부과하는 데 불만을 가진 사람들도 안도라에 정착하기 시작했다. 그들은 안도라에서 자신의 소득으로 살아갈 수 있다는 점만 인정이 되면 합법적인 외국인 거주자로 승인을 받았다. 물론 은행에 최소한의 돈을 예치해야 하지만 이들에게 그것은 문제가 되지 않는다.

안도라에 돈을 가지고 들어오는 다른 부류는 유럽의 은퇴자들이다. 그들은 충분히 일했고 또 충분한 자금력을 가졌으며 대부분 예금 이자나 연금으로 생활한다. 이들이 안도라의 잠재력을 눈여겨본 것이다. 자신이 살던 곳에 비해 생활비가 훨씬 적게 들었다. 물론 땅이 좁아 부동산 가격이 높게 형성되어 있는 것이 흠이기는 하다. 하지만 세금이 없는 천국이면서 스키와 온천, 그리고 자연이 살아있는 매력적인 곳이 바로 안도라였다.

안도라에 돈이 몰리는 기반은 물론 안도라의 정치적 안정이다. 노동조합은 엄격히 금지되어 있고 좌파 정당 역시 존재하지 않는다. 게다가 정부 스스로 유지비를 적게 함으로써 세금을 많이 거둘 까닭도 없다. 정부가 발행하는 예쁜 우표는 전 세계 수집가들 덕택에 짭짤한 소득을 정부에 안겨 준다. 아예 안도라 내에선 우편요금조차 공짜다. 사회주의적 요소가 끼어들 어떤 가능성도 없다. 전 세계의 돈이 몰리는 것이 당연하다.

안도라의 장점은 이것만이 아니다. 안도라 국민들은 교육, 의료보험조차 거의 공짜에 가깝다. 안도라 국민은 누구나 국가가 제공하는 건강검진을 받으며 나이가 들면 연금을 받는다. 물론 안도라 국적이 아닌 외국인 거주자는 반드시 개인 보험에 들어야 한다. 그러나 의사들 대부분은 영어에 능통해 외국인과의 의사소통에도 어려움이 없다. 훌륭한 교육제도 덕분에 문맹률은 제로다.

피레네 산맥의 가난한 약소국이던 안도라는 이제 코즈모폴리턴 국가로 거듭났다. 이제 원주민들보다 외국인 거주자들이 더 많다. 이들 외국인들은 대단한 부자들이다. 안도라 토박이들은 전체 인구의 33퍼센트 정도이며 나머진 다 외국인이다. 스페인계 카탈루냐인이 43퍼센트로 제일 많고 포르투갈(11퍼센트), 프랑스(7퍼센트)가 그 뒤를 잇는다.

안도라 공용어는 카탈루냐어다. 물론 스페인어, 프랑스어도 사용한다. 관광객이 많다 보니 영어는 국제 공용어의 역할을 톡톡히 한다. 관광으로 먹고살려면 가장 기본적인 도구가 영어다. 다양한 국적의 사람들이 함께 살고 있고 엄청나게 많은 관광객들이 드나들지만 범죄는 거의 없다. 구매력 기준 국민소득은 2005년 통계로 38,800달러다.

샤를마뉴 대제라도 필요하면 이용하는 외교의 달인

안도라 정치는 정말 독특하다. 내정에 대해 안도라 참사회가 완전한 자주권을 확보하고 있긴 하지만 국가수반은 이웃 프랑스와 스페인이 공동 군주다. 프랑스에서는 국가수반인 프랑스 대통령이, 스페인에서는 우르헬 교구 주교가 공동 국가원수다. 물론 우르헬 주교의 임명권은 로마 교황청에 있지만 실제로 스페인 정부를 대리한다. 따라서 안도라 내에 위기 상황이 발생하면 프랑스와 스페인 측이 공동으로 책임지며 필요할 경우 군대도 이들이 보낸다. 안도라엔 치안 유지를 위한 경찰 200여 명만 있다.

사실상 국가원수를 이웃 나라에서 차지하고 있는 데에도 자율성을 갖고 있는 것은 안도라 역사의 산물이며 또한 안도라인들의 오랜 세월 인고의 결과이기도 하다. 명목상의 자주독립보다는 차라리 공동 군주 아래에 있으면서 안전을 보장받으며 실질적인 독립과 내실을 추구하려는 지혜의 산물이다.

물론 험준한 지형도 한몫했지만 정치적으로 세력균형^{Balance of Power}의 조건을 톡톡히 이용해 온 안도라인의 지혜다. 프랑스와 스페인은 안도라를 자기 것으로 만들지 못할망정 남의 것이 되도록 놔두진 않겠다는 전략을 가지고 있다. 프랑스와 스페인의 대립 구조는 밖에서 주어진 조건이지만 이를 적절히 활용해 독립과 번영을 만들어 낸 것은 역시 안도라인들이다.

안도라 라 베이야의 명품 쇼핑 거리를 지나 중세 유럽을 연상시키는 구시가지 한 곳에 안도라 정치의 상징인 카사 더 라 발^{Casa de la Vall}이 있다. '계곡의 집'이란 뜻이다. 1702년 이래 안도라의 참사회로 사용된 건물이다. 참사회는 국회 기능에 행정부 일부 기능까지 갖춘 안도라 최고 행정기관이다.

어느 나라나 국회 건물은 화려하기 이를 데 없다. 미국이나 영국의 국회의사당은 관광 명물일 정도로 그 나라의 상징이다. 그런데 안도라의 카사 더 라 발은 참 아담하다는 생각이 든다. 실제로 1590년에

카사 더 라 발. '계곡의 집'이라는 뜻을 가진 안도라 최고 행정기관. 아담한 크기가 인상적이다.

지어진 민가에서 시작됐다고 한다. 나라가 작은 이유도 있지만 1993
년 신헌법 제정 전까지 유일하게 중세 스타일의 봉건국가로 존재했기
때문이다.

　안도라가 유럽의 주목을 받게 된 것은 8세기 초였다. 서기 711년
북아프리카에 살던 무어족이 이베리아 반도에 침입했고 이들이 지금
스페인 지역 거의 대부분을 수중에 넣은 일이 발생하게 된다. 그야말
로 피레네 산맥을 사이에 두고 서쪽의 이슬람 세계와 동쪽의 기독교
세계가 정면으로 충돌하게 된 것이다.

　무어족이 이베리아 반도에 들어왔을 때 이미 안도라 지역은 기독교
화가 이루어져 있었다. 지금 안도라의 공동 군주인 우르헬 교구의 기
록도 분명하다. 안도라에 대한 최초의 기록은 서기 839년인데 이때 이
미 안도라 지역에서는 6개의 교회가 있다는 사실이 기록되어 있다. 이

당시에 서유럽에선 당연히 기독교 세계의 최전방이며 전략적으로 이슬람을 막아낼 수 있는 완충지대로 안도라라는 지역을 인식하게 됐다. 당시 기독교 세계의 대표 주자는 샤를마뉴 대제Charlemagne, 742~814였고 그 역시 안도라의 존재 가치를 충분히 인식하고 있었다.

샤를마뉴 대제는 778년 무어족을 완전히 축출하고 이베리아 반도를 점령했는데 이 여정 중 안도라의 엘 푸이 돌리베사El Puy d'Olivesa 마을에 머무른 적이 있다고 한다. 샤를마뉴는 그곳에서 기독교의 최전선에서 투쟁해 왔던 안도라를 아끼는 마음으로 안도라의 독립을 선포하는 문서를 만들었고 그의 아들 루이 경건왕Louis the Pious(공식 호칭은 루트비히 1세)에게 물려주었다고 한다.

안도라는 이 문서를 '안도라헌장Carta de Fundacio d' Andorra'으로 불렀으며 샤를마뉴가 직접 안도라의 독립을 선포했다는 역사적 근거로 삼고 있다. 안도라가 독립국이라는 역사적 공증서라는 입장이다. 안도라의 최대 문화유산으로 국가 문서고에 보존하고 있다는 것이 안도라 정부의 주장이다.

그러나 안도라 정부가 이 문서를 공개한 적은 한 번도 없다. 역사가들은 이 문서의 존재 가능성이 없다고 한다. 안도라인들 스스로 이 문서를 만들어 샤를마뉴가 마치 안도라의 독립을 약속한 것처럼 만든, '진짜 같은 가짜'라는 문제제기가 끊이지 않는다.

과연 이 견해가 사실이라면 안도라인들은 왜 이런 일을 했을까? 이는 안도라인들의 생존술이 분명하다. 안도라는 늘 두 강대국 스페인과 프랑스 사이에 끼여 독립을 위협받았다. 안도라인들은 바로 이들 강대국의 뿌리가 프랑크 왕국에 닿아 있으며 그것은 바로 위대한 샤를마뉴 대제의 권위에 연결된다는 사실을 십분 이용한 것이다. 샤를마뉴가 이미 문서로 약속해 남긴 안도라 독립을 그 후손들이 무너뜨리는 것은 역사를 부정하는 것임을 만천하에 알림으로써 독립을 보장받으려 한 것이다.

프랑스와 스페인을 맞붙여 놓고 틈새를 노린 역사

역사적으로 최초의 안도라 주인은 스페인 지역 귀족 우르헬 백작Count Of Urgell이었다. 서기 843년 샤를마뉴의 손자 샤를 2세Charles II가 스페인 우르헬 백작 수니프레드Sunifred에게 안도라 계곡을 공식으로 넘겨주었는데 이 문서는 안도라의 국가 공식 문서로 보존되어 있다.

세월이 흘러 우르헬 백작의 후손은 1133년 안도라 소유권을 우르헬 교구 주교에게 봉헌했다. 실제로 넘겨준 것은 안도라 내 교회 조직인 6개 교구를 이양한 것인데 중세 봉건제도에서 가장 중요한 것이 교회였으니 실제로는 안도라 영토와 통치권을 넘겨준 것과 다를 바 없다. 따라서 우르헬 교구 주교가 처음으로 안도라 소유권을 갖게 된 것이다.

이해관계가 있던 프랑스에서는 프와 백작Count de Foix의 후손이 패권을 잡으면서 스페인의 안도라 점령을 견제하기 시작했다. 1159년에 양측이 정면충돌했고 또 협상도 벌였다. 이 와중에 스페인 지역에서 아르곤Argon 왕국[16]이 일어나자 대결만 벌여 온 양측은 지레 겁을 먹고선 반쪽이라도 나눠 가지기로 했다. 그래서 1278년 9월 8일 레이다 Lleida 에서 평화협정이 체결됐다. 안도라를 공동공국 co-principality 의 형태로 둔다는 것이었다. 우르헬 주교의 영향력을 인정하면서도 동시에 프와 백작 측에서도 대표단을 보내 상당한 권한을 행사한다는 내용이었다.

그로부터 11년 간 후속 협상이 이어졌고 1288년 마침내 최종 협정이 타결됐다. 이것이 항구적인 안도라의 독립협정 Pariatges 이다. 샤를마뉴 문서에 이은 협정 서명으로 안도라는 우르헬 주교와 프와 백작의 공동 통치를 받게 되는 지배의 틀이 완성됐다. 안도라인들은 두 강국을 맞붙여 놓고 그 안에서 자율성을 점점 확대하는 지혜를 발휘하는 틀을 완성했다.

물론 안도라인들은 퀘스티아 Questia 라고 불리는 공물을 공동 수반에게 바쳐야 했다. 첫해에 프와 백작에게, 이듬해에는 우르헬 주교에게 교대로 바치는 식이었다. 역사 기록에 따르면 첫 공물은 28종류의 치즈와 7종류의 햄, 14마리의 수탉과 지금의 달러 환율로 약 90달러에 달하는 현금 등이었다고 한다. 물론 지금이야 별것 아닌 것 같지만 어려운 중세시대, 그것도 산악 지역에 몇 천 명 정도의 사람들이 바쳐야 했으니 부담이 그리 만만치 않았을 것이다.

안도라인들은 자연스레 자신들만의 생존술을 익히기 시작했다. 강력한 두 세력이 얼굴을 맞대고 한 치의 양보도 없을 때 가장 바람직한 형태의 세력균형이 이루어진다. 이럴 때 안도라인들이 활동할 수 있는 여지는 더욱 커지게 마련이다. 안도라인들은 "웬만한 내부 문제는 자신들이 직접 챙길 것이니 우르헬 주교나 프와 백작은 그저 안도라의 중대사만 결정해 달라."고 요구했다. 양측도 그리 반대할 명분도 실익도 없어 동의했다. 안도라인들의 지혜였다.

만약 안도라 내부에서 외세를 등에 업고 권력을 장악하려 친우르헬파, 친아라곤파, 친프와파 따위의 외세 지향적 파벌이 만들어졌다면 안도라라는 나라는 오래전에 지도상에서 사라졌을 것이다. 조선 말기 그리고 대한제국 시대에 이 땅에서 친러파, 친일파, 친미파 등 외세를 업은 자들이 한반도

우르헬 주교의 동상. 안도라는 스페인의 우르헬 주교와 프랑스의 프와 백작에게 공동 지배를 받는 형식으로 안도라에 미치는 힘의 균형을 이루어 냈다.

의 운명을 어떻게 농락했는지를 잘 기억하고 있는 우리로서는 안도라의 지혜를 조금이라도 배웠으면 어땠을까 하는 생각이다.

물론 안도라라고 그런 인물이 왜 없었을까? 그래서 안전장치를 마련해 두었다. 그건 안도라 국내기구 창설이었다. 안도라 내의 갈등을 수렴하고 특정 국가나 세력에 기대어 정권을 찬탈하려는 무리들을 사전에 막아 내려는 지혜의 산물이었다. 안도라인들은 1419년 공동 군주에게 청원서를 내 일종의 국회를 만들 수 있도록 해 달라고 요구했다. 물론 단서를 붙였다. 이 기구의 의제는 당연히 지역문제로 국한한다는 내용이었다. 공동 군주들도 별 이의를 달 필요가 없었다.

이에 '국가참사회 Council of the Land'(이하 참사회)라는 기구가 탄생했다. 위원회 위원들은 안도라 내 6개 교구에서 선출되도록 만들었다. 민주

주의의 전통이 이곳 피레네 산맥에서 꽃망울을 터뜨리기 시작한 것이다. 위원회에 입후보할 수 있는 사람들은 각 가정의 가장들로 제한했다. 이는 실제로 25세 이상의 남자들에게 피선거권을 부여한 것이다. 곧바로 각 교구별로 4명씩 모두 24명의 위원이 선출되어 안도라 국내 문제를 논의하고 집행해 나갈 채비를 갖췄다.

세심하고도 노련한 접근 속에서 외세 지향적 세력은 발을 붙일 수 없었다. 그들은 사람이 아니라 체계를 만들어 문제를 해결하려 했고 그것이 바로 민주적인 국내기구의 창설과 성공적인 운영이었다. 그들은 섣부른 독립이 명분으론 옳지만 현실적이지 않다는 사실을 정확히 알고 있었다. 아예 독립을 하겠다고 치고 나갈 수도 있었지만 얻는 것보단 잃는 것이 더 많다는 사실을 잘 알았다. 그것이 바로 안도라의 지혜다.

위기시대의 안도라 외교

프랑스 혁명이 모나코를 벼랑에 몬 것처럼 안도라에서도 강력한 폭풍이 됐다. 스페인과 프랑스의 세력균형의 산물이 안도라인데 프랑스의 정권 주체가 수시로 바뀌었다. 더군다나 혁명기 프랑스는 자유·평등·박애라는 혁명정신에 따라 모든 영지를 폐지했다. 안도라도 예외가 아니었다. '안도라를 속박하던' 프랑스의 공동 주권자 역할이 혁명정신인 '자유·평등·박애'에 위배된다는 결정 때문이었다. 혁명정부는 아예 안도라에 대한 프랑스의 주권국 역할 자체를 폐지하려 했다.

명분은 완벽했지만 이는 안도라의 스페인 복속을 의미했다. 1789년 프랑스 혁명 발발 이후 15년간 공동 주권의 한 축인 프랑스가 사라져 버렸고 그동안 스페인 왕실은 우르헬 주교로부터 어떤 권한도 위임받지 않았지만 마치 주인인 양 행세하기 시작했다.

이에 따라 안도라 국가위원회는 어떤 방법을 써서라도 공동 주권국가 형태를 만들어 내는 것이 바람직하다는 결론에 이르렀다. 국가 이익에 대한 냉혹한 인식이 없었다면 아마도 '이 참에 독립하자.'는 명분론이 고개를 들었을 것이다. 독립 선언은 명분으로선 최상이었지만 선언과 동시에 스페인에 복속될 것은 불을 보듯 뻔했다.

안도라에선 비굴할 정도로 프랑스에 매달렸다. 안도라의 '주권자로 다시 돌아와 달라.'고 애원한 것이다. 안도라인들은 자신들의 국력이 어느 정도인지, 반드시 해야 할 일과 하지 말아야 할 일이 무엇인지에 대한 인식이 무서울 만큼 확고했다. 정글 같은 강대국 사이에서 살아나가는 데 설익은 자존심이나 명분이 설 자리는 없었다.

안도라 국가위원회는 우르헬 주교 몰래 프랑스에 밀사를 보내 외교 교섭을 하는 등 눈물겨운 노력을 하기 시작했다. 그런데 프랑스에서 안도라의 주권을 쥔 세력이 아침저녁으로 바뀌는 급박한 상황이 계속됐다.

다행히 혁명 이후 나폴레옹이 프랑스 황제로 즉위하면서 안도라는 훨씬 더 쉽게 목표에 접근할 수 있었다. 제국의 황제가 된 나폴레옹의 입장에서야 굳이 굴러들어온 호박을 걷어차 버릴 이유가 없었다. 게다가 전통의 라이벌 스페인을 견제하기에는 그지없는 좋은 기회이기도 했다. 1806년 3월 26일 나폴레옹은 황제 칙령으로 프랑스가 안도라 공동 주권자라는 사실을 내외에 공포한다. 1870년 프랑스에서 왕정이 폐지되고 공화정이 성립되자 공동 주권도 자연스레 프랑스 대통령의 권한과 책임으로 넘어갔다.

안도라의 정치 상황에서 가장 인상 깊은 대목은 권력의 중심에 서 있던 기득권자들조차 위기에서는 다시 초심으로 돌아간다는 것이다. 몇몇 가문이 기득권을 노리는 분위기도 있었지만 프랑스와 스페인이 노리고 있다는 위기의식이 안도라의 균형을 유지할 수 있게 했다.

그러나 이와 같은 안도라인의 지혜가 극단적인 시대에는 사라지기도 했다. 전 세계를 공포의 도가니로 몰아넣은 경제공황의 칼바람은 이 외로운 피레네 산맥조차 그냥 두지 않았다. 경제적으로 어려움이 심화되면서 안도라인들의 불만도 가중됐다. 그 불만은 국수주의자들이 등장하는 토양이 됐다. 독일에서 히틀러가 부상했던 것과 같은 이유였다.

국민 여론이 국수주의로 기울자 의회가 그 영향을 받기 시작했다. 1933년에 접어들면서 안도라의 분위기는 점점 더 호전적이 되어 갔다. 아예 완전 독립을 해 버리자는 주장이 봇물을 이루기 시작했다. 정치인들조차 대중의 불만에 편승했다. 의회는 독립을 상징하는 '공화국'이라는 표현을 공공연히 사용했다. 안도라 여권에 '공화국'이 공식 표기되는가 하면 자동차 번호판에도 그리고 우편엽서에도 '안도라 공화국'이라는 글자가 선명하게 새겨졌다.

프랑스와 스페인이 가만히 있을 리 없었다. 오랫동안 유지해 온 지배권에 대한 명백한 도전이었다. 공동 군주들은 안도라 의회가 표결권을 악용해 월권을 일삼고 있다고 판단했다. 안도라에서 공동 군주를 대변하는 안도라 주재관들이 재빨리 나섰고 마침내 6월 10일, 안도라 최고재판소Tribunal de Corts를 움직여 의회 해산을 명령했다.

뒤이어 강자의 무력행사가 시작됐다. 최고재판소의 결정 집행 명분으로 50명의 프랑스 무장경관이 안도라에 급파됐다. 또한 의회 해산에 따라 총선을 관장할 임시정부가 임명되어 출범했다. 이와 함께 선거법도 개정되어 7월 17일 공표됐다. 25세 이상의 모든 남자들에게 투표권이 부여되었으며 30세 이상의 남자들은 의원에 출마할 수 있는 피선거권을 부여받았다. 마침내 새로 선출된 의회는 안도라 공화국이란 표기를 무효화하는 법령을 공표했다.

사태가 마무리되는 듯했으나 1934년 돌연 엉뚱한 인물이 나타나 안도라 주민의 마음을 흔들었다. 자칭 오렌지 백작Count of Orange이라는, 러시아에서 온 이민자 보리스 스코시레프Boris de Skossyreff, 1898~?가 안도라 내정에 폭풍의 눈으로 등장한 것이다. 그는 의회가 자신에게 전권을 주면 안도라를 현대적인 독립국가로 만들어 놓겠다고 장담했다.

의회는 공동 군주의 압력에 못 이겨 독립 의지를 잠재웠지만 오렌지 백작이라는 인물의 유혹에 너무도 쉽게 넘어가고 말았다. 1934년 7월 6일 그는 스스로를 보리스 1세Boris I라고 칭하며 우르헬 주교 측에 이를 인정할 것을 요구했다. 우르헬 주교는 당연히 거부했고 자칭 보리스 1세는 안도라에서의 총선을 요구했다. 공동 군주국이 아니라 독립된 왕국으로 거듭나겠다는 의지의 표명이었다. 그는 새 헌법을 공포하고 우르헬 주교에 대해 선전포고를 하는 등 목소리를 높였지만 그가 왕 노릇을 한 것은 고작 10일에 지나지 않았다.

스페인 민병대가 안도라에 들어와 보리스 1세라는 자를 체포해 바르셀로나로 압송했다. 한때 재판이 진행되기도 했으나 얼마 뒤 포르투갈로 추방됐다는 소식이 있었고 그를 다시 본 사람은 없었다. 단순한 독립 열망이 어떤 대가를 치르는지를 냉혹한 현실로 보여 준 계기가 됐다.

안도라는 제2차 세계대전이 시작되면서 독일군과 스페인 유격대 간 접전 지역이 될 위험에 처하기도 했으나 교회 측의 중재로 전쟁 지역에 포함되지는 않았다. 1944년에 잠시 독일군이 들어왔으나 철수했고 뒤이어 스페인 민병대가 주둔하기도 했지만 직접적인 충돌은 이 지역에서 일어나지 않았다.

거북이의 지혜로 20세기를 정복하다

성급한 정치 놀음이 얼마나 참담한 결과를 가져오는지 안도라인들은 모두 경험했다. 전쟁이 끝나면서 그들은 모두 명분보다는 실리를 추구하자는 데 국민적 공감대를 이뤘다. 신발 끈을 다시 조여 매고 경제발전을 최우선순위로 잡았다.

천혜의 산악 지대인 국토를 스키나 트레킹 등 레포츠의 중심지로 탈바꿈시키기 시작했다. 아울러 이들 관광객들을 유인하기 위해 전 국토 내의 상업 시설을 면세 지역으로 만들었다. 세계적 명품이 면세로 거래되면서 레포츠와 시너지 효과를 발휘하기 시작했다. 은둔의 산악국가가 유럽인들의 발길을 잡아채기 시작한 것이다. 레포츠와 면세 쇼핑은 안도라의 경제를 견인하는 두 개의 수레바퀴였다.

물론 외국인 관광객들이 들어와 아예 눌러앉는 경우도 적지 않았으며 이 때문에 안도라 원주민들보다 외국인들이 더 많은 국가가 되었던 것이다. 1967년 샤를르 드골 프랑스 대통령이 공동 군주의 자격으로 안도라를 방문했을 때 그는 안도라 측에 국적 자격 취득 완화를 강력히 호소했다. 이때만 해도 외국인의 경우 정주한 지 3대째가 되어야 국적을 취득할 수 있었다.

안도라는 아예 문호를 개방해 버렸다. 1977년 3월에 마침내 안도라에서 태어난 외국인 자녀에 대해 국적 취득을 허가하는 법령이 공포됐다. 그리고 이들이 28세가 되면 투표권도 부여받았다.

안으로 민주화도 적절히 진행됐다. 우선 선거법상 25세 이상의 여성들에게 투표권을 부여했고 1970년 선거에서 최초로 여성이 투표에 참가할 수 있었다. 1971년 선거권이 21세로 낮춰졌고 피선거권도 25세로 하향 조정됐다. 1973년부터는 여성들도 의원 선거에 입후보할 수 있게 됐다.

1970년대에 안도라가 경제에 자신감을 얻게 되자 다시 독립에 대한 열망이 번지기 시작했다. 1976년 창설된 안도라 민주협회ADA, Andorran Democratic Association도 조국의 독립이라는 모토를 가졌다. 안도라 정치도 영향을 받았다. 1977년에는 새 여권이 과거의 공동 군주가 아닌 안도라 의회 의장Sindic General 명의로 발급되기 시작했다. 스페인과 프랑스가 격렬하게 반발했고 특히 프랑스 출입국 관리소는 아예 안도라 여권을 거부하기까지 했다.

다급해진 정치권은 1978년에 제도 개혁을 국민투표에 붙이기로 했다. 특히 ADA 측에서 의회 의장을 직선제로 선출하자는 요구까지 내놓았다. 1979년 1월 우르헬 주교 측과 프랑스가 격렬히 반발하는 가운데 안도라는 국민투표를 감행하긴 했지만 최종 결론 공표를 하지 않았다. 거기에서 멈춘 것이다. 여기서 더 나가면 다시 안도라가 위험에 빠질 수 있다는 점을 역사적 경험으로 잘 알고 있었기 때문이다.

그러나 1970년대 이후 가속화된 세계적인 민주화 흐름이 안도라의 앞날에 많은 공헌을 하게 됐다. 1979년 12월 ADA는 정당으로 변신해 안도라 민주당DPA이 됐다. 스페인이나 프랑스 역시 다소 관대한 입장을 보이기 시작했다. 공동 군주 체제를 유지하면서 대내적으로는 완전 자치를 부여하는 조치였다.

1981년 12월 마침내 총선이 실시되어 의회가 구성되었고 이듬해 1월 비밀선거를 통해 행정부가 구성됐다. 레이그Oscar Ribas Reig가 안도라 역사상 최초의 정부 수반으로 취임했다. 정부는 모두 4개 부처를 두었다. 공공 근로, 재경산업부, 농업 및 국가균형, 교육문화부였다.

레이그 정부는 강력한 투자 촉진과 관광 산업을 육성한다는 정책을 제1순위로 올렸다. 경제적 부와 실력을 갖춰야 정치적으로도 독립할 수 있다는 당연한 진리를 그들은 경험으로 체득하고 있었기 때문이다. 그리고 1992년 국민투표에서 71퍼센트의 찬성을 얻어 봉건제도에서 벗어나는 헌법을 채택했다. 1993년 6월 1일 프랑스와 스페인은 안도라를 주권국가로 승인하였고 같은 해 7월 안도라는 UNUnited Nations, 국제연합에 가입했다. 이후 헌법에 따라 의회가 구성되고 1997년 4월 신정부가 출범, 마르크 포르네 모네Marc Forne Molne가 정부 수반이 됐다.

스페인과 프랑스 사이에 낀 작은 나라 안도라. 그들이 두 거한을 대립시켜 놓고 조금씩 자주권을 확보해 마침내 실질적인 독립국이 되기까지 오랜 인고의 세월을 보냈다. 무모한 독립 운동을 통해 비싼 수업

료를 지불하기도 했던 그들은 결국 경제발전을 통해서만 독립이 가능하다는 것을 경험으로 깨달았다.

결국 그들은 1970년대부터 비약적 경제성장을 통해 토대를 마련했고 국고를 채우고 국민소득 수준을 끌어올린 다음에야 실질적인 독립을 향해 서서히 움직였다. 1993년 신헌법을 통해 내정에 대한 완벽한 자치권을 확보했다.

그러나 그들은 여전히 프랑스-스페인의 공동 군주 형태는 그대로 두고 있다. 그것이 바로 그들의 지혜였으며 필요할 경우 두 강대국을 여전히 이용하겠다는 발상이기도 하다.

오늘날 유럽연합의 태동은

벨기에, 네덜란드, 룩셈부르크의 '베네룩스 관세동맹'이었다.

독일군이 유럽을 휩쓸고 있었던 제2차 세계대전 당시,

큰 적이 나타났으니 작은 나라끼리라도

힘을 합쳐 난국을 타개해 보자는 의도였다.

냉혹한 국제질서를 인정한 바탕 위에서

냉철한 계산을 통해 현실적인 국익을 추구한 것이

오늘날의 베네룩스 3국을 가능케 했다.

제 2 부

작아서 강한
베네룩스 3국

룩셈부르크 | 벨기에 | 네덜란드

벨기에, 네덜란드, 룩셈부르크 3국은 아주 절친한 친구들처럼 자주 붙여 쓰이곤 한다. 그래서 아예 베네룩스라는 이름이 붙었다. 오늘날 유럽연합이라는 커다란 통합과정도 따져 보면 그 시작은 이 세 나라가 동맹을 맺어 같이 발전하자는 공존에서 시작됐다.

사실 이 세 나라는 옛날에는 그리 사이가 좋지는 않았다. 아주 짧은 기간이긴 하지만 네덜란드가 룩셈부르크와 벨기에를 지배한 적도 있었다. 감정이 꽤 상한 관계일 때도 있었다. 하지만 제2차 세계대전을 겪으면서 이 세 나라는 이른바 베네룩스로 뭉쳤다. 독일과 프랑스 사이에서 고만고만하게 생존하던 세 나라였으니 히틀러의 독일이 가만둘 리 없었다. 제대로 저항할 채비를 갖추기도 전에 독일 점령군이 들어와 결국 각국 정부는 재빨리 런던으로 망명했다.

나라를 잃은 채 다른 나라에 의탁해 정부랍시고 꾸리고 있었으니 동병상련同病相憐의 감정을 느꼈을 것이다. 큰 적이 나왔으니 작은 나라끼리라도 힘을 모아 난국을 타개해 보자는 심사였다. 그러니 서로 마음을 터놓고 친해질 수밖에 없었다. 1944년 9월 세 망명정부 관리들은 런던에서 관세동맹 조약을 체결했는데 이를 '베네룩스 관세동맹'이라고 불렀다. '베네룩스'란 말은 이때부터 일반적으로 통용되기 시작했다.[17]

베네룩스 3국으로 들어가는 독일의 거점은 코블렌츠Koblenz다. 룩셈부르크에서 가장 가까운 도시다. 코블렌츠는 라틴어로 합친다는 뜻의 콘플루엔테스Confluentes라는 말에서 유래했다고 한다. 이는 라인 강과 독일-룩셈부르크 경계를 흐르는 모젤 강이 바로 코블렌츠에서 만난다는 뜻이다.

코블렌츠는 19세기 유럽 국제화시대의 상징이라 할 오스트리아 출신의 정치가 메테르니히Klemens L. W. Von Metternich, 1773~1859의 고향이기도 하다. 메테르니히 아버지가 코블렌츠로 파견되어 외교관 생활을 하다 메테르니히를 이곳에서 낳았다.

사실 메테르니히는 나폴레옹의 찬란한 빛에 다소 가려졌지만 그에 유일하게 맞설 수 있던 정치인이었다. 나폴레옹이 군사전략의 귀재였다면 메테르니히는 현실주의 외교의 귀재였다. 프랑스의 영도 아래 모든 서양을 통합하는, 어쩌면 매우 독재자적인 이상을 가졌던 나폴레옹에 반해 메테르니히는 전통적 유럽 국가들이 세력균형에 의해 조화되는 현실을 추구했다.

냉혹한 현실을 받아들이면서 세력균형을 통한 현상 유지라는, 그래서 철저하게 현실주의적 입장에서 세상을 바라본 인물. 메테르니히는 그래서 세계화의 선구자라 할 만하다. 사실 벨기에 · 네덜란드 · 룩셈부르크의 베네룩스 3국은 냉혹한 현실을 인정하고 국익을 추구하면서도 세계로 열려 있는 나라들이다. 그런 점에서 메테르니히의 냉철한 계산과 지략을 철저하게 닮은 나라들이 바로 베네룩스 3국이라 할 수 있다.

그들이 이와 같은 냉정한 현실주의를 택한 이유는 명백하다. 작기 때문이다. 작은 나라가 강대국의 틈바구니에서 살아남고 또 일류 국가를 만든다는 것은 기적에 가깝다. 수많은 국가가 명멸했던 유럽의 역사가 이를 증명하고도 남는다.

그러나 베네룩스 3국은 살아남았고 또 세계에서 가장 경쟁력 있는 초일류 국가로 성장했다. 메테르니히가 일생을 걸고 추진했던 현실주의가 룩셈부르크에서, 벨기에에서 그리고 네덜란드에서 피어난 듯하다. 코블렌츠는 베네룩스 3국의 성공의 이론적 배경을 제시해 준 출발점이다.

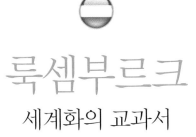

룩셈부르크

세계화의 교과서

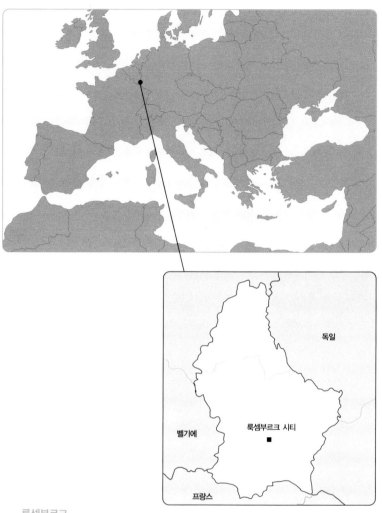

독일

벨기에

룩셈부르크 시티 ■

프랑스

룩셈부르크 Luxembourg

공 식 명 칭	│	룩셈부르크 대공국 Grand Duchy of Luxembourg
정 치 체 제	│	입헌군주제
수　　도	│	룩셈부르크 시티 Ville de Luxembourg
면　　적	│	2,586km²
인　　구	│	48만 명
언　　어	│	3개의 공용어(레체부르크어, 프랑스어, 독일어) + 영어 통용
종　　교	│	천주교(87%)
문 자 해 독 률	│	100%
평 균 기 대 수 명	│	79세
통　　화	│	유로 Euro
1인당국민소득	│	$80,500
주 요 산 업	│	금융업, 철강업

룩셈부르크인들은 모두 동시통역사

　서유럽 지도를 펼쳐 들고 룩셈부르크를 한번 찾아보자. 이리저리 그어진 국경선이 얼마나 현란한지 어지러울 정도라 그중에서 룩셈부르크를 찾기가 쉽지 않다. 면적이 작아 땅덩이 안에 룩셈부르크란 표기를 하기조차 쉽지 않다. 그래서 찾기가 더 어렵다. 동쪽은 독일, 남쪽은 프랑스, 북쪽과 서쪽은 벨기에에 묻혀 보일까 말까 한 그런 모습이다.

　룩셈부르크 전체 지형을 보면 북쪽은 울창한 산림 지역으로 이루어져 있는 아르덴느Ardenne 고원의 한 부분이다. 이 고원은 룩셈부르크의 북부 지역을 비롯해 벨기에의 뤽상부르 · 나무르 · 리에주 주의 대부분, 그리고 프랑스의 아르덴느 주에 이르기까지 1만 제곱킬로미터가 넘는 광활한 지역이다.

　물론 룩셈부르크 남쪽은 비교적 저지대여서 농업과 목축이 주를 이루며 포도 재배 지역이 많아 고급 와인을 생산하고 있다. 그러나 땅덩이가 작으니 그리 큰 의미야 있을까. 그런데 완전 독립국이요, 세계 최고의 국민소득을 가진 나라이니 뭔가 특별한 비밀이 숨어 있을 것이 분명하다.

룩셈부르크는 모나코, 안도라 등과 비교하면 제법 큰 나라. 그래도 인구는 2008년 현재 486,000여 명에 불과하다. 그런데 이 작은 나라의 국민소득은 세계 1위다. 구매력 평가ppp기준 1인당 국민총생산은 2007년의 경우 80,800달러다.[18] 그 어떤 나라도 룩셈부르크의 국민소득보다 높지 못하다. 같은 해를 기준으로 어림셈하면 한국(24,600달러)보다는 거의 4배, 미국(46,000달러)보다는 2배나 많다.

거의 존재조차 없을 것 같은 적은 인구에, 작은 국토를 가지고 있으면서도 세계 최고 소득을 기록한 것은 정말 경이롭다. 땅덩어리에 무슨 다이아몬드 같은 귀금속이 묻혀 있는 것도, 그렇다고 원유가 쏟아지는 것도 아니다. 룩셈부르크 사람들이 24시간 죽어라고 일만 하는 것도 아니다. 그러니 현장에서 눈으로 보고 손으로 만져 보지 않을 수 없는 나라다.

코블렌츠에서 A48 고속도로를 탄 뒤 울멘Ulmen을 지나 A1 고속도로를 거치면 2시간여 만에 룩셈부르크 국경에 도착한다. 국경이랍시고 검문 경찰도 국경수비대가 있는 것도 아니다. 유럽연합 국가들이 으레 그렇듯 룩셈부르크에 온 것을 환영한다는 표지판이 서 있을 뿐이다.

"Welcome"도 있지만 같은 뜻의 프랑스어 "Bienvenue"가 더 돋보인다. 국경을 넘자마자 도로 표지판이 모두 독일어에서 프랑스어로 바뀐다. '여긴 프랑스 지역이구먼.' 하는 생각이 절로 든다. 도로 표지판만 그런 것이 아니라 건물 간판이나 광고탑도 모조리 프랑스어다.

인터넷을 검색해 보면 룩셈부르크 정부의 공식 사이트의 사용 언어 역시 프랑스어다. 우리 한국인들에겐 룩셈부르크라는 독일식 표현으로 더 알려져 있지만 룩셈부르크의 공식 명칭도 실제로는 프랑스어인 '뤽상부르'다. 수도의 명칭도 영어식 룩셈부르크 시티가 아닌 '빌 더 뤽상부르Ville de Luxembourg'다.

그러니 당연히 길에서 들리는 언어가 프랑스어라고 생각할 수 있다. 그런데 귀를 쫑긋 세워 보면 뭔가 이상하다. 그들이 사용하는 언어는 프랑스어가 아니다. 그렇다고 독일어도 아니고 영어는 더더욱 아니다.

그들이 사용하는 언어는 바로 룩셈부르크 고유의 언어라는 레체부르크어Letzebuergesch다.[19] 인구 50만도 안 되는 나라가, 그것도 강대국의 언어 독일어와 프랑스어와 바로 국경을 접하고 있는 작은 나라가 고유어를 그대로 유지한다는 사실에서 룩셈부르크에 대한 경외감이 절로 생긴다.

같은 유럽의 아일랜드와 비교해 보자. 아일랜드는 인구가 300만 명으로 룩셈부르크의 5배가 넘는다. 본래 아일랜드의 고유어는 켈트어였다. 그런데 영국의 식민지로 400년을 지내고 나서 켈트어는 완전히 사어死語가 됐다.

자존심 강한 아일랜드 사람들이 왜 고유어 보존 노력을 하지 않았겠는가? 길거리 표지판에는 반드시 영어 밑에 켈트어를 병기해 놓았다. 켈트어는 초등학교에서 학교 정규 과목으로 편성해 반드시 배우는 말이다. 그런데 언어를 배우긴 하지만 일상어로 쓰진 못한다. 언어도 생명이긴 마찬가지인데 이미 400년간 쓰지 않아서 회생이 불가능한 탓이다. 그런 아일랜드보다 훨씬 더 적은 인구가 고유어를 보존하고 있으니 강소국의 첫 번째 비결은 찾은 것 같다. 그것은 고유어 사용과 보존을 위한 엄청난 인내와 끈기, 그리고 민족에 대한 응집력이다.

한편 그들에게 영어로 길을 물어 보면 또한 막힘이 없다. 꼭 뉴욕이나 런던에 온 듯하다. 시민 누구나 완벽한 영어를 사용한다. 늘 외국어 사용에 열등감을 가진 사람에게 룩셈부르크 사람들은 경이의 대상이다. 프랑스어를 모국어처럼 쓰는 사람들이라 프랑스식 악센트가 강렬한 영어를 예상했지만, 룩셈부르크인들 모두 뉴요커들처럼 영어를 쓸 줄 안다.

당연히 프랑스어 신문이 쫙 깔려 있을 것으로 예상하고 신문 가판대를 들여다보면, 프랑스어 신문도 있지만 *Luxemburg Wort* 라는 독일어 신문이 더 많다. 그 옆의 단행본도 독일어 제목이 더 눈에 띈다. 기록은 독일어로 더 열심히 한다는 이야기다.

프랑스어 간판에 프랑스어 메뉴로 된 카페에 앉아 독일어 신문을 읽으면서 대화는 레체부르크어로 한다. 그리고 관광객을 만나면 영어가 너무도 자연스럽다. 룩셈부르크는 언어에 관한 한 세계화의 표준이요, 모델이라고 할 만하다.

물론 유럽에서도 여러 언어를 공용어로 사용하는 나라가 적지 않다. 스위스만 해도 알프스를 중심으로 독일어·이탈리아어·프랑스어가 각각 공용어로 사용된다. 그런데 스위스 공용어는 지역 개념이다. 독일어 지역에서는 일상어, 표지판, 신문이나 출판물도 대체로 독일어이다. 프랑스어를 쓰는 지역도 그렇다. 이탈리아어 지역에서는 주유소 간판까지 모두 이탈리아어다.

그런데 룩셈부르크에선 한 곳에서 2~3개 언어가 동시다발로 쓰인다. 이런 다중언어생활은 국민들에게 개방적인 사고를 심어 주었으며 문화적으로 세계화에 익숙하게 하는 결정적 계기가 됐다. 그들의 영토는 작지만 그들의 관심과 문화적 가치는 이미 룩셈부르크를 넘어 프랑스, 독일 등 세계를 아우르고 있다.

세계로 완전히 열린 민족주의

언어가 열려 있다 보니 TV 프로그램도 경계가 없다. 이웃 나라인 벨기에, 프랑스, 독일 등의 각종 프로그램이 여과 없이 룩셈부르크에서도 그대로 방영된다. 독일 TV를 보다 재미없으면 프랑스 TV를 보고 혹은 영어로 나오는 '유로스포츠' 채널을 아무 때나 돌려 가며 볼 수 있다.

룩셈부르크의 언어생활은 강대국 옆에서 작은 체구를 가지고 살아야 하는 환경이 만들어 낸 최선의 방책이었을 것이다. 교육 자체가 이미 그런 체계다. 가정에서는 기본적으로 레체부르크어를 쓰지만 초등학교에 들어가면 독일어로 수업이 진행된다. 그러나 초등학교 2학년부터 프랑스어가 교과과정의 중심으로 등장하기 시작한다. 그러다 나중엔 전체 수업이 프랑스어로 진행된다고 한다. 따라서 룩셈부르크인들은 기본적으로 프랑스어를 모국어처럼 쓰는 경향이 있다.

독일어는 독일어 및 독문학 전공자들이 주로 사용한다. 그렇다고 독일어를 제쳐 두는 것은 아니다. 독일어가 룩셈부르크의 또 다른 공용어라서 대부분 쓰고 읽고 말할 수 있다.

영어는 제2외국어로서 누구나 배워야 한다. 물론 일부 학생들은 라틴어나 고대 그리스어 등을 제2외국어로 선택하기도 하지만 그것은 학생이 선택할 때만 그렇다.

룩셈부르크에서 특기할 만한 또 하나의 사실은 대학이 없다는 것이다. 이는 철저한 실용주의의 산물이다. 전통과 연륜이 있는 주변 국가의 수준 높은 대학으로 젊은이들을 보내는 것이 좁은 땅에서 자신들만의 대학을 만들어 교육시키는 것보다 훨씬 더 효율적이라는 사실을 실천에 옮긴 것이다.

사실 그런 면에서 룩셈부르크의 특성 중 하나는 고도의 전문화다. 자신의 것이 경쟁력이 떨어지면 망설이지 않는다. 경쟁력이 있다면 외국 것이라도 그것을 이용하겠다는 열린 정신을 가지고 있다. 우리나라 대학의 좋은 타산지석이 될 것이다. 전문화는 제쳐 두고 거의 모든 대학이 백화점식 학과 개설로 문제가 되고 있는 것과 좋은 비교가 될 성싶다.

고등학교를 졸업하면 룩셈부르크 청소년들은 주로 벨기에나 프랑스 등의 대학으로 진학한다. 독일로 대학을 가는 경우는 벨기에, 프랑스에 이어 세 번째이지만 그 숫자는 훨씬 적다. 따라서 교육의 내용과 체계는 프랑스와 거의 유사하다.

룩셈부르크인들이 이처럼 복잡한 언어 문제에 직면해서도 합리적 방법으로 문제를 해결해 나갔다는 점을 잊지 말아야 한다. 자신의 언어를 지키면서도 다른 언어를 배척하지 않는 상식적인 대화와 타협의 정신이야 말로 초강소국 룩셈부르크를 이해하는 열쇠다.

다국적 수도, 룩셈부르크 시티

룩셈부르크인들이 높은 수준의 다중언어 구사력을 갖추고 있으니 세계적인 기업이나 다국적 기업은 이 작은 나라에 투자 매력을 느낄 수밖에 없다. 자유로운 다중언어 구사력. 초강소국 룩셈부르크의 첫 번째 비결이다.

하지만 이러한 다중언어생활을 한가운데에 확실하게 자리 잡고 있는 것이 모국어 사랑이라는 점을 명심해야 한다. "우리의 것이 좋은 것이야."라는 말이 여기처럼 절실하게 와 닿는 곳이 있을까 싶다. 고대 게르만어를 기원으로 하는 레체부르크어가 50만 명도 채 되지 않는 인구 사이에서 일상어로 살아남아 있기에 그들의 다중언어생활이 가능한 것이다.

게다가 고유어를 더욱 발전시키고 더욱 더 많이 사용하는 것이 요즘 추세라고도 한다. 오히려 세계화시대에 고유어를 보호하자는 운동이 더욱 거세져 아예 공식 석상에서 레체부르크어의 자발적 사용이 늘어난다고 한다.

이제 룩셈부르크의 수도로 들어가 보자. 룩셈부르크의 수도는 룩셈부르크 시티다. 나라 전체의 크기가 서울보다 좀 더 크니 수도가 무슨 의미가 있나 싶기도 하다. 그러나 교통 체증도 있고 주차 단속도 무척 심할 만큼 나라의 중심은 중심이다.

수도 초입에 오면 '이야' 하는 소리가 절로 나올 만큼 도시가 아찔하다. 한눈에 보이는 것은 깎아지른 듯 계곡 위에 지은 성채와 건물들, 그 허공 위에 아슬아슬하게 걸린 다리다. 그리고 아래쪽에는 땅속으로 곤두박질하듯 아득한 강물이 보인다. 그중에서도 아돌프 다리는 사람들의 혀를 내두르게 한다. 이 다리는 무려 지상 46미터의 높이에 걸린 153미터의 아치교인데, 구시가지와 신시가지를 연결한다. 본래 1889년부터 4년간에 걸쳐서 건설되었는데 당시 아돌프 대공이 재위하던 시절이라 다리에 그의 이름을 붙였다.

룩셈부르크의 다리 그리고 성채 위에서 아래를 내려다봐도, 강변에서 위를 올려다봐도 현기증이 날 정도다. 물론 몇 백 층짜리 건물만큼 높진 않지만 그토록 현기증이 나도록 만드는 건 도시 전체가 마치 북한산 인수봉처럼 깎아지른 바위 위에 만들어져 있기 때문이다. 그 위에 우뚝 선 철옹성 요새, 그곳이 바로 빌 더 뤽상부르요, 룩셈부르크 시티다.

룩셈부르크 수도를 떠받들고 있는 거대한 바위는 보크Bock라 불린다. 보크란 말은 '작은 성城'이란 뜻이다. 보크 주변은 룩셈부르크 시티를 우회하는 알제트Alzette 강이 휘감고 있다. 보크로 올라가려면 오로지 서쪽에서만 접근이 가능한 구조다. 다른 지류의 하나인 페트루즈Petrusse 강은 보크 근처에서 알제트에 합쳐진다. 알제트는 독일 쪽으로 흘러가 국경에서 모젤Moselle 강으로 흘러든다.

시티의 핵심인 보크는 보면 볼수록 명물이다. 그냥 바위가 아니다. 그 속엔 끝도 모를 굴이 뚫려 있고 절벽 중간 중간에 그 모습을 드러내 공격해 들어오는 적을 막는 진지가 구축되어 있다. 바위 속에 있어 지하라고 부르긴 하지만 실제로 포대가 설치된 쪽으로 나오면 아찔한 절벽의 중간쯤이다. 웬만한 사람들은 보크를 거닐다 보면 고소공포증에 걸릴 정도다. 보크의 동굴은 한여름에도 강력한 에어컨을 튼 듯 늘

룩셈부르크 시티의 3면을 감싸고 있는 알제트 강.

시원하다.

바위 요새는 크게 페트루즈 강 쪽과 보크 요새 두 부분으로 나뉘지만 실제로는 룩셈부르크 도심의 모든 곳으로 통한다. 유사시 대피소로, 전투장소로 유용하게 사용할 수 있게 되어 있다.

이 요새를 수시로 점령한 무수한 강대국들은 다시 빼앗기지 않기 위해 점령할 때마다 더욱 더 견고하게 만들려고 했다. 그 주인공들이 바로 스페인·오스트리아·프랑스·네덜란드 등이다. 그러다 보니 룩셈부르크의 보크는 지중해 입구 천연의 요새인 지브롤터 다음으로 유럽 내륙에서는 난공불락으로 소문이 났다. 터널 곳곳에는 경계 근무를 서는 병사들을 위한 휴식 시설도 있고 무기 보관소도 있다. 게다가 사고 치는 병사들이나 적군을 가두어 두던 감옥도 이 보크 속에 있어 관광객들의 시선을 끈다.

이곳에 처음으로 둥지를 튼 종족은 게르만계 트레베리족이었다고 한다. 그 다음엔 유럽 최고의 강자 로마가 이곳을 손에 넣었다. 로마 군인들조차 이곳을 얼마나 험악하게 여겼던지 카이사르 때에는 '악마의 제단'으로 보고했던 기록도 남아 있다.

로마 몰락 후에는 프랑크족이 작은 성채를 세웠고 뒤이어 트리에 Trier 주교 관할 '성 막시민St. Maximin 수도원'이 세워졌다. 천혜의 요새인 데다 일반인 접근이 힘든 곳이어서 수도원이 있기에는 안성맞춤이었다. 성채의 주인은 수시로 바뀌었으나 수도원의 존재는 불변이었다. 어느 점령자도 수도원을 쉽사리 건드릴 수 없는 것이 중세였다.

그러다 오늘날 룩셈부르크의 창시자가 역사의 전면에 등장했으니 그가 바로 아르덴Ardenne 백작 지그프리트Sigfried, 922~998다. 본래 그는 보크 북쪽에 있던 비울나Viulna라는 영지의 소유자였다.

그러다 당시 성채의 주인이었던 수도원에 들러 넌지시 이 요새를 팔라고 꼬드긴다. 그런데 중세 수도원은 그래도 '소문난 두뇌'들이 죄다 모여 있었던 곳이었고 이재에도 밝았다. 그래서 그런지 요새를 팔라는 지그프리트의 제안에 "아예 넓디넓은 당신의 영지를 다 주면 바꾸겠소." 하고 제안했다. 아예 꿈도 꾸지 말라는 완곡어법이었다. 설마 비옥한 자신의 영지를 다 내놓으면서 쓸데없는 산꼭대기 성채 하나를 사겠느냐는 것이 그들의 계산이었다.

그런데 지그프리트는 보크의 중요성을 이미 내다보고 있었다. 광활한 농지보다는 군사 요충지 하나를 확보하는 것이 약육강식의 땅에서 살아남는 법이라 믿었다. 일생을 건 도박이었다. 지그프리트가 거래에 응하겠다고 하자 수도원에선 당황했다. 도저히 받아들일 수 없으리라고 생각한 조건을 내걸었는데 덥석 그가 응낙했으니 한 입으로 두말할 수도 없어 결국 그에게 이 요새를 내주고 말았다.

지그프리트 백작은 이곳을 차지한 후 이름을 고쳐 '루실린부르후크 Licilinburhuc'라고 불렀다. 여기에서 나온 말이 바로 오늘날의 룩셈부르크라는 국명이다. 본래 어원이 '작은 성채'였으니 지그프리트는 눈에 보이는 대로 그 이름을 불렀던 모양이다. 이때가 963년이다. 룩셈부르크 역사의 시작이다.[20] 그 후 이 가문이 대를 이었고 지그프리트의 후손인 콘라트는 1060년경 룩셈부르크 백작이라는 칭호를 얻게 된다. 룩셈부르크라는 이름이 유럽에서 처음 공인된 사건이었다.

14~15세기에 '가문의 영광'이라할 전성기를 연다. 무려 4명의 신성로마제국 황제, 4명의 보헤미아 왕, 1명의 헝가리 왕과 많은 선제후選帝侯를 배출하기에 이르렀다. 문제는 이것이 출중한 인물과 리더십으로 만들어 낸 영광이 아니었다는 데 있다.

세상 이치가 그렇지만 단순히 그런 요소만으로 어떻게 대업大業을 이루겠는가? 결국 예나 지금이나 정치는 바로 돈의 문제다. 지그프리트의 후손들은 그 돈으로 명예와 영화를 사려고 했던 것이다.

왕이 되고 제후가 되긴 했는데 결국 그런 허명虛名을 유지하느라 재산을 다 써 버린 것이다. 결국 외화내빈外華內貧이었다. 백작 가문이 파산 일보 직전까지 가는 상황이 벌어졌다. 내환內患은 외우外憂를 불러오기 마련이다. 결국 부르군디 가문이 힘으로 밀고 들어와 룩셈부르크를 차지해 버렸다.

한 번 무너졌으니 두 번 무너지기는 더 쉬웠다. 이제 힘만 있으면 누구나 룩셈부르크 요새를 차지하려는 욕심을 냈던 것이다. 허구한 날 스페인, 프랑스, 오스트리아에 프로이센까지 물고 물리는 이전투구를 벌이며 이곳을 들락날락했다. 이런 일은 거의 19세기까지 계속됐다.

그러나 그 오랜 시련 속에서도 국민의 정체성은 훼손되지 않았다. 정복자들은 요새를 탐내기는 했지만 이 험한 골짜기에 정착하고 싶은 생각은 추호도 없었다. 그저 주둔 군대나 왔다가 전쟁에 졌을 때 떠나면 그뿐이었다. 유럽에서 일반적으로 행했던 도식인 '정복 후 자국민 정착'이 이루어지지 않았던 것이다. 땅이 워낙 척박하니 자국민을 정착시키고 싶은 생각은 없었다. 결국 요새의 주인은 바뀌어도 룩셈부르크인들은 여전히 그곳에 살 수 있었다.

룩셈부르크가 다시 독립국으로서 정체성을 드러낸 것은 나폴레옹의 화려한 등장과 몰락이라는 세기적 사건과 연결됐다. 1815년 '비엔나회의'를 통해 나폴레옹 몰락 이후 유럽 문제를 논의하면서 얼떨결에 룩셈부르크는 대공국으로 격상됐다. 얼핏 룩셈부르크 위상이 높아진 것 같았지만 기실 강대국 야합의 결과에 지나지 않았다.

룩셈부르크에 기득권을 가지려고 했던 곳은 네덜란드와 프로이센이었다. 두 나라는 룩셈부르크를 집어삼키려고 혈안이 되어 있었는데 두 나라가 맞부딪치다 보니 먹을 수도 그렇다고 상대방에게 줄 수도 없는 묘한 구조가 형성된 것이다. 그래서 어물쩍 넘어간 것이다. 대공이 다스리는 대공국이 되긴 했는데 그 주인은 공식적으론 네덜란드 국왕이었다. 룩셈부르크 대공이 서열상으로 네덜란드 국왕의 신하였던 것이다. 그런데 룩셈부르크는 동시에 프로이센 연방의 일원이었다. 네덜란드에 충성을 하면서도 소속은 프로이센이 되는, 아주 기형적인 상황이었다.

그러나 이 엉거주춤한 상황이 오래가지는 않았다. 1839년 후속 협상인 '비엔나협약'에 따라 명목상 네덜란드 국왕의 소유였던 룩셈부르크 전체 영토의 반이 벨기에로 할양되고 말았다. 국토의 반을 잘라내고 나서야 겨우 네덜란드에서 독립할 수 있었다.

한편 19세기 후반 나폴레옹 몰락 이후 쇠락했던 프랑스가 다시 일어서고 신흥 강국 프로이센이 유럽대륙의 왕좌를 놓고 한판 겨루기가 진행되고 있었다. 프랑스와 프로이센은 룩셈부르크를 호시탐탐 노렸지만 최악의 경우 상대방의 손에 들어가는 것만은 막길 원했다. 결국 1867년 런던 조약으로 프랑스와 프로이센은 룩셈부르크를 완충지대로 남겨 놓기로 합의했다. 최초로 룩셈부르크의 중립이 보장된 것이다. 룩셈부르크로서는 다행스러운 일이었다.

물론 20세기 들어 두 차례의 세계대전을 거치면서 룩셈부르크도 독일에 점령당하는 등 극심한 피해를 입었다. 전쟁의 심각한 후유증을 경험하기는 했지만 과거 독립국의 전례가 있어서 자연스럽게 전쟁 이후에도 독자적인 길을 갈 수 있었다.

룩셈부르크의 역대 대공을 비롯한 권력자들은 강대국의 틈바구니에서 어떻게 해야 살아남을 수 있는지 비싼 대가를 치르며 배워 왔다. 독립성의 상징인 대공은 이미 1868년에 '군림은 하나 통치는 하지 않는다.'라는 원칙을 세웠다. 그리고 제2차 세계대전 이후 직선으로 선출되는 임기 5년의 의원 59명이 구성하는 단원제 의회가 구성되었고 권력은 총리를 중심으로 내각이 가졌다.

가장 좋은 정치는 '옆에 있는 듯 없는 듯' 그런 존재로 있는 것이다. 평소에는 그 존재조차 인식하지 못하다가 필요할 때 도와주는 것이 바로 정치의 본질이라면 룩셈부르크는 그 기본에 가장 충실한 정치문화를 가지고 있다.

조금이라도 틈을 보이면 언제나 강대국들이 들어와 독립을 짓밟았음을 그들은 머리부터 발끝까지 잘 알고 있었다. 그래서 허점을 보이지 않도록 끊임없이 노력했다.

굴곡 많은 역사가 결국은 룩셈부르크를 똘똘 뭉치게 했으며 그 강력한 민족주의가 세계를 향해 열려 있는 독특한 체제를 만들어 냈다고 할 수 있다. 이른바 '세계로 열린 민족주의'다. 자신의 것을 끝까지 지키면서도 민족주의의 본령이라 할 배타성은 철저히 배제했다. 민족이라는 허황된 구호만으로 도저히 강대국이 칼과 창을 휘두르는 정글에서 살아남을 수 없기 때문이다. 룩셈부르크의 민족주의는 그 누구도 범할 수 없을 정도로 강력하고 끈질기지만 철저하게 열린 정신을 그 기본으로 한다.

그 열린 민족주의의 상징이 룩셈부르크 대공이다. 대공이 거처하는 룩셈부르크 시티 중심의 그랑 뒤칼 궁전Palais Grand Ducal은 그 상징의 겉모습이라 할 수 있다. 본래 르네상스풍의 대리석 궁전으로 1572년 세워졌으며 1741년 증축됐다. 그 후 전란의 피해를 받았으나 1890년 재건됐다.

대공과 그 가족들은 교외에 거주하지만 여전히 이곳에 집무실과 영

룩셈부르크 대공의 거처 '그랑 뒤칼 궁전'. 룩셈부르크 대공은 자신의 것을 끝까지 지키면서도 배타성을 철저히 배제하는 룩셈부르크 특유의 '열린 민족주의'를 상징한다.

빈관이 있다. 대공이 궁전 집무실에 있으면 정면에 국기가 게양된다. 이곳이 궁전이긴 하지만 언제나 관광객들에게 개방된다. 왕이 집무하고 있지만, 그 시간에도 관광객에게 개방되는 궁전의 모습이야말로 세계로 열린 강력한 룩셈부르크 민족주의의 한 단면이다.

철강 산업으로 비약하다

그랑 뒤칼 궁전이 룩셈부르크 정치와 역사의 상징이라면 경제 아이콘은 무엇일까? 구시가지에서 신시가지로 들어서면 그 해답을 찾을 수 있다. 자유를 뜻하는 리베르테_{Liberté} 거리 19번지에 가면 4층 높이의 회색빛 궁전 같은 건물이 눈에 확 들어온다. 중세 기사들이 금방이라도 튀어나올 것 같은 건축양식이다. 그런데 너무 깨끗하다. 이곳이 바로 룩셈부르크 경제성장의 굴곡이 고스란히 들어 있는 곳이다. 이곳은 세계 1위의 거대한 철강회사인 아르셀로미탈의 본사다.

한국의 간판 기업 중 하나인 포스코는 2007년에 모두 3,280만 톤의 철강을 생산했다. 그런데 이 궁전을 본사로 하는 아르셀로미탈은 포스코의 4배가 넘는 1억 1,640만 톤의 철강을 생산한 공룡 기업이다. 한때 이 회사가 포스코를 합병할 것이라는 소문도 업계에선 공공연하게 나돌기도 했다.

그처럼 큰 기업의 본사가 다른 곳도 아닌 이 작은 나라에 자리 잡았다. 이 회사를 조금만 뒤져 보면 강소국 룩셈부르크의 비밀을 캘 수 있을 것이다.

역사를 들여다보면 강국의 첫 번째 조건은 역시 식량이다. 국민을 먹여 살리고도 남을 잉여생산물이 많은 국가는 문명을 더욱 발전시킬 수 있고 군대까지 육성할 수 있다. 그래서 비옥하고 넓은 평야 그리고 풍부한 물이 문명 발전의 필수 조건이다. 세계 4대 문명이 어디에서 시작되었는지를 보면 금방 알 수 있다.

그런데 아무리 눈을 씻고 찾아봐도 룩셈부르크엔 그런 조건이 없다. 그저 군사적 요새로서의 중요성 정도밖에 없다. 식량 생산이라고 해봐야 그저 먹고살기에 급급할 정도였을 것이다. 19세기까지 룩셈부르크 사람들 역시 가난을 벗으로 삼으며 살아 왔다. 게다가 날이면 날마다 침략을 받아 수탈을 당했으니 그 고달픔이야 말할 나위도 없다.

"인내는 쓰다. 그러나 그 열매는 달다."라고 루소가 말했던가? 룩셈부르크는 1,000여 년의 긴 인내의 기간에 대한 엄청난 보상을 받았다. 그 척박한 땅속에 철광석이 쌓여 있었던 것이다. 영국에서 시작된 산업혁명은 석탄과 철광석이 그 중심이었으니 철광석이 있는 곳은 어디나 산업혁명의 발원지였다. 룩셈부르크는 어쩌면 마지막일지 모를 그 한 번의 기회를 놓치지 않았다.

산업혁명 말기인 1882년 룩셈부르크 정치통합의 상징인 대공이 총대를 메고 나섰다. 민간에 맡겨 두기엔 너무 시간이 촉박했던 탓이다. 정부가 출자한 철강회사가 창립되었고 4년여 고생 끝에 마침내 쇳물을 뽑아내기 시작했다. 약소국에서 강소국으로 가는 첫 번째 기회를 잡은 것이다.

철광석이 '황금알을 낳는 거위'라는 인식이 보편화되면서 철강회사들이 우후죽순처럼 세워졌다. 문제는 그 수준이 '도토리 키 재기'라는 것이었다. 1911년 마침내 단일 철강기업인 아르베드_{Arbed}라는 회사가 탄생했다. 게다가 철강 경영의 귀재라는 에밀 메리쉬_{Emile Mayrisch, 1862~1928} 회장이 공격적 경영을 시작했다. 아르베드는 룩셈부르크를 넘어 벨기에, 프랑스, 독일의 광산이나 철강회사를 사들였다. 1922년엔 브라질에 철강 자회사를 세우는 등 일찍부터 글로벌 기업의 면모를 보이기 시작했다. 압연강의 생산은 1900년 145,000여 톤에서 1913년에는 1,115,000여 톤으로 불과 13년 만에 10배 가까이 성장했다.

아르베드는 룩셈부르크 경제의 상징이었지만 그 모순을 깨닫는 데엔 긴 시간이 필요하지 않았다. 한 국가가 하나의 회사, 하나의 업종에 사활을 걸고 있을 땐 자칫하면 단박에 망할 수도 있다. 철강업이

흥하면 룩셈부르크가 살겠지만 철강업이 쇠퇴하면? 이는 악몽이었다. 제1차 세계대전 이전에는 룩셈부르크의 산업 근로자의 약 60퍼센트가 모두 철강회사에 다녔을 정도였다.

그리하여 룩셈부르크는 산업 다변화에 사활을 걸었다. 1950년대부터 시작된 경제 체질 개선으로 1960년대에는 철강 산업의 비중이 전체 30퍼센트 가량으로 줄었다. 1973년에는 제1차 석유파동이 시작됐다. 이스라엘과 아랍 간 중동전쟁이 결국은 아랍국의 석유 무기화로 이어졌고 유가는 끝도 없이 올랐다. 전 세계는 불황과 만성 인플레이션으로 허덕였다. 1978년에도 비슷한 일이 벌어져 두 번째 석유파동이 왔다.

철강 산업의 비중을 낮추기는 했지만 룩셈부르크의 경제도 치명타를 맞았다. 자신에게 다가오는 시련을 고통의 얼굴로 보는 이가 있는가 하면 새로운 기회의 얼굴로 대하는 이도 있다. 룩셈부르크인들은 두 번째 유형이었다. 오히려 석유파동을 산업 다변화를 위한 기회로 삼았다.

석유파동이 본격화된 1974년 한 해에만 전체 산업 중 철강 부문 비율이 12퍼센트 포인트나 줄어들었다. 산업 다변화를 위한 구조조정은 1994년까지 무려 20년 동안 계속된다. 룩셈부르크 경제는 뱃살이 출렁거리는 비만형 동맥경화 환자에서 마라톤 선수처럼 날렵한 '몸짱'으로 거듭났다. 산업구조는 제조업 중심에서 서비스 부문으로 급속히 전환했으며 특히 국제무역 및 금융의 중심지로 변화했다.

1992년 통계를 보면 서비스 부문이 전체의 59.2퍼센트, 제조업은 전체의 17.7퍼센트를 차지했다. 룩셈부르크를 견인했던 철강 산업은 전체의 4.3퍼센트까지 떨어졌다. 서비스 업종은 금융, 회계, 조세 및 법률 컨설팅 같은 고부가가치 지식산업이었다.

룩셈부르크의 철강 산업이 전체 경제에서 차지하는 비중이 기하급수로 줄어들었지만 룩셈부르크 철강업은 새로운 시도를 했다. 아르베드는 유럽 6위, 세계 13위의 기업이라는 초일류 기업이긴 했지만 거기에 만족하지 않았다. 세계적 흐름인 인수합병M&A에 참여함으로써 살아남기 위한 새 전쟁에 뛰어들었다.

아르베드는 2001년 스페인의 아르세랄리아Arceralia, 프랑스의 유지노르Usinor와 합병했다. 그래서 만든 회사가 아르셀로르Arcelor라는 세계 최대의 제철회사였다. 2006년엔 세상이 더 놀랄만한 일이 또 생겼다. 세계 1, 2위 철강기업인 아르셀로르와 인도의 미탈이 합병했고 그 경영권을 미탈이 가져간 것이다. 물론 미탈 측은 철강의 역사와 상징성을 고려해 본사를 룩셈부르크 시티에 남겨 둔다.

2007년 현재 세계 조강 생산을 보면 1위가 바로 아르셀로미탈이다. 그 뒤를 일본의 신일철과 JFC, 한국의 포스코 그리고 중국의 바오산 철강이 뒤따르고 있다. 룩셈부르크에서 아르베드는 룩셈부르크 경제의 상징 이상의 그 무엇이었다. 그래서 철강 근로자들을 중심으로 아르베드의 인수합병에 반대 여론이 많았고 또 서운한 감정을 숨기지 않았다. 그러나 그들은 험난한 세계경제의 정글에서 살아남기 위해서는 자신의 자존심마저도 버릴 수 있어야 한다는 글로벌 마인드를 더 중시해 왔다. 경제에서도 그들은 세계로 열린 민족주의를 금과옥조로 삼고 있다.

무분규의 노동현장 – 강소국 룩셈부르크의 저력

붉은 머리띠, 그것도 모자라 삭발까지 하면서 생존권 투쟁을 벌여야 하는 노조원들, 그러나 눈도 깜짝하지 않은 채 방관하는 회사 측. 어떤 회사에서 파업이라도 할라치면 곧 사회문제가 되고 마는 한국 사회, 이것이 한국 노사 문화의 현주소다.

기업에서는 노조의 발목 잡기로 경제성장을 할 수 없다고 주장한다. 노조에서는 기업이 악랄하게 근로자를 속이고 착취한다고 주장한다. 그리고 두 주장은 평행선을 달린다. 그래서 한국의 노사 관계는 마치 같은 선로를 마주보고 달리는 두 열차처럼 언제 부딪칠지 모른다.

룩셈부르크가 세계적인 초일류국가로 거듭난 비결의 하나는 아예 노사문제가 없다는 것이다. 이는 노사 간에 갈등이 없다는 것이 아니다. 사람이 사는 곳에 갈등이 있고 대립도 있다. 그런데 룩셈부르크는 그 갈등과 대립을 풀어 가는 소통 수단을 완비해 놓았다.

그래서 외국의 투자자들은 룩셈부르크를 너무도 매력 있는 곳으로 여긴다. 유럽에선 일반적으로 노조가 강력한 힘을 발휘하지만 룩셈부르크에서는 사실상 노조 자체의 의미마저 거의 사라졌다. 노동자들이 그럴 힘이 없어서가 아니라 그럴 필요가 없기 때문이다. 정부나 회사가 스스로 노조가 되어 근로자의 권익을 개선하려는 문화가 완전히 뿌리를 내렸다.

정부가 이를 위해 제일 먼저 한 일은 국가 노동위원회_{Conférence Nationale du Travail}의 설립이었다. 노사문제는 이 기구를 통해 중재하고 해결하려는 의지였다. 물론 한국에서도 노사정위원회를 가동했지만 뼈

거덕거리기만 했다. 노조 측에서는 정부가 사용자 편을 들고 있다고, 사용자 측에서는 정부가 노조 편을 들고 있다고 보는 시각차 탓이다. 사태가 이 지경에 이르기까지 사안에 따라 이쪽저쪽의 눈치만을 보느라 바쁜 정부의 자업자득적인 측면도 있다.

룩셈부르크 국가 노동위원회는 먼저 노동자 측의 입장을 이해하는 데 중점을 두고 있다. 그들이 사회적 약자이기 때문이다. 이런 인식 아래 1944년에 이미 최저임금제를 도입했다.

룩셈부르크에서 노조가 생겨난 것은 19세기 중반부터다. 기업인들은 처음엔 노조를 좋은 눈으로 보지 않았다. 1879년엔 모든 노조 활동이 법으로 금지되기까지 했다.

노조란 근로자의 권익이 침해받으면 아무리 금지해도 나오기 마련이다. 위에서 억눌렀지만 산업혁명 속에서 노동자들의 권익에 대한 요구 탓에 노조 금지 조치에도 불구하고 노조는 영향력을 키워 나갔다. 1936년 노조 금지법이 폐지되어 노조 활동이 본격화되려고 했으나 그만 노조를 죄악시하던 나치 독일이 룩셈부르크를 점령하고 말았다.

마침내 제2차 세계대전이 끝나면서 노조는 일어서는 데 성공했다. 노조가 급속히 재건되었고 복수 노조 설립도 허용됐다. 그런데 노조 활동이 아무리 활발해도 노조 쟁의는 거의 없었다. 상호 대화를 통한 문제 해결이라는 문화가 이미 마련되어 있기도 했지만 더 중요한 것은 기업 측이 노조의 이익을 먼저 수용하도록 정부가 한발 앞서 체계를 마련했기 때문이다.

갈등이 일어나 사회문제로 확산되기 전에 모든 문제를 해결하는 것이 정부의 기본 방침이다. 룩셈부르크는 '가래로 막을 것을 호미로 막는' 것이 정부의 기본 방침인 것이다.

정부는 1858년 민간 부문 기업에 노동자 이익 대표 기구를 설치하도록 법으로 규정했다. 15인 이상 종업원이 있는 기업에서는 '노동자 대표단délégués du personelle' 설립을 상설화했다. 대표단은 노동조합 또는 종업원들의 후보 추천으로 전체 노동자들에 의해 선출한다. 100인 이상의 경우 기술직과 사무직이 각기 다른 대표를 파견할 수 있게 된다.

노동자 대표는 노동자들의 이익과 관심 사항에 개입한다. 예컨대 근로자 해고나 또는 근로자를 해고할 수도 있는 구조조정을 하게 될 경우 회사 경영진은 반드시 노동자 대표에게 사전에 통보를 해야 한다. 노동자 대표는 또 회사 재정 상태에 대해서도 상세히 보고받을 권리를 가진다. 이들은 유급 상근 직원이며 결코 경영진은 이들을 해고할 수 없게 제도화되어 있다.

기업합동위원회comit mixtes d'entreprise 설립도 150인 이상의 작업장에선 의무화됐다. 위원회는 동수의 노사 대표로 구성되는데, 해당 기업의 종업원 숫자에 따라 6인 이상 16인 이하의 위원이 선출된다. 500인 이상 근무 기업에서는 1명 이상 4명 이하의 노동자 대표가 유급 전임하도록 법제화되어 있다.

이 외에도 갈등 폭발을 사전에 막기 위한 다양한 장치가 가동된다. 노사분쟁 시 중재 절차는 반드시 밟아야 한다. 중재 없는 파업 돌입은 불법이다. 중재가 이루어지지 않으면 이번엔 노동법원이 개입한다. 법원 중재가 실패할 경우 파업에 들어가며 파업 노동자는 법적으로 보호받는다. 그런데 파업이 이루어지기까지 워낙 여러 차례의 안전장치가 가동되어서 파업까지 가는 경우가 없다.

룩셈부르크에서 주목해야 할 또 하나는 상공회의소와 어깨를 나란히 하는 '노동자회의소workers' chamber'라는 존재다. 상공회의소가 경영자 편이라면 노동자회의소는 노동자 편이다. 매 5년마다 선출되는 21명의 대표로 구성된다. 3분의 1은 주요 산업의 노동자 대표, 3분의 2는 민간 및 공공 부문 중소기업의 노동자 대표들로 충원된다.

노동조합이 대표를 추천하며 회의소 운영비용도 노동자들의 자발적 분담금으로 충당된다. 정부는 사회정책이나 고용정책에 관한 법령을 기안할 때는 반드시 노동자들의 의견을 청취토록 규정하고 있는데, 그 역할을 노동자회의소가 담당한다. 회의소의 주요 임무 영역은 사업장에서의 안전과 보건, 최저임금, 가족수당, 청소년 근로자의 보호, 사회보장, 해고에 대한 보호, 물가정책, 소득세 및 부가세 등과 관련한 것들이며, 대표들은 여러 공공위원회와 관련을 갖고 업무를 수행한다.

노동자회의소와 상공회의소가 직접 부딪칠 수도 있다. 그래서 경제·사회평의회(1966년 출범)라는 것도 만들었다. 회의소의 상급 기구다. 노동자회의소 대표 11명, 사용자 측 대표 11명, 그리고 양측에 속하지 않는 7명의 위원으로 구성되며, 전체 부문의 문제나 산업 전반에 영향을 미치는 사안들을 다룬다.

노사 갈등을 피하기 위한 이중, 삼중의 해결구조가 바로 룩셈부르크 노사문제의 핵심이다. 1921년 이후 지금까지 노사분규는 보고된 적이 없다. 철강 산업의 침체로 심각한 경제 위기가 발생했고 철강회사 종업원들이 회사에서 내쫓기는 상황이 발생한 1970년대에도 파업은 없었다.

그 이유는 정부에서 노조 · 기업 · 정부로 구성된 노사정 회의를 열어 의견을 수렴한 덕택이다. 경제 위기를 극복하기 위해 정부 · 사용자 · 노동자가 마련한 합의안으로 경제 위기를 극복할 때까지 노사정이 외국자본 유치에 저해되는 행위를 하지 않고 조기 퇴직 제도를 도입해 불필요한 해고를 최대한 줄이기로 합의했다. 일명 '룩셈부르크 모델'로 불리는 이 합의의 정신에 따라 정부 · 사용자 · 노동자 간 정책 협조가 자연스럽게 이루어졌고 1970년대의 위험 고비도 넘겼다.

룩셈부르크의 안정된 노사 관계는 단순히 법적 · 제도적 장치로만 이루어진 것은 아니다. 여기에는 룩셈부르크의 역사가 함축되어 있다. 늘 외침을 당하다 보니 내부 단결이 깨지는 그 순간 최악의 상태가 온다는 것이 경험적으로 알고 있었다. 작은 나라라는 환경적 요인도 크다. 나라가 작다 보니 한 다리만 건너면 서로가 다 아는 친구 아니면 친척이다. 노사 협상 테이블에 앉아 보면 사측 대표와 노조 대표가 친구인 경우도 적지 않다는 것이다. 결국 대결보다는 대화로 해결책을 찾을 수밖에 없다.

'노사분규 없는 나라'의 이미지는 룩셈부르크를 매력적인 투자국으로 격상시켰고 또 룩셈부르크 비상飛翔의 두 번째 기회라 할 '금융의 허브'로 자리매김하는 데 절대적 기여를 했다.

국제금융의 중심지로 날개를 펼치다

아르셀로미탈 본사가 있는 리베르테 거리를 나와 아돌프 다리를 건

오늘날 룩셈부르크의 주력 산업은 금융업이다. 사진은 룩셈부르크 금융을 대표하는 룩셈부르크 중앙은행.

너머면 바로 로얄 대로Boulevard Royal와 연결된다. 그런데 로얄 대로는 아돌프 다리 방향으로 일방통행이어서 옆에 있는 또 다른 프랭스 대로Boulevard Prince로 한 바퀴 돌아가야 다시 로얄 대로로 나올 수 있다.

로얄 대로는 룩셈부르크 시티의 중심가를 꺽쇠처럼 감싸고 있다. 이곳에 룩셈부르크 중앙은행Banque Centrale du Luxembourg을 비롯한 세계 유수의 금융기관이 모여 있다. 은행과 투자신탁회사, 보험회사까지 이곳에 자리 잡고선 세계의 돈을 끌어들인다. 룩셈부르크 정부의 공식 통계를 보면 이곳에는 14,000여 개 지주회사와 4,000개가 넘는 투자 펀드, 150개의 외국 은행 사무소가 몰려 있다고 한다.

인구가 채 50만도 못되는 나라의 한쪽에 이처럼 거대한 금융시장이 어떻게 형성되었을까? 왜 이런 기적이 이루어질 수 있었을까? 큰 회사가 몇 개 있다손 치더라도 룩셈부르크 자체 자금규모라고 해 봐야 그리 크지 않다. 룩셈부르크는 뉴욕이나 런던과는 전혀 다른 성격의 금융 허브로 역외 자금을 끌어들이고 있다. 국제통화기금IMF은 이런 곳을 '지역금융센터'로 정의했다. 유럽에선 룩셈부르크, 아시아에선 홍콩과 싱가포르가 지역금융센터다. 세 곳을 놓고 보면 공통점이 보인다. 지정학적 위치, 국민의 자유로운 외국어 사용, 친기업적인 세제와 법 제도가 그것이다.

1950년대 철강업 중심에서 산업 다변화 정책을 표방하고 나선 룩셈부르크는 결국 굴뚝 없는 공장, 금융을 끌어들이겠다는 야심찬 계획을 수립했다. 룩셈부르크의 선견지명인 셈이다. 계획을 세웠고 행동은 더욱 빨랐다. 룩셈부르크는 규제 완화라는 측면에서 유럽 어느 국가보다 발 빠르게 움직였다. 독일이나 프랑스처럼 거대 국가는 할 수 없는 일이다.

그 대표적 사례가 지금은 유럽연합에서 표준으로 도입된 '싱글 패스포트 제도'였다. 한 유럽 국가에서 영업 허가를 받은 나라는 다른 회원국에서 신고만으로 영업에 나설 수 있는 제도였다. 그 제도를 룩셈부르크가 가장 먼저 제도화했고, 다른 유럽 국가의 금융기관들은 이런 룩셈부르크를 주목하지 않을 수 없었던 것이다.

그것뿐만이 아니다. 금융정책의 최우선 순위는 투자자 보호에 있다. 투자자 보호가 룩셈부르크 금융정책의 제1순위이니 구미가 당기지 않을 투자자는 없었다. 룩셈부르크 금융 당국은 말이 아니라 규제 완화 등의 각종 제도로 그 모든 것을 보여 주었다.

게다가 룩셈부르크 경제부처나 국영 금융기관조차도 민간 금융기관을 초월할 정도로 컨설팅 등 모든 개혁에 앞장선다. 외국 금융기관들에게 가장 신뢰할 만한 필수 정보를 제공하고 컨설팅을 해 주는 곳이 바로 정부기관이었으니 룩셈부르크에서는 오히려 정부가 민간보다 더 친절하다는 평까지 나돈다.

여기에 룩셈부르크인들의 다중언어 구사력은 금융 허브에 날개를 달아 줬다. 영어뿐만 아니라 프랑스어, 독일어를 전 국민이 자유자재로 구사하니 룩셈부르크가 매력적인 센터 역할을 하지 않으려야 않을 수 없다. 그래서 현재 금융 산업은 철강 산업을 제치고 룩셈부르크 국부國富 제일의 원천이다. 룩셈부르크 국내총생산의 38퍼센트가 금융 서비스 수입이라는 통계가 이를 잘 보여 준다.

룩셈부르크 금융 허브의 비결은 다른 유럽 국가보다 한 걸음 앞서 정책을 세우고 두 걸음 앞서 실천한 데 있다. 다른 나라가 주저하고 있는 사이 가속도가 붙어 나가고, 다른 국가가 따라올라치면 이미 저만치 먼 곳에 가 있는 것이 바로 룩셈부르크 금융정책이다.

1998년 6월 유럽연합 회원국 전체를 대상으로 거래 가능한 양도성 유가증권 공동투자UCITS 허용 법안을 유럽연합 최초로 통과시킨 것이 대표적 사례다. 펀드 강국으로서 하늘 높이 날기 시작한 사건이었다. 게다가 유럽연합 외의 국가에도 문호를 개방해 다양한 국가의 자금을 대규모로 유입시켰다. 세상의 돈이 다 룩셈부르크로 모일 수 있었던 것은 바로 이와 같은 혜안과 실천의 결과였다.

현재 룩셈부르크가 운영하는 펀드는 미국에 이어 세계 2위 규모라고 한다. 특히 세계 25개의 주요 글로벌 자산 운용사가 만드는 펀드 국적은 대부분 룩셈부르크다. 프랭클린 템플턴, HSBC홀딩스, BNP 파리바스, UBS, ABN암로 등이 모두 룩셈부르크를 기반으로 운영된다. 그래서 룩셈부르크 자체가 신뢰의 상징이다. 고객들은 룩셈부르크에서 만들어진 펀드라고 하면 투자를 꺼리지 않지만 다른 나라라고 하면 일단 고개를 흔들 정도로 룩셈부르크 입지는 탄탄하다.

작지만 세계 최고가 된 나라, 룩셈부르크

초일류 기업들이 진출하면서 유럽의 허브로 거듭난 룩셈부르크의 비결은 여러 가지다. 이미 앞에서 언급했던 다중언어 사용을 배경으로 한 세계 최고 수준의 노동력이 그 비결의 첫 번째 자리에 옴 직하다.

게다가 지리적으로도 룩셈부르크는 서유럽의 심장부에 있다. 남서쪽에는 유럽대륙의 최강인 프랑스가 있고, 동쪽에는 독일과 국경을 마주하고 있다. 파리, 프랑크푸르트, 암스테르담, 브뤼셀, 스트라스부르 등 유럽의 내로라하는 주요 도시가 자동차로 3시간 거리 안쪽에 있는 것도 룩셈부르크의 강력한 경쟁력이다.

게다가 룩셈부르크는 약소국이어서 다른 나라에 해를 끼치지 못했다. 그러니 유럽에서 룩셈부르크에게 반감을 가진 나라는 드물었다. 그 어떤 나라도 룩셈부르크에 대한 배타적 성향을 갖지 않았으니 룩셈부르크에 대한 투자야말로 누이 좋고 매부 좋은 거래였다.

여러 언어를 구사할 수 있는 숙련된 노동력과 주변 국가에 비해 기업의 부담이 낮은 사회보장제도, 지리적인 이점이 룩셈부르크를 약소국에서 강소국으로 변신하게 한 주요 원인이다.

외무장관을 역임한 리디 폴퍼 Lydie Polfer 는 이를 두고 "룩셈부르크는 이미 오래전부터 세계화되어 있었다."라고 말했다. 그런 점에서 룩셈부르크의 역사 자체가 세계화의 역사라고 할 수 있다.

　룩셈부르크의 국토 면적이라고 해 봐야 서울의 4배 정도이다. 남북으로는 82킬로미터, 동서로는 최대 56킬로미터에 불과하다. 무시당할 만한 적은 규모의 인구를 가지고 있고, 게다가 강대국을 옆에 두고 있는 작은 나라가 룩셈부르크다.

　우리나라가 자랑스러울 때 우리는 흔히 "작은 고추가 맵다."라는 속담을 사용한다. 그러나 룩셈부르크는 진정한 '작은 고추'다. 인구 48만으로 세계 최고의 소득을 구현한 기적의 나라이기 때문이다. 그 기적은 결코 우연이 아니다. 룩셈부르크인들의 피와 땀으로 이루어진 당연한 결과임을 잊지 말아야 한다.

벨기에

기술의 달인, 세계를 호령하다

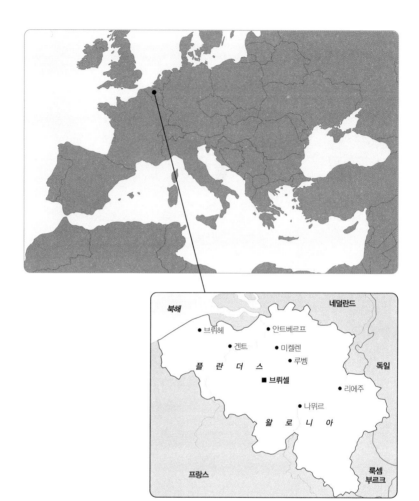

벨기에Belgium

공 식 명 칭	벨기에 왕국Kingdom of Belgium
정 치 체 제	입헌군주제
수 도	브뤼셀Brussels
면 적	32,545km²
인 구	1,040만 명
언 어	네덜란드어(58%, 플라망), 프랑스어(31%, 왈론), 네덜란드어 와 프랑스어 공용(10%, 브뤼셀), 독일어(1%, 기타)
종 교	천주교(75%)
문 자 해 독 률	99%
평 균 기 대 수 명	79세
통 화	유로Euro
1인당 국민소득	$35,300
주 요 산 업	식품 산업, 기계 산업

세계 최고의 미각, 최고의 기술

스페인 출신의 코르테스Hernán Cortés, 1485~1547가 멕시코를 정복한 것은 1519년이다. 그가 데리고 간 병사는 고작 508명에 말은 16필이었다. 그런데 원주민 인디오들은 병사들의 숫자보다 총구에서 뿜어져 나온 불꽃과 연기 그리고 신의 노성怒聲 같은 '쾅' 소리에 혼비백산하고 말았다. 수백만 명의 원주민들이 고작 수백 명에게 항복하고 말았다.

원주민들도 정신을 차리고 힘을 모아 스페인군에게 반격을 했지만 때는 늦었다. 교두보를 확보해 전열을 가다듬은 코르테스의 스페인 병력은 처절한 살육과 파괴로 원주민을 제압했다. 코르테스는 그 여세를 몰아 1523년 멕시코 총독이 됐다. 이렇게 신대륙과 구대륙의 만남은 비극적이고 충격적으로 이루어졌다.

그런데 이 비극적 만남에 특별한 존재가 하나 끼어들었다. 그것은 고대 올멕 문화나 마야족 사이에서 '신의 열매'로 불리던 카카오 열매였다. 그 열매는 당시에 왕을 위한 음료수로 만들어져 무병장수와 만병통치의 대명사로 원주민에게 알려졌다. 점령군이 이 '보물'을 놓칠 리 없었다. 곧 카카오의 존재를 발견했고, 그 열매를 본국에 보냈다.

스페인에서의 반응은 가위 폭발적이었다. 사람의 원기를 금방 회복시키는 데다 맛도 독특했다. 스페인에 성공적으로 상륙한 카카오 음료수는 프랑스와 영국 등지로 그 영역을 넓혔고 왕실을 비롯한 귀족계층에 선풍적인 인기를 끌었다.

당시 스페인의 통치를 받던 벨기에로도 카카오가 흘러들었다. 오래전부터 최고의 기술자와 장인들이 모여 있던 벨기에에서 카카오는 극적인 변신을 준비한다. 벨기에는 예로부터 매우 특별한 곳이었다. 눈썰미에다 솜씨까지 뛰어난 장인匠人의 고장이었다. 한 분야에서 경지에 오른 장인들이 많은 데다 세계 각국의 달인達人까지 모여들었으니 어떤 물건도 벨기에에 들어오면 세계 최고의 특별한 상품으로 변신했다.

스위스 출신의 장 노이하우스Jean Neuhaus는 1857년 고향을 떠나 브뤼셀에 와서 약국을 개업하고 정착했다. 당시 카카오는 일종의 약품으로 약국에서 주로 취급했는데 노이하우스도 자연스레 관심을 기울였다. 그는 카카오를 더 맛있고 더 우아한 모양으로 만들 수 없을까 노심초사했다.

연구에 연구를 거듭한 끝에 1912년 현대 초콜릿의 원형을 개발했다. 노이하우스는 이것을 프랄린Praline이라고 이름 붙였다. 프랄린은 천연 카카오에 견과류나 크림, 버터로 속을 채워 한입 크기로 만든 것으로 우리가 지금 쉽게 접하는 현대 초콜릿의 원형이다.

노이하우스는 특히 오페라 가수 출신으로 미적 감각이 뛰어난 부인의 도움으로 발로탱ballotin이라는 초콜릿 전용 포장지까지 개발했다. 초콜릿의 형태와 맛, 온도까지 일정하게 유지해 주는 역할을 함으로써 초콜릿 산업이 급속도로 발전할 수 있는 길을 열었다. 이 전통을 이어 온 회사가 노이하우스 초콜릿인데 수제 초콜릿 분야에서 세계 2대 명품 중 하나로 꼽힌다.

곧 노이하우스의 경쟁 업체도 생겼다. 초콜릿 장인 드랍스Joseph Draps가 고디바Godiva라는 초콜릿을 1926년 브뤼셀에서 출시했다. 드랍스는 후발 업자답게 노이하우스 전통을 흡수하면서도 더 부드럽고 더 풍부한 초콜릿을 만들기 위해 노심초사했다. 아예 초코릿을 틀에 녹여 디자인하는 몰드 방식을 사용했고, 보석 포장처럼 아름답게 장식해서 명품 초콜릿의 전통을 세웠다.

고디바는 벨기에의 수제 초콜릿 전통을 그대로 지닌 채 1960년대 세계 최대의 식품업체 중 하나였던 미국의 캠벨수프 사에 팔렸다. 고디바는 이를 계기로 벨기에뿐만 아니라 미국 펜실베이니아에서도 생산되어 미국 전역에 성공적으로 뿌리를 내렸다. 미국의 주요 도시에는 200개 이상의 고디바 전문 부티크가 성황을 이루는 등 미국에만 1,000여 개의 고디바 전문점이 생겨났다. 고디바 초콜릿 전문점은 마치 분위기가 고급 보석을 파는 가게와 비슷할 정도인데 지금까지 프리미엄 초콜릿 시장의 선두를 굳건히 지키고 있다.

2007년에는 고디바의 소유권이 터키의 식품그룹인 일디즈 홀딩Yildiz Holding으로 넘어갔다. 이 회사는 터키 굴지의 울케르Ulker 식품그룹 모회사이다. 세계가 하나의 시장으로 통합됨에 따라 그 소유주는 바뀌었지만 벨기에의 초콜릿 장인정신은 그대로 살아 있다.

카카오가 벨기에에 들어와 깜짝 변신을 해 세계 최고의 제품으로 거듭났듯이, 벨기에를 자세히 들여다보면 세계 최초·최고의 음식이 많다. 패스트푸드점의 대표적 먹을거리인 감자튀김의 시작도 바

벨기에 초콜릿의 정신이 살아있는 고디바(좌)와 벨기에의 자랑 브뤼셀 와플(우).

로 벨기에다. 현지에선 프리트frriet라 불리는 길거리의 대표 음식이다. 패스트푸드점이야 냉동 감자를 쓰지만 프리트는 생감자를 써서 그대로 조리하는 웰빙 음식인데다 맛 또한 일품이어서 벨기에를 방문하는 외국 관광객들뿐만 아니라 벨기에 사람들도 즐겨 먹는 국민 간식이다.

와플은 또 어떤가? 이젠 붕어빵을 파는 노점에서조차 심심찮게 보는 것이 와플이지만 브뤼셀의 와플은 맛이나 종류 모든 면에서 타의 추종을 불허한다. 가격도 만만치 않다. 어떤 것은 10유로, 우리 돈으로 1만 원을 훌쩍 넘기도 한다. 와플은 입에서 녹아내리며 브뤼셀의 분위기를 체화시키는 것 같다. 너무 달콤하고 향긋해서 다이어트에 관심 있는 사람들에게는 그야말로 '독'이다.

프리트와 딱 어울리는 벨기에 맥주도 세계적인 명성을 가지고 있다. 벨기에의 맥주 역사는 중세 수도원 시대까지 거슬러 올라간다. 수도원의 전통이 남아 있는 곳은 트라피스트 수도회에서 만드는 '트라피스트 맥주'뿐이다. 침묵과 고행 수도를 하는 수도원 운영과 자선사업을 위해서만 이 맥주를 생산하고 판매한다.

본래 프랑스의 트라피스트 수도원에서 시작된 맥주 생산의 전통은 프랑스 혁명 기간 동안 수도원 파괴가 이어지면서 프랑스에선 아예 맥이 끊기고 말았다. 지금은 벨기에의 수도원 6곳과 네덜란드의 수도원 1곳에서만 한정 생산되고 있다. 이 맥주는 반드시 트라피스트 수도회 안에서, 트라피스트 수도회 수사의 책임 아래 생산되어야 그 이름을 붙일 수 있다.

'트라피스트 맥주'의 최고 품질과 그 희귀성 때문에 벨기에에서는 제2차 세계대전 이후 유사 수도원을 사칭한 '수도원 맥주'가 등장하기도 했다. 워낙 그 폐해가 심각해 트라피스트 수도원이 1962년 벨기에 겐트_{Ghent}에서 법적 소송을 하기도 했다는 기록이 남아 있다.

벨기에 맥주는 세계 최고의 품질로 각광받고 있다. 벨기에산 맥주만 고집하는 마니아 계층이 세계 곳곳에 있다. 벨기에 인구는 고작 1,000만 명[21] 수준이지만 맥주회사는 125개, 이들이 출시하는 브랜드 맥주는 1,000여 개가 넘을 정도이다.[22]

벨기에의 맥주는 맛으로도 세계를 정복했지만 시장 점유율로도 세계 최고에 오르는 기염을 토했다. 대표 주자가 바로 인터브루_{Interbrew}

라는 맥주회사다. 인터브루는 중세시대인 1366년에 창업된 전설적인 역사를 가진 회사다.

인터브루는 합병을 통해 세계적 기업으로 성장했다. 2004년 남미 최대의 맥주회사인 암베브_{AmBev}를 합병해 회사 이름을 아예 인베브_{InBev}로 바꾸었다. 전 세계 맥주 업계의 지각변동의 시작이었다. 이때 인베브의 매출액은 85억 7,000만 유로였고, 한국을 비롯해 전 세계에 모두 77,000여 명의 직원이 근무 중이었다. 한국 사람들이 마시는 'OB'와 '카스'라는 두 개의 브랜드 맥주도 실제로는 벨기에 회사 인베브 소유다.

인베브는 그 정도로 만족하지 않았다. 세계 맥주시장의 프리미엄 미국을 삼켜 버려 미국인들을 충격으로 몰아넣었다. 미국은 세계 맥주시장의 3분의 1을 차지할 정도로 거대하다. 그 상징이 버드와이저를 생산하는 세계 3위의 맥주회사 안호이저-부시_{Anheuser-Busch}였다. 버드와이저 외에도 버드아이스, 벡스 등의 브랜드 맥주가 있는데 이 브랜드는 미국의 상징이었고 미국 내 시장 점유율도 50퍼센트 수준일 정도였다.

그런데 이 인베브라는 벨기에 회사가 마침내 2008년에 미국의 안호이저-부시를 합병해 버렸다. 미국 시민들은 이 회사의 해외 매각을 반대하는 서명 운동을 펼치기도 했고 유명 정치인들조차 이를 반대하는 성명을 내기도 했다. 그러나 시장 논리는 거스를 수 없었다. 인베브는 안호이저-부시를 합병하고 이름을 '안호이저-부시-인베브'로 바꿨다. 미국의 자존심을 세우기 위해 안호이저-부시를 앞에다 내세웠지만 진짜 주인은 뒤에 있는 인베브이다. 연간 매출 360억 달러에 전 세계 총 맥주시장 점유율 25퍼센트를 차지할 정도이다. 이 벨기에 회사는 결국 부동의 1위였던 영국의 SAB밀러_{SABMiller} 사를 제치고 세계 1위의 맥주회사로 등극했다. 맛에서도 그리고 시장 점유율에서도 명실상부한 1위다.

국내에서도 많은 사랑을 받고 있는
호가든. 이 역시 벨기에 맥주다.

벨기에의 저력은 이렇듯 위력이 대단하다. 그 핵심은 바로 맛의 장인, 기술의 장인이 포진하고 있기 때문이다. 세계 최고의 기술력을 바탕으로 단숨에 세계 시장을 점령한 벨기에의 저력은 초콜릿뿐만 아니라 맥주에서도 빛을 발하고 있다.

세계 최고의 초콜릿이나 맥주를 만들어 낸 벨기에 장인정신은 어디에서 왔을까? 벨기에의 지정학적 위치와 깊은 관련이 있는 것 같다. 지도를 펼쳐 보면 그 이유가 구체적으로 다가온다. 지정학적으로 벨기에는 유럽의 중심, 그 교차로의 한가운데에 있다. 벨기에 옆으로는 유럽의 운명을 좌우해 온 독일과 프랑스가 바짝 붙어 있다. 바다 건너편엔 '해가 지지 않는 나라'로 불린 영국이 엎어지면 코 닿을 데 있다.

런던에서 316킬로미터, 파리에서 308킬로미터, 암스테르담에서 202킬로미터, 쾰른에서 219킬로미터, 룩셈부르크에서 213킬로미터 떨어진 곳에 정확히 브뤼셀이 있다. 브뤼셀에서 2~3시간 거리에 유럽의 주요 도시가 다 있는 셈이다. 그러니 유럽의 교차로라고 해도 과

언이 아니다.

교차로에는 늘 사람들로 북적인다. 사람도, 돈도 모두 교차로로 모인다. 세계 각국의 사람과 돈이 모이는 곳에서는 오로지 최고만이 살아남을 수 있다. 그래서 초콜릿도, 맥주도 세계 최고만이 벨기에서 명맥을 유지할 수 있었다. 먹을거리뿐만 아니라 기술도 그렇다. 최고의 장인과 달인들이 모여들었으니 세계 최고의 제품과 기술이 나올 수밖에 없다.

교차로, 결전의 현장

사람과 돈이 모이는 교차로는 그러나 늘 이해관계가 얽혀 있다. 그 첨예한 이해관계가 부딪치면 교차로는 그곳을 차지하기 위한 강자들끼리의 결전의 현장이 된다. 그래서 교차로에는 자주 전쟁의 먹구름이 몰려온다. 서유럽의 교차로, 벨기에도 이 사실에서 자유로울 수 없었다.

로마시대엔 로마의 지배를 받았고 이어 프랑크족이 들어온 뒤론 프랑스의 지배를 받았다. 이어 오스트리아와 스페인이 들어와 주인 노릇을 했고 나폴레옹 시절에는 다시 프랑스가 주인이었다. 그 후 네덜란드 손에 들어갔다가 1830년 간신히 독립했다.

게다가 유럽대륙에서 전쟁의 폭풍이 불면 공교롭게도 그 매서운 바람은 모두 벨기에로 모였다. 유럽의 전쟁 바람이 결국은 벨기에를 풍비박산風飛雹散 냈고 그만큼 시련도 컸다. 19세기 유럽의 운명과 20세기 세계의 운명을 결정한 각각의 전투가 바로 벨기에에서 치러졌다는 것은 지리적 교차로의 운명이 얼마나 가혹한지 잘 보여 준다.

룩셈부르크 시티에서 A4 고속도로를 타고 나오면 금방 벨기에 국경이다. 이 지역이 아르덴느_{Ardenne} 평원의 한 자락인데 행정구역으로는 벨기에의 아르덴느 주이다. 마치 태고의 신비를 간직한 숲처럼 하늘을 찌르는 나무로 빽빽하게 우거져 있어 제2차 세계대전의 마지막 운명을 갈랐던 대전투의 참혹한 현장이라는 사실을 믿기 힘들다.

보통 이 전투를 '벌지_{Bulge} 대전투'라 부른다. 1940년 독일군이 이 지역을 중심으로 불룩하게 밀고 나와 전선을 형성해 '벌지'라 불렸다. 이 전투는 1944년 12월 16일부터 이듬해 1월 16일까지 딱 한 달 만에 끝났지만 전체 전쟁의 방향을 결정한 마지막 승부처였다. 세계 전사에 그 이름을 남긴 미국의 조지 패튼_{George S. Patton, 1885~1945} 장군이 이끈 연합군이 독일의 마지막 저항을 맞받아친 역사의 현장이다.

단지 한 달간의 전투에서 미군은 16,000명의 전사자를 포함, 전체 8만여 명의 사상자를 냈다. 독일군 사상자는 약 10만 명이었다. 그 살상의 현장을 숲이 덮어 평화를 만들었으니 자연의 치유능력은 참으로 신비롭기만 하다.

아르덴느를 떠나 수도인 브뤼셀 방향으로 올라가면 얼마 가지 않아 워털루_{Waterloo}가 나온다. 수도인 브뤼셀에서 남쪽으로 약 15킬로미터밖에 떨어지지 않은 곳이다. 20세기의 운명이 아르덴느 평원의 전투에서 결정됐다면 19세기 유럽의 운명은 워털루의 대전투에서 결정됐다. 프랑스의 나폴레옹_{Bonaparte Napoleon, 1769~1821}과 영국 사령관 웰링턴_{Arthur Wellesley 1st duke of Wellington, 1769~1852}이 운명적인 전투를 벌였던 역사의 현장이다.

당시 나폴레옹의 수하엔 72,000명이 있었다. 웰링턴은 68,000명의 영국군을 이끌었으며 프로이센의 블뤼허Gebhard Leberecht von Blücher, 1742~1819 장군이 45,000명의 병력으로 가세했다. 나폴레옹 군대 중 25,000명이 죽거나 다쳤고, 9,000명이 포로가 됐다. 웰링턴 군대는 15,000명, 블뤼허 병력은 약 8,000명의 사상자를 냈다.

지금의 워털루는 인구라고 해 봐야 고작 29,000명 정도이니 우리의 읍·면 소재지 정도에 불과하다. 그러나 역사의 흥미진진한 현장을 직접 눈으로 보러 온 관광객들로 항상 만원이다. 시내 중심에는 영국의 웰링턴 장군을 기념하는 '웰링턴 박물관Wellington Museum'이 있다. 영국 국기 유니언 잭이 곳곳에서 휘날린다. 1815년 웰링턴 장군이 작전 본부로 사용하던 곳이다.

역사의 승자는 늘 후한 대접을 받는 모양이다. 영국인들은 아직도 웰링턴의 자부심으로 가득한 듯 런던을 비롯한 곳곳에 웰링턴이란 지명이 많다. 뉴질랜드의 수도는 아예 웰링턴이다. 전승지인 워털루란 지명도 그렇다. 영국의 후예들이라 할 미국에만 무려 29개의 워털루 시가 있다.

전투가 실제로 벌어진 곳은 도심에서 5킬로미터 정도 남쪽으로 떨어진 작은 마을 몽-생-장Mont-Saint-Jean 근처다. 이 마을에 들어서는 사람들을 흙을 쌓아 올려 만든 거대한 피라미드 모양의 둔덕이 위압적으로 내려다본다. 꼭대기에 사자상이 아스라하다. '사자의 언덕'이라고 불리는 곳이다.

지금의 벨기에는 전투 직후엔 룩셈부르크와 함께 네덜란드 왕국에

속해 있었다. 네덜란드 왕국은 나폴레옹 몰락 이후 강대국들에 의해 급조된 영토를 가지고 있었다. 네덜란드 왕 윌리엄 1세_{1772~1843}는 1820년 자신이 사랑하던 아들 오린지 공_{Prince of Orange}[23]이 워털루 전투 중 부상당하자 이곳에 기념물을 세우라는 명령을 내리는데 그것이 바로 이 사자상이다.

일설에는 둔덕 꼭대기의 사자상은 전쟁에 패한 프랑스군의 대포를 녹여 제작했다고 한다. 물론 확실치는 않다. 둔덕을 올라가는 가파른 경사 길에는 모두 226개의 계단이 만들어져 있다. 꼭대기에선 나폴레옹과 웰링턴의 군대가 싸우는 장면이 보일 것 같은 환상에 빠지기도 한다. 그저 눈에 보이는 것이라고는 벨기에 시골 풍경이고 전쟁의 흔적이라고는 겨우 이 사자상 앞에 있는 당시 전쟁을 설명해 주는 현황판만 있는 데도 그렇다.

워털루에서 볼 수 있는 '사자의 언덕'과 그 정상에 있는 '사자상'.

이 사자상의 높이는 4.45미터, 길이는 4.5미터다. 무게는 무려 28톤이나 된다고 한다. 이 사자는 앞발에 둥근 공을 가지고 있는 형상인데 이 공은 지구를 뜻하며 다시 평화가 깃들었음을 상징한다. 다른 각도에서 보면 결국 사자상이 영국을 상징하는 것이고 영국 주도에 의한 평화가 왔음을 선언하는 것이라고도 할 수 있다. 사자의 시선이 바로 프랑스를 향해 있고 그 눈빛으로 프랑스에 경고를 보내고 있다는 해석도 있다.

워털루가 지금은 세계 각국의 관광객들이 찾는 명소가 됐지만, 피비린내 나는 전투의 현장이었다는 사실에는 변함이 없다. 교차로는 늘 전쟁의 중심이었으니 벨기에인들이 얼마나 고단한 삶을 살아왔는지 알 수 있다.

탄탄한 기본기로 번영의 날개를 달다

평화로운 교차로에는 사람이 모여들고 돈이 흘러든다. 최고의 장인, 최고의 달인만이 살아남는 것이 교차로의 법칙이다. 이것이 전쟁의 폐허를 딛고 벨기에가 세계 최고의 강소국으로 등장한 중요한 까닭이다.

워털루 전쟁으로 폐허가 되다시피 했던 벨기에는 1830년에 마침내 독립했다. 이미 1760년부터 영국에서 시작된 산업혁명의 바람이 벨기에 독립을 즈음해 본격적으로 대륙으로 들어왔는데 그 상륙지점이 바로 벨기에였다. 전쟁의 교차로에 드디어 평화의 기운이 돌았고 벨기에는 단 한 번의 기회를 놓치지 않았다.

벨기에 남부 리에주Liège 지역은 산업혁명에 필요한 철광석 등 부존 자원뿐만 아니라 교통의 중심지라는 점 때문에 영국의 눈길을 가장 먼저 끌었다. 특히 영국은 리에주 투자가 결국은 바로 근처인 프랑스와 같은 거대한 시장을 공략할 교두보가 될 수 있다는 생각을 했다. 그래서 벨기에는 영국에서 시작된 산업혁명이 전달된 최초의 유럽대륙의 국가였다.

영국은 산업혁명 초기 기계와 숙련 노동자, 제조 기술 등의 유출을 철저히 금지했다. 그러나 시간이 갈수록 독점을 유지하기 힘들었던 데다 영국 자본과 기술을 해외에 투자할 경우 영국이 더 많은 이익을 얻을 수 있다는 점을 나중에서야 깨달았는데, 그 시점이 공교롭게도 벨기에 독립과 맞아 떨어졌다. 그런 점에서 벨기에는 운이 좋았다.

벨기에 왕실도 투자 유치에 적극 나섰고 법과 제도도 정비해 갔다. 가장 큰 투자가는 영국 리즈Leeds 출신인 코크릴Cockerill 가문이었다. 존 코크릴은 1842년 상브르Sambre 강에 있는 조그만 도시 샤를르와Charteroi 에 철강 공장을 세웠는데 그것이 코크릴-샹블르 철강회사의 시작이었다. 이 회사는 발전을 거듭하다 지금은 세계 1위의 철강업체로 발돋움한 인도의 미탈 스틸Mittal Steel 에 합병됐다.

벨기에 지역에 오랫동안 묻혀 있던 철광석은 산업혁명을 위한 비장의 무기가 되었으며 신생국 벨기에가 하늘을 질주하도록 해 준 날개가 되었다. 더욱이 코크릴 가문은 방적 공장, 증기엔진 공장 등을 만들어 투자함으로써 벨기에 산업혁명의 견인차 역할을 했다.

벨기에인들은 자칫 그 성과에 만족할 수도 있었고 샴페인을 터뜨리며 축제를 할 수도 있었지만 그들의 눈은 미래로 향했다. 벌어들인 돈을 축제에 쓰는 대신 기초 인프라를 구축하는 데 아낌없이 투자했다. 벨기에는 운도 좋았지만 벨기에에는 그 운을 필연으로 만드는 매우 사려 깊은 인재들도 가득했다.

그 대표적 사례가 바로 철도 건설이었다. 철도가 발달한 곳 중 하나인 네덜란드는 벨기에보다 면적이 넓지만 철도 총연장은 3,700킬로미터에 불과하다. 우리나라는 2007년 말 기준으로 철도 총연장이 3,399킬로미터에 불과하다. 그러나 벨기에는 나라 전체 크기가 경상북도 정도이지만 총연장은 무려 우리의 세 배에 육박하는 11,029킬로미터에 달한다. 기초가 튼튼해야 발전할 수 있다는 벨기에인의 혜안을 읽을 수 있는 대목이다.

벨기에에서 가장 먼저 철도가 건설된 때는 1835년이다. 수도 브뤼셀과 북쪽의 미켈렌(Mechelen)(프랑스어로는 말린느(Malines)) 구간이다. 철도 선진국 독일의 뉘렘베르크-퓌르트 구간보다 불과 8개월 늦게 건설되었다. 이때부터 전국적으로 철도 건설이 속속 진행되었으며 물류 혁신이 이루어져 산업혁명은 더욱 가속도가 붙었다.

물론 이런 와중에 북부 지방을 덮쳤던 대기근과 섬유 산업의 몰락은 벨기에 경제를 위기로 몰아넣기도 했다. 불황의 그림자가 짙게 드리워진 것이다. 게다가 20세기에 들어 두 차례 벌어진 세계대전 와중에 벨기에를 중심으로 전선이 형성되어 치열한 전투가 벌어져서 벨기에는 쑥대밭이 되었다. 아르덴느를 중심으로 한 남부 지방은 '벌지 대전투'의 현장이 되었고 북해에 면한 전략 거점이었던 항구 안트베르프는 제2차 세계대전 와중에 항구 기능을 완전히 상실할 정도로 엄청난 피해를 입고 말았다.

그러나 부지런하고 근면한 벨기에인들의 정서와 여전히 강력한 위력을 발휘하고 있는 철도 등의 인프라는 전후 복구의 견인차가 됐다. 남쪽의 왈로니아 지역에서는 전통의 철강 산업이 세계적인 수요 증가에 힘입어 급속히 정상 궤도에 진입했다. 과거 남부 지방에 비해 낙후되어 있던 북부 플란더스 지방도 특히 겐트Ghent와 안트베르프Antwerp를 중심으로 석유·화학공업이 급속도로 발전하기 시작했다. 벨기에의 가장 중요한 시장인 프랑스와 독일도 국가 재건에 나서면서 벨기에에게 큰 시장이 되어 줘 벨기에 산업은 순풍에 돛 단 듯 순조롭게 발전했다.

유럽연합을 비롯한 각종 국제기구가 브뤼셀에 모여 있는 것도 벨기에라는 교차로의 강점이다. 제2차 세계대전 이후 유럽 질서 재편 과정에서 강대국 틈바구니의 교차로에 있는 약소국은 강대국의 완충 지대로서 손색이 없었기 때문이다. 유럽의회European Council는 프랑스의 스트라스부르에 있지만, 행정 기능 대부분이 브뤼셀에 모여 있어 브뤼셀 주재 외교관의 숫자가 미국 수도인 워싱턴 D.C.보다 많다고 한다. 유럽연합 본부는 브뤼셀의 동쪽 지역에 있는데 이곳 청사 및 주변 시설만 브뤼셀 전체 면적의 4분의 1에 해당할 정도라고 한다. 명실공히 국제수도인 셈이다.

브뤼셀이 세계의 주목을 받게 된 계기는 공교롭게도 서유럽 국가 간의 불화와 깊은 관련이 있다. 본래 북대서양조약기구NATO는 제2차 세계대전 이후 자본주의 국가와 공산주의 블록 간의 대결이 심화되면서 소련 중심의 바르샤바조약기구WTO와 맞서는 대표적인 군사방위기구였다. 그런데 미국의 주도권이 확대되면서 자존심이 상한 프랑스가 번번이 문제를 제기했고 결국 프랑스가 갈라섰다.

물론 프랑스는 완전히 나토와 결별하기는 부담이 되었던지 나토의 군 지휘구조에서만 철수하는 것으로 하면서 프랑스 주둔 나토군과 군사령부 철수를 요구했다. 이에 따라 나토 회원국들은 파리에 있던 본부를 옮겨야 했는데 브뤼셀이 적재적소로 떠올랐다.

유럽 통합의 핵심이었던 유럽연합의 전신 유럽공동체EEC 본부도 브뤼셀에 터를 잡았다. 브뤼셀은 일약 유럽 통합의 핵심 도시로서 상징성을 갖게 됐다. 유럽의 수도라는 별칭이 제법 어울리면서 각국 대사관, 연락사무소가 속속 들어왔고 NGO와 주요 기업의 유럽 본사도 브뤼셀에 자리 잡았다. 세계 각국의 160여 개 대사관이 브뤼셀에 대사관을 개설하고 있다. 유럽연합 본부가 있으니 당연히 비정부기관NGO도 이곳에 앞다퉈 진출했는데 개설된 NGO 사무실만 1,700개를 넘는다고 한다.

세계 각국의 다국적 기업도 동반 진출해 있다. 도요타 자동차를 비롯해 2,000여 개의 다국적 기업의 유럽 본사가 이곳에 있다. 유럽의 수도라 불리는 브뤼셀에 이처럼 많은 기업이 진출하는 이유는 지리적으로 유럽의 중심이며 유럽연합의 수도라는 상징성 이외에도 벨기에 인적 자원의 우수성도 큰 몫을 하고 있다. 유엔개발계획UNDP은 1990년부터 평균 수명, 교육 및 소득 수준 등 여러 요소를 감안해 인간개발지수HDI를 산정하는데 벨기에는 항상 상위권에 랭크되어 있다.

사람이 쏟아져 들어오고 돈이 쏟아져 들어왔다. 그래서 벨기에인들은 경제 활황이 하늘 높은 줄 모르고 올라갔던 1960년대를 '황금기'라고 부른다. 황금기는 1960년대 초에 시작되어 1973년 제1차 석유파동으로 경제 위기가 닥치기 전까지 약 10여 년 간을 가리킨다. 소득이 올라간 벨기에인들은 씀씀이도 커졌고 고급 가구와 가전제품, 자동차 등을 구매하는 분위기가 팽배했다. 백화점이나 양판점 등이 전례 없는 호황을 이룬 시기였다.

빛이 있으면 그늘도 있기 마련이다. 경제성장의 혜택을 받지 못한 빈곤층은 더욱더 나락으로 떨어졌다. 그런데 이 빈곤층은 전체 인구의 10퍼센트에 달했던 90만 명에 이를 정도였다.

1973년 10월에 시작된 석유 위기는 석유화학 및 철강 산업을 침체에 빠뜨렸고 벨기에 경제 전반은 심각한 경기후퇴에 직면하게 된다. 룩셈부르크와 마찬가지로 철강 산업은 직격탄을 맞았고 그 피해는 특히 철강 산업이 밀집한 남부의 프랑스어권 왈로니아에 집중됐다. 1830년 건국 이후 한 번도 경제 주도권을 놓지 않은 채 강력한 영향력을 행사하던 왈로니아가 1970년대를 거치면서 주저앉아 버렸다.

이 틈을 타 북쪽의 네덜란드어권 플란더스가 경제성장의 견인차 역할을 자임하며 주도권을 확실히 장악해 나갔다. 첨단 공장은 주로 북쪽 플란더스에 집중되기 시작했다. 교통 인프라의 하나인 주요 항구가 플란더스에 있었기 때문이다. 이 과정에서 가장 비약적인 발전을 이룬 곳이 안트베르프다. 이제 이 항구는 유럽에서 두 번째로 물동량이 많은 수상 교통의 허브가 됐다.

국토가 좁은 데다 경제활동의 대부분을 수입·수출에 의존하는 벨기에는 그래서 유럽연합의 통합을 강력히 지지하는 입장을 가지고 있다. 벨기에의 무역 교역국은 이웃하고 있는 독일, 프랑스, 네덜란드, 영국, 이탈리아, 스페인 그리고 미국 등이다.

숨어 있는 세계 최고의 기술

유럽에서 도시는 대체로 시장에서 시작된다고 한다. 각자 생산한 작물이나 제품을 서로 맞바꾸는 시장이 형성되면 사람들이 모여들게 마련이다. 브뤼셀도 바로 시장에서 시작된 도시다.

브뤼셀의 중심은 '그랑 플라스Grand Place'다. 프랑스어 그대로 '대 광장'이란 뜻이긴 하지만 실제로는 테니스 코트 3~4면 정도로 아담하다. 그랑 플라스란 이름을 얻은 것은 18세기인데 그 전에는 네덜마르크트Nedermarkt, 영어로 low market이란 뜻로 불렸다고 한다. 그랑 플라스가 본래 시장이라는 기록은 1174년으로 소급된다.

그랑 플라스의 상징은 시 청사다. 고딕 형식의 화려한 이 건물의 첨탑에는 미카엘 천사가 수호신으로 브뤼셀을 내려다보고 있으며 그 옆에 전망대도 있다. 시 청사 맞은편에는 왕의 집Maison du Roi으로 불리는 길드 하우스가 있는데 현재 시립 박물관으로 이용되고 있다.

시 청사 바로 옆 건물 1층에 있는 레스토랑 '샬루프 도르Chaloupe d'Or'는 '황금으로 만든 범선'이란 뜻이다. 이 레스토랑에는 나폴레옹 3세의 왕정 복귀에 반대해 벨기에로 망명했던 프랑스의 낭만주의 소설가 빅토르 위고Victor-Marie Hugo, 1802~1885가 자주 들렀다고 한다. 그가 앉았던 곳에 기념 명패가 부착되어 있다. 위고는 이곳에서 그 유명한 불후의

브뤼셀의 중심 '그랑 플라스'. 유럽에서 도시의 역사는 대게 시장(Market)에서 시작되는데, '그랑 플라스' 역시 브뤼셀을 만들어 낸 시장터이다.

명작 『레미제라블』을 완성했다고 한다. 그랑 플라스를 "세계에서 가장 아름다운 광장"이라고 격찬까지 한 이도 위고였다.

그랑 플라스 곳곳에는 유럽의 격동적인 역사가 숨어 있다. 이곳에 있는 레스토랑 '메종 드 시뉴 Maison du Cygne'는 공산주의의 시조 칼 마르크스가 망명 시 자주 드나들기도 했던 곳이다. 마르크스는 1845년 파리에서 추방당한 후 이곳에 와서 경제학 연구에 몰두했고 국제 혁명 조직에도 착수한다. 브뤼셀 시절 『철학의 빈곤』『독일 이데올로기』 등을 집필했는데 바로 『공산당 선언』은 이 레스토랑에서 기초가 잡혔다고 한다. 레스토랑 이름이 '부르주아적 냄새'를 풍기는 '백조의 집'이란 뜻이어서 매우 역설적이다. 유네스코는 이 그랑 플라스를 세계문화유산으로 지정했다.

그랑 플라스에서 걸어서 5분 정도 거리에 브뤼셀의 명물 '오줌싸개 동상'이 있다. 전 세계 각국의 도시에는 기념비적인 상징물이 있다. 뉴욕에는 '자유의 여신상', 파리에는 '에펠탑'이 있다면 브뤼셀의 상징은 바로 이 '오줌싸개 동상'이다. 그런데 가장 큰 차이가 있다면 바로 크기이다. 이 브뤼셀의 명물은 크기래봐야 고작 60센티미터다. 크기에서는 도저히 뉴욕이나 파리와 비교될 수조차 없음에도 여전히 수많은 사람을 모으고 있으니 이 오줌싸개 동상이야 말로 '작은 거인'이 아니겠는가?

이 오줌싸개 소년의 동상은 늘 이색적이고 화려한 의상으로 갈아입는다. 브뤼셀을 방문하는 국빈들이 명물 소년 동상에게 입힐 의상을 미리 준비해 오기 때문이다. 그랑 플라스의 시립 박물관에는 기증받은 의상이 모두 전시되어 있다.

이 명물의 기원에 관해서는 꽤나 많은 전설이 깃들어 있다. 그중에서 가장 유명한 전설은 고드프리트Godfried 백작에 관한 이야기다. 브라반트Brabant의 영주였던 고드프리트는 두 살 때였던 1142년 이웃 베르투츠Berthouts군의 공격을 받았다. 그런데 고드프리트가 두 살의 나이로 전투에 나갔다고 하니 그 진실성에 문제가 있기는 하다.

고드프리트는 곧 적군에 사로잡혀 바구니에 담긴 채 나무 위에 걸려 있었다고 한다. 그런데 이 용감한 두 살의 백작은 바로 그 자리에서 베르투츠 군대의 머리 위로 오줌을 날려 버렸고 이에 힘을 얻은 브라반트군이 전투에서 이겼다는 것이다.

또 다른 전설도 있다. 앞의 이야기보다는 시대적으로 더 뒤다. 14세기 브뤼셀이 외침을 받아 함락의 위기에 몰리고 있었다. 브뤼셀 성이 포위되었고 적군은 공격을 앞두고 있었다. 이때 용감한 한 브뤼셀 소년이 적진의 동정을 살피기 위해 단신으로 들어갔는데 적군들이 폭탄을 설치해 브뤼셀 성을 폭파하려는 음모를 꾸미고 있는 장면을 목격했다. 마침 적군이 이 폭탄의 뇌관에 불을 붙여 최후의 일격을 가하려하자 이 용감한 소년이 불붙이려던 뇌관에 오줌을 눔으로써 적군의 작전을 완전히 실패하게 만들었다는 것이다.

믿거나 말거나 어떻든 이런 연유로 소년의 동상이 14~15세기경에 돌 조각으로 만들어졌는데 도둑들이 가만둘 리가 없었다. 만들기만 하면 훔쳐가서 팔아먹었다고 한다. 그러다 1619년 조각가인 제롬 뒤크느와 Jerome Duquesnoy가 청동상으로 만들어 헌정하여 지금에 이르고 있다. 이 동상이 서 있는 자리는 본래 우물이 있던 곳이었다.[24]

그런데 여기에 벨기에의 강점이 그대로 드러난다. 볼품도 없고 예술적 가치도 별로 없어 보이는, 그나마 크기마저 그저 1미터도 채 되지 않는 조그만 동상이 뉴욕의 자유의 여신상이나 파리의 에펠탑만큼 많은 관광객들을 브뤼셀로 모으고 있다. 벨기에인들이 문화 산업의 화두와 핵심을 놀랍도록 잘 꿰고 있다는 사실에 그저 혀를 내두를 수밖에 없다.

그뿐만이 아니다. 벨기에 이곳저곳을 샅샅이 둘러봐도 왜 벨기에가 강력한 산업 경쟁력을 가지고 있는지 찾기가 쉽지 않다. 눈에 탁 들어오는 분야가 보이지 않는다. 무슨 퍼즐을 맞추는 것처럼 벨기에의 최고 경쟁력은 어디엔가 숨어 있는 것 같다.

예컨대 독일 하면 BMW나 메르체데스 벤츠, 아우디-폴크스바겐 등 자동차 산업이 금방 떠오른다. 네덜란드? 거대한 화훼단지, 그리고 바람에 싱글거리는 튤립이 떠오른다. 유럽 최대의 물류항도 물론 떠오른다. 그런데 벨기에는 한눈에 들어오는 것이 없다.

벨기에의 경쟁력은 이처럼 숨어 있다. 세계적 방송장비 업체인 벨기에의 EVS 사도 그렇다. 이 회사는 일반적으로 잘 알려져 있지 않지만 애틀랜타 올림픽, 나가노 동계 올림픽, 2002년 한·일 월드컵 등의 행사에서 EVS 사의 장비를 이용함으로써 완벽한 화질의 중계를 할 수 있었다.

암 치료 분야에서 가장 앞서 있는 치료 진단기기 생산 업체가 벨기에의 IBA 사다. 본사는 브뤼셀에 있지만 미국 플로리다 주 잭슨 빌에 입자치료 본사를 두고 있는 세계적인 다국적 기업이다. 우리나라의 국립암센터에 설치된 양성자선 치료기 등 상당수 기기도 IBA 사 제품이다. 양성자 치료는 현존 치료법 가운데에서는 가장 정밀도가 높은 방사선 치료 방식이다.

IBA는 사이클로트론(소립자 가속기) 기반 입자치료 시스템 부문에서는 유일하게 FDA미국 식품의약국를 비롯한 규제 당국의 심사를 통과한 기업이다. 벨기에에는 항생제, 간염 치료제와 같은 생명공학 분야에서 세계적 기술을 보유하고 있는 기업도 수두룩하다.

또한 은행과 보험업에서도 소프트웨어 수출국이다. 12자리 단위의 은행 계좌번호를 만들어 국제 표준으로 발전시켰을 뿐 아니라, 전자화폐 프로톤Proton과 은행 간 송금 안전성을 보장하는 스위프트Swift 코드를 개발한 나라가 벨기에다.

벨기에에서 앤트워프 항구도 벨기에 발전의 중요한 원동력이다. 물동량 면에서 네덜란드의 로테르담과 독일의 함부르크에 다소 가려져 있지만 유럽 내 3위로서 엄청난 물류를 소화해 내고 있다. 벨기에는 여전히 세계에서 다국적 기업이나 국가의 투자가 가장 급속히 증가하고 있는 지역이다. 그만큼 브뤼셀이 주는 매력이 크기 때문이다.

벨기에 패러독스

미국 뉴욕타임스의 논설위원인 토머스 프리드먼은 『렉서스와 올리브나무』라는 책을 통해 세계화의 추세를 잘 그려 냈다. 효율성을 바탕으로 하나가 되어 가는 세계 시장에서 아이콘이 된 도요타 자동차의 럭셔리 브랜드 렉서스. 그러나 팔레스타인과 이스라엘 간의 해묵은 적대감과 영토 전쟁을 형상화한 '올리브 나무'도 분명히 존재하고 있다. 그래서 21세기 세계화 시대는 렉서스와 올리브 나무의 공존과 갈등으로 풀어 볼 수 있다는 주장이다.

벨기에는 서유럽 국가 중에 렉서스와 올리브 나무가 첨예하게 맞서고 있는 흔치 않은 국가 중 하나다. 유럽통합의 수도라고 할 만큼 첨단에 서 있으면서도 해묵은 언어분쟁, 인종분쟁의 앙금도 갖고 있다. 과거 벨기에를 전쟁터로 만들었던 워털루라는 도시는 또 다른 벨기에 비극의 분기점이기도 하다. 워털루를 중심으로 북쪽이 플란더스 Flanders, 플랑드르 주, 남쪽은 왈로니아Wallonie 주다. 플란더스는 네덜란드어를 쓰고 왈로니아는 프랑스어권이다.

수도 브뤼셀은 지역적으로는 네덜란드어권이나 거주인들 상당수가

홀바인이 그린 에라스무스. 「우신예찬」으로 르네상스에 큰 영향을 미친 에라스무스는 벨기에의 자랑 루뱅대학이 낳은 대표적 지성이다.

프랑스어를 사용하고 있다는 점에서 두 언어를 공히 사용할 수 있도록 해 일종의 완충지대 역할을 한다. 인구의 10퍼센트에 해당하는 독일어권 사용자들도 배려해 독일어도 공용어로 사용토록 제도적으로 허용했다.

양측의 언어 갈등이 가장 노골적으로 터져 나온 사건은 역설적으로 벨기에 최고의 명문 루뱅대학 분리 사건이었다. 벨기에 내에서 뿐만 아니라 유럽에서도 손꼽히는 명문대학이 언어 갈등의 희생자가 됐다는 사실은 벨기에의 언어권을 기반으로 한 지역주의가 얼마나 감정적이며 뿌리 깊은지 보여 주었다.

루뱅대학은 1425년에 창립되어 역사가 600년에 육박하는 유서 깊은 대학으로 창립자는 교황 마르틴 5세Martin V, 1368~1431다. 중세 유럽에서 대학의 설립은 교황의 고유 권한이었다. 이 학교 출신 중 가장 유명한 사람 중 하나는 에라스무스Erasmus, 1469~1536다. 북유럽 르네상스에서 가장 중요한 역할을 한 철학자였으며 유럽 지성사에 지대한 영향을 미친 세계정신의 소유자였다.

더군다나 루뱅대학은 전 세계 가톨릭대학 중에서도 가장 오래된 대학이면서 나중에 설립된 프랑스의 파리대학, 독일의 쾰른대학, 그리고 오스트리아 비엔나대학의 모델이 되기도 했을 만큼 역사와 전통을 자랑한다. 브뤼셀에서 북서쪽으로 약 25킬로미터 떨어져 있는 루뱅Louvain이라고 부르는 곳에 있다. 그런데 이 지역은 네덜란드어 사용권이어서 정확히는 뢰벤Leuven이라는 지명이 적절하다.

대학은 학문의 전당답게 네덜란드어뿐만 아니라 프랑스어도 자유롭게 사용토록 되어 있었다. 그런데 네덜란드어 사용에 오로지 희망을 걸고 정치적 도박을 일삼던 플란더스 출신의 정치인들이 루뱅대학에 대해서도 오로지 네덜란드어만 사용하라는 압력을 넣기 시작하면서 불꽃이 대학 내로 옮겨 붙었다. 1968년 시작된 루뱅대학 언어분쟁은 폭발 일보 직전까지 치달았다.

그러자 프랑스어권 남부 지방 출신 정치인들과 주민들은 아예 브뤼셀 남쪽 프랑스어 지역에 이 대학을 옮겨 오기 위한 신도시를 만들었다. 이 신도시가 바로 신新루뱅이라고 번역할 수 있는 루뱅-라-뇌브Louvain La Neuve다. 브뤼셀에서 남쪽으로 30킬로미터 거리에 있다. 이에 따라 본래의 루뱅대학은 둘로 쪼개졌다. 아예 네덜란드어만 사용하는 뢰벤 가톨릭대학교Katholieke Universiteit Leuven가 그 자리에 남았고 남쪽의 신도시 루뱅-라-뇌브에는 프랑스어만 사용하는 루뱅 가톨릭대학교Université Catholique de Louvain가 옮겨 갔다.

양쪽이 서로 차지하겠다고 이전투구를 벌인 단과대학은 의대였다. 결국 양측이 양보를 하지 않자 이 대학은 양측의 완충지대랄 수 있는 수도 브뤼셀로 옮겨 감으로써 루뱅대학은 결국 3개로 갈라지고 말았다. 루뱅대학의 전례는 전 대학에 파급됐다. 1817년에 창립된 왈로니 지역의 리에주대학은 프랑스어만 사용하고 역시 같은 해 개교한 플란더스 지방의 헨트대학은 네덜란드어만 사용하는 식이다.

1991년에 이런 일이 있었다. 왈로니아 지역에 기반을 두고 있는 무기 제조 회사에서 사우디아라비아에 무기 판매를 추진하고 있었는데 플란더스 주 정부에서는 이 업체에 대해 벨기에가 중동에 무기 수출을 할 수 없다는 점을 들어 수출 허가를 거부하는 일이 벌어졌다. 수출은 양측 주 정부의 허가가 있어야 가능했다. 플란더스 주 정부에서 이를 거부한 것은 무기 수출이란 명분을 들어 왈로니아 기업에 대한 차별을 감행한 것이었다. 이에 왈로니아 주 정부도 가만있지 않았다. 이번에 플란더스 지역 회사가 중동에 전화를 수출하려 하자 이를 거부한 것이다.

타협을 계속 하고 있긴 하지만 언어를 중심으로 한 남북분단은 벨기에 정치와 사회에 여전히 어두운 그림자를 던지고 있다. 지역감정은 물론 정치 지형마저 언어권을 중심으로 형성되고 있기 때문이다. 벨기에는 지역대립, 언어대립이라는 이중대립이 복잡한 정치문제로 나타나고 있는 것이 특징인 셈이다. 이 때문에 벨기에의 정치 쟁점에는 늘 학교문제가 도사리고 있고 그 속내를 들여다보면 결국 언어문제로 귀착되고 있다. 그러다 보니 왈로니아에서는 아예 프랑스와의 합병을 주장하는 과격 단체도 나오고 플란더스에는 아예 분리 독립을 요구하는 운동까지 있다.

벨기에의 한쪽에는 유럽연합이 이른바 유럽합중국을 목표로 민족국가의 울타리를 뛰어 넘으려고 시도하고 있는 큰 흐름과는 확연히 다른 그림자가 있다. 워낙 오랫동안 켜켜이 쌓여 온 갈등이라 앞으로도 여전히 벨기에의 미래엔 그늘이 될 수도 있다.

통합의 마지막 안전판은 살아 있다

나라 이름이 된 벨기에Belgium라는 말은 본래 BC 900년경 지금의 벨기에 지역에 정착해 살던 켈트족 지도자 벨가에Belgae라는 인물의 이름이다. BC 52년 카이사르Julius Caesar가 이 지역을 정복하고 벨지카Belgica라는 이름으로 로마에 합병했다. 이로써 벨가에는 자신의 이름을 남겼고 로마는 그것을 영원히 역사에 기록할 수 있게 만들었다.

남과 북으로 갈린 벨기에의 갈등은 계속되고 있지만 그 갈등을 완전한 결별로 이어지지 못하게 막는 안전판도 존재한다. 그것은 바로 종교적 단일성과 왕실의 존재이다. 지하철을 타고 가르 상트랄르Gare Centrale, 중앙역에서 내려 출구로 나가면 야트막하게 보이지만 꽤나 경사가 진 트뢰렌베르크Treurenberg 언덕이 보인다. 그곳에 벨기에 교회의 상징인 셍미셸St. Michel 대성당이 있다.

고딕식의 두 탑이 성당 정문을 사이에 두고 하늘 높은 줄 모르고서 우뚝 솟아 있다. 13세기에 시작해 300년 이상이나 걸려 건축했다. 20세기 들어 리모델링 공사를 시작해 거의 100년 만에 완성했는데 건물이 마치 새것처럼 환하다.

벨기에의 분열 가능성이 끊임없이 제기되지만 셍미셸 성당은 분열을 다시 묶어 두는 통합의 상징이기도 하다. 현재 벨기에의 가톨릭 인구는 전체 인구의 75퍼센트다. 프로테스탄트 계열이 강세인 북유럽에서 가장 이례적인 가톨릭 국가가 바로 벨기에라는 점은 통합 벨기에의 희망이기도 하다.

플란더스 서부 지역의 주도인 브뤼헤Brugge도 통합의 열쇠 역할을 한다. 북유럽의 베니스라 불리는 운하의 도시인 동시에 로마시대 이래 2,000년의 역사를 가진 고도가 바로 브뤼헤다. 브뤼헤는 역사적으로 영국과 프랑스의 백년전쟁이 최초로 시작된 역사의 현장이기도 하다.

중세의 모습을 짙게 간직하고 있는 브뤼헤에서 가장 유명한 곳은 시내 가운데의 마르크트 광장 근처에 있는 '주의 성혈 교회'다. 12세기에 건축된 이 교회가 그토록 유명한 이유는 예수 그리스도의 성혈[25]이 이곳에 보관되어 있다고 알려져 있기 때문이다.

또 하나 브뤼헤에서 기억할 만한 것은 성모 교회다. 이곳에는 르네상스 3대 예술가의 한 사람인 미켈란젤로Michelangelo Buonarroti, 1475~1564가 만든 마돈나상이 안치되어 있다. 베네룩스 3국을 포함한 북유럽에서 유일하게 남아 있는 미켈란젤로의 작품이라고 한다. 이러한 종교적 요소들은 여전히 벨기에 통합의 버팀목 역할을 하고 있다.

브뤼셀의 쿠덴베르크Koudenberg 언덕에 자리 잡은 왕궁도 통합의 안전판이다. 왕궁 정문에는 벨기에 정체성의 시작이라 할 고트프리Godfrey of Bouillon, 1058~1100의 동상이 서 있다. 그는 지금의 벨기에를 비롯해 네덜란드와 독일 일부를 장악하고 있던 영주였다. 십자군 전쟁 때 그는 벨기에의 왈로니아인과 플란더스인 그리고 독일인으로 구성된 군대를 이끌고 팔레스타인으로 출정했고 1099년 마침내 예루살렘을 정복해 예루살렘 왕국의 왕으로 추대된 전설적 인물이다.

왕궁 앞의 고트프리 동상을 지나면 발리엔 광장Baliënplein이 시작된다. 과거 이곳은 시장이 열리기도 하고 공개 처형장이 되는가 하면 축제도 열리는 정치 · 경제 · 사회적으로도 중요한 공간이었다. 물론 지금 이곳은 많은 시민들이나 관광객이 산책을 즐기는 여유의 공간이다.

오늘도 수많은 브뤼셀 시민들은 왕실 앞의 발리엔 광장에서 모였다가 또 헤어지고는 한다. 그곳에선 프랑스어도 네덜란드어도 쉽게 들을 수 있다. 왕실은 이질적인 언어와 민족을 하나로 만드는 거대한 용광로의 역할을 하고 있다.

벨기에 내부적으로 갈등이 있긴 하지만 유럽연합이 결국 하나의 국가인 유럽합중국United States of Europe으로 갈 것이란 믿음도 벨기에 통합의 청신호이기도 하다. 민족국가의 개념이 점차 약해지고 있는 오늘날, 당연히 벨기에 내부의 분리주의자들의 주장은 설득력을 잃어 가고 있다. 이미 위에서 보았듯 유럽 통합의 상징이 벨기에의 수도 브뤼셀이라는 점은 그런 점에서 의미심장하다.

네덜란드

국가가 초일류 주식회사

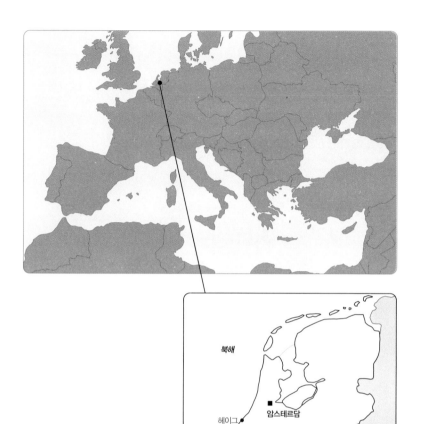

네덜란드 Netherlands

공 식 명 칭	│	네덜란드 왕국 Kingdom of the Netherlands
정 치 체 제	│	입헌군주제
수　　　도	│	암스테르담 Amsterdam
면　　　적	│	41,526km²
인　　　구	│	1,640만 명
언　　　어	│	네덜란드어
종　　　교	│	카톨릭(31%), 네덜란드개혁교회(13%), 칼뱅정교(7%), 이슬람교(5.5%)
문 자 해 독 률	│	99%
평 균 기 대 수 명	│	79세
통　　　화	│	유로 Euro
1인당 국민소득	│	$38,500
주 요 산 업	│	물류, 여행서비스, 제철, 금융업

깊은 인연의 나라

먼 곳에 있는, 그저 튤립과 풍차의 나라 정도로 알았는데 갑자기 친구처럼 다가오는 나라가 있다. 바로 네덜란드다. 2002년 한·일 월드컵 때 공동 주최국인 한국을 세계 4강에 올린 히딩크 감독 덕택이다. 지금 생각해도 기적 같은 바로 그때 히딩크의 조국 네덜란드는 갑자기 한국인에게 '형제의 나라'처럼 여겨지기도 했다.

우리 역사를 돌이켜보면 국제관계의 대부분의 상대는 중국이었다. 그나마 나라 문을 걸어 잠그는 게 살길이라고 여겼던 엘리트들이 많아서 그런지 20세기 이전에는 중국을 제외한 다른 나라와의 교섭이 거의 없다시피 했다. 그런데 묘하게도 끈질긴 인연이 이어져 내려온 나라가 바로 네덜란드다.

일본 제국주의 침략에 그저 바람 앞의 등불 신세였던 1907년, 네덜란드의 헤이그에서 만국평화회의가 열렸다. 당시 고종의 밀명을 받은 이준, 이상설 그리고 이위종은 이 회의장에서 을사조약의 무효와 대한제국의 독립을 알리려 했다. 그러나 일본의 책동으로 아예 회의 참가조차 못하게 되자 이준 열사는 그곳에서 순국하고 말았다. 그로부터

헤이그에 있는 이준열사기념관. 네덜란드는 역사적으로도 우리와 많은 연관이 있다.

거의 90년이 다 된 1995년 헤이그에 '이준 열사 기념관'이 세워졌다.

네덜란드와 보다 직접적인 관계는 조선 중기까지 거슬러 올라간다. 그 주인공은 우리가 잘 아는 하멜Hendrik Hamel, ?~1692이다. 조선 효종 때인 1653년 8월 일본으로 향하던 배가 난파되는 바람에 제주도 산방산山房山 앞바다에 표류하던 하멜은 제주 관헌에게 붙잡혔다. 당시에 네덜란드 동인도회사는 이미 일본과 거래를 트고 있었고 하멜 일행은 일본으로 가던 길이었다.

하멜은 그로부터 13년이나 붙잡혀 있다가 1666년 9월 7명의 동료와 함께 탈출해 일본 나가사키를 거쳐 1668년 본국으로 돌아갔다. 그는 조선에서의 억류 생활을 책으로 썼는데 그것이 바로 『하멜 표류기』다.

더욱 놀라운 사실은 하멜이 제주 목사로부터 심문을 받을 때 느닷없이 조선 관복을 입은 네덜란드인이 통역관의 자격으로 나타났다는 기록이다. 그의 한국 이름은 박연朴淵이었는데 당시 70~80대의 노인이었다고 한다. 그의 본래 이름은 벨테브레Jan Janse Weltevre, 1595~?였다. 그 역시 하멜과 마찬가지로 동인도회사 소속이었으며 1627년 일본에 있던 동인도회사로 가다 풍랑을 만나 제주도에 표착했다고 한다. 그는 한양으로 압송되었지만 조선에 귀화한 뒤 조선 여자와 결혼도 했으며 훈련도감에서 일한 관리이기도 했다. 그는 유럽 출신으로는 최초의 조선 귀화자였으며, 조선에 온 최초의 유럽 출신 관리였다고 할 수 있다.

네덜란드인들은 왜 일찍부터 바깥으로 눈을 돌려 전 세계를 휘젓고 다녔을까? 땅이 좁고 척박한 데다 인구는 많다 보니 일찍부터 밖으로 눈을 돌려 살길을 찾아 나선 탓이다. 그 대표주자가 네덜란드 동인도 회사였다. 척박한 땅이 그들을 멀고 먼 미지의 땅으로 몰아세웠다.

네덜란드란 이름은 '낮은 땅'에서 유래됐다. 전체 크기가 한반도의 5분의 1에 불과한 데다 전 국토의 25퍼센트가 해수면보다 낮다. 그러니 기후가 조금만 변해도 강이 흘러넘치고 바닷물이 육지를 쓸어 버렸다. 그때마다 땅에 스며든 물을 빼내야 하는데 그 장치가 바로 풍차였다. 풍차는 북해에서 불어오는 바람으로 바람개비를 돌려 생긴 동력으로 물을 퍼내는 펌프 장치인 것이다.

게다가 재기발랄한 네덜란드인들은 풍차에서 얻어지는 동력을 여러 모로 활용해 왔다. 벨트를 연결해 방앗간이나 철공소에 필요한 동력도 얻었다. 심지어 네덜란드인들의 전통 신발인 나무 나막신을 깎을 때도 풍차에서 나오는 동력으로 드릴을 돌렸다. 그러니 풍차는 물을 퍼내는 펌프이면서 다중복합 동력 공급 장치였다.

네덜란드에서 풍차의 원형이 가장 잘 보존된 곳은 암스테르담에서 북쪽으로 15킬로미터쯤 떨어진 잔Zaan 강가의 잔세스칸스Zaanse Schans라는 곳이다. 250년 전만 해도 이곳에는 800여 개의 풍차가 있었다고 한다. 지금은 겨우 5개의 풍차만 옛 원형을 그대로 유지하고 있다. 그래도 잔세스칸스에는 풍차를 보고 싶어 하는 세계 각지의 관광객들로 붐빈다.

그런데 한 번 더 생각해 보면 풍차는 네덜란드인들이 겪어 온 역사적 고통의 상징이다. 물을 다스리는 것이 얼마나 힘든지, 그 물로부터 얼마나 많은 고통을 받았는지 고개를 절로 숙이게 만든다. 풍차는 네덜란드인의 피와 땀의 순수 결정체다.

세상은 신이 창조했지만 네덜란드 땅은 네덜란드 사람이 만들었다!

충과 효를 무척이나 강조하면서 마치 정권을 떠받드는 것조차 충과 효라고 가르치던 독재정권 시절 초등학교 교과서에 올랐던 네덜란드 이야기가 있다. 수면보다 낮은 어느 마을에 있던 둑에서 물이 새기 시작했다. 마침 그곳을 지나가던 '한스'라는 소년이 있었다. 소년은 어떡할까 망설였다. 마을에 연락하면 물이 새는 구멍이 점점 커져 둑이 무너지고 말 것으로 생각했던 소년은 밤새 그 조그만 구멍을 손가락으로 막아 둑이 터지는 걸 막았다. 소년의 희생으로 주민들이 모두 생명을 구했고 마을 전체가 물에 잠기는 불행을 막을 수도 있었다.

어릴 때 이 내용을 감명 깊게 공부했던 한국 관광객들이 나중에 네덜란드에 단체 여행을 가면서 "한스 소년의 흔적을 어디에서 찾을 수 있느냐?"고 현지인들에게 물었다고 한다. 그런데 현지 네덜란드인조차 그 내용을 몰라 쩔쩔맸다는 이야기는 이제 고전에 속한다. 물론 실화가 아니기 때문이다.

　뉴욕 출신 미국 작가 닷지Mary Mapes Dodge, 1831~1905가 1865년 펴낸 『한
스 브링커 혹은 은색 스케이트Hans Brinker or the Silver Skates』라는 소설의 내
용 중 일부가 우리나라에 와서 감동적인 실화 스토리로 변했다. 개인
의 희생을 통해 나라를 구할 수 있다는 논리가 독재정권에 딱 들어맞
았는데 그 교육을 받은 사람들이 모두 한스 소년의 이야기를 실화로
생각했던 탓이다.

　한스 소년의 이야기 자체는 허구이지만 낮은 땅에서 일어난 수해는
우리로서는 상상하기 힘들 정도로 네덜란드 전체를 쑥대밭으로 만들곤
했다. 대표적인 피해 지역의 하나가 수도인 암스테르담이다. 네덜란드
옛 지도를 펴 놓고 보면 북해 바다가 벌레 먹은 사과처럼 네덜란드 국
토를 안으로 쭉 밀고 들어와 거대한 호수를 만든 것처럼 보이는 민물호
수가 있었다. 그리고 그 호수의 안쪽에는 내륙에서 호수로 흘러드는 암
스텔이란 강이 있다. 이 접경지에 생긴 도시가 암스테르담이다.

　그런데 13세기에만 무려 35번의 대홍수가 일어났고 급기야 1287
년 대홍수는 북해 바다와 민물호수를 간신히 막아 주던 둑을 쓸어버
렸다. 결국 바닷물이 밀려들어 왔고 이 거대한 민물호수가 바다로 바
뀌고 말았다. 그 이름이 바로 남해라는 뜻의 주이데르제Zuiderzee 호수
였다. 그로부터 200년 뒤인 15세기엔 무려 1만 명이나 사망하는 최악
의 홍수가 발생하고 말았다.

　그러나 네덜란드인들은 결코 자연에 굴복하지 않았다. 제방을 만들
고 풍차로 물을 빼내는 일을 결코 포기하지 않았다. 그리고 끝내 바다
로 변한 주이데르제 호수를 다시 민물호수로 바꾸어 물을 다스리겠다

는 야심찬 계획을 수립하기에 이른다. 바다로 변한 둑을 만드는 것은 700여 년 전에 존재했던 해안선을 따라 30킬로미터의 제방을 바다 가운데에 만들어야 할 만큼 대역사였다.

이 바다의 남쪽은 노르트홀란트 주, 그리고 북쪽은 프리슬란 주였다. 이 두 주는 직선거리가 30킬로미터에 불과했지만 마치 딴 나라처럼 살아온 곳이다. 배를 타고 건너가거나 아니면 육로라고 해 봐야 해안선을 따라 원을 그리듯 완전히 한 바퀴 돌아야 닿을 수 있는 머나먼 곳이었다.

공사가 시작된 노르트홀란트 주 최북단 도시 덴 오에베르_{Den Oever} 바로 옆에는 이 거대한 둑 건설의 주역인 코르넬리스 렐리_{Cornelis Lely, 1854~1929}의 청동상이 서 있다. 그가 없었다면 역사적인 제방 건설도 민물로 바뀐 호수도 존재하지 않았을 것이다. 그만큼 그의 역할은 절대적이었다. 그는 1886년부터 6년간 주이데르제 프로젝트 기술 검토단을 이끌었다.

그는 세 번(1891~1894, 1897~1901, 1913~1918)이나 네덜란드 교통장관을 역임하면

네덜란드 국토개척사업의 상징과도 같은 '압솔루트다이크'.

서 이 프로젝트를 현실화했다. 물론 반대자들도 많았다. 왜 허황된 일에 국가 자산을 낭비하느냐는 비아냥거림도 있었다. 그러던 1916년 주이데르제 일원을 강타한 대홍수가 반대 여론을 잠재워 버렸다. 그냥 당하는 것보다는 일어서서 싸워 보자는 국민들의 마음이 모아졌다.

렐리의 계획에 힘이 실렸고 정부 역시 적극적으로 뒷받침하기 시작했다. 렐리가 설계했고 1920년에 공사가 시작됐다. 주이데르제를 가로지르는 제방 공사는 1932년 완공된다. 그러나 렐리는 그 감격을 보지 못한 채 1929년 세상을 떠났다. 이 제방을 지금은 '압솔루트다이크'라고 부른다.

이 제방을 따라 네덜란드에서 가장 중요한 도로인 7번 고속도로가 달린다. 마치 다른 나라 같았던 노르트홀란트 주와 프리슬란 주는 정말 이웃으로 변했다. 제방 위에 건설된 도로 역시 네덜란드답게 만들어져 있다. 자동차가 달리는 도로 옆으로는 자전거 천국의 명성에 걸맞게 자전거 전용도로가 나란히 달린다.

제방의 중간에 휴게소 겸 전망대가 있다. 완공 직전 맨 마지막 흙을 부어 바다를 바로 막은 그 역사적 장소다. 이곳에는 댐의 역사를 설명해 주는 현판이 있으며 허리를 굽힌 채 댐을 쌓는 노동자의 청동 기념상도 있다. 그런데 이 단순해 보이는 전망대조차 네덜란드 출신의 세계적 건축가 두독Willem Marinus Dudok, 1884~1974의 작품이라고 한다. 그만큼 네덜란드인들이 이 댐에 갖는 자긍심이 크다.

지금이야 컴퓨터와 중장비 등을 손쉽게 사용하지만 1920년대엔 과연 무엇으로 측량을 하고 흙을 메워 30킬로미터나 되는 바다에 제방을 쌓았을까 하는 의문이 생기기도 한다. 이를 해결하기 위해 렐리는 노트 8권 분량의 방대한 기록을 남겼다고 한다. 제방 건설 방법에서부터 시작해 적재적소에 25개의 수문을 배치하는 방법까지 설명되어 있다고 한다. 썰물 때엔 바닷물과 민물이 섞여있는 물이 바다 쪽으로 흘러가 간척지의 소금기까지 뺄 수 있을 정도로 과학적인 설계를 했다.

1932년 외곽 댐인 압솔루트다이크가 완성되자 새로운 프로젝트가 시작됐다. 바닷물을 퍼내고 강물을 유입시켜 간척지를 농지로 만드는 것이었다. 노르트홀란트 북동 해안에 있는 위링게르 호 간척지는 노르트홀란트 주로 편입되었으며, 북동·남플레볼란트, 동플레볼란트 간척지는 1986년 신도시 렐리슈타트 하벤을 중심으로 하는 플레볼란트 주에 통합됐다. 플레볼란트 2,200제곱킬로미터의 넓이를 가졌으며 바다에서 건져 올린 12번째의 주다.

간척사업을 하면서 호수 한가운데를 다시 인공 방파제 겸 도로로 막았다. 네덜란드 302번N302 국도가 지나간다. 이를 경계선으로 바다 쪽을 아이셀Ijsselmeer 호수, 암스테르담이 있는 안쪽 호수를 마르케르Markermeer 호수로 부른다. N302 도로는 옛날에는 해안선을 따라 우회하거나 배편으로 갈 수 있었던 두 도시 엔크후이젠Enkhuizen 과 렐리슈타드 하벤Lelystad Haven 을 직접 연결했다.

아이셀 호수의 물은 가뭄 때엔 노르트홀란트·조이트홀란트·프리슬란트 주의 귀중한 수원이 될 뿐만 아니라 소금기 있는 늪지대의 개량에도 도움이 되고 있다. 과거 바다였던 시절엔 이곳이 청어, 멸치, 가자미 어장이었지만 지금은 민물 뱀장어 등이 잡힌다고 한다.

네덜란드인의 국토개척사업은 압솔루트다이크가 바로 시작이었다.

암스테르담과 그 주변 지역의 피해는 줄었지만 다른 곳의 피해는 여전했다. 그중에서 가장 심각한 지역의 하나가 로테르담 남서쪽의 섬 지방이었다. 젤란트_{Zeeland} 지역 물 피해가 줄긴 했어도 다른 곳에서 여전했다. 젤란트는 말 그대로 바다의 땅_{sea land}을 의미한다.

1953년 강력한 폭풍우가 몰아닥치면서 젤란트의 제방이 무너졌고 섬 지역 주민 1,835명이 일시에 희생되는 참극이 발생했다. 네덜란드 정부는 압솔루트다이크처럼 근본적인 대책 마련에 나섰는데 그것이 바로 델타 계획_{Delta Plan}이다. 그것은 젤란트 주의 섬 발헤렌, 쉬후벤 그리고 그 옆에 있는 홀란드 주의 구레, 보르네 등 이 지역 4개의 섬을 연결하는 거대한 제방을 쌓아 섬을 바다로부터 보호하려는 야심찬 계획이었다. 섬 사이에 있는 바다를 담수호로 만드는 계획도 포함됐다. 이 공사는 1956년 시작되어 30년 만인 1986년에 마침내 완공했다.

조수 범람과 홍수 피해의 상징처럼 되어 온 네덜란드. 그러나 그들은 자신이 물려받은 땅의 숙명에 결코 고개를 숙이지 않고 정면으로 마주섰다. 그것이 바로 압솔루트다이크였고 델타 프로젝트였다.

네덜란드인들은 처음엔 맨손으로 물과 싸웠고 그 다음엔 제방과 풍차로 물과 싸웠다. 기술의 발전과 함께 방조제, 댐, 첨단기술로 여전히 물과 싸우고 있다. 네덜란드 땅은 이런 노력이 없었다면 60퍼센트 이상 물에 잠겨 있었을 것이다. 그뿐만이 아니다. 네덜란드 땅 전체의 25퍼센트가 물에서 새로 건져 올려 만든 새 땅이다. 네덜란드가 작지만 강한 나라가 된 것은 바로 이와 같은 강인한 개척정신 덕택이다.

'성경'은 모든 세상을 하느님이 창조했다고 첫머리에 기록해 놓았다. 그런데 네덜란드인들은 네덜란드 땅은 하느님이 아니라 자신들이 만들었다고 주장한다. 그 지독한 노력과 끈기, 결코 굴복하지 않는 용기는 자연이 네덜란드인들을 단련시킨 결과였으며 지금의 강소국으로 클 수 있었던 가장 중요한 자산이기도 하다.

물류로 이룬 세계 최고의 경쟁력

네덜란드의 도시는 끝에 '담'이란 말이 붙거나 '하벤'이란 말이 많이 붙는다. 다 물과 관계가 있는 말이다. 하벤이란 말은 항구라는 뜻이고 담은 제방이란 뜻이다. 암스테르담은 암스텔 강가에 제방을 만든 뒤 건설된 도시고, 로테르담은 로테_{Rotte} 강가에 제방을 만들어 이룩된 도시다.

로테르담 항구는 유럽 최대의 물류 항구다. 통계 수치만 봐도 기가 질리는데 전 세계적으로는 7위의 물동량을 자랑한다. 영국이나 프랑스, 독일 등 강대국이 즐비한 유럽에서 작은 나라에 유럽 최대의 항만시설이 들어서 있으니 그것만으로도 놀라운 일이다.

로테르담은 처음부터 세계적인 항구로 자리 잡을 만한 천혜의 자연조건을 완벽하게 갖춘 곳은 아니었다. 본래 이곳에는 작은 강 로테_{Rotte}가 있었을 뿐이다. 1299년경 이 지역 총독이던 반 보르셀렌_{Wolfert van Borselen} 백작이 강에 댐을 막은 뒤 도시를 세우면서 로테르담이란 이름을 붙였다. 도시라고 이름은 붙였지만 지금으로 치면 그저 작은 어촌 정도였다.

로테르담이 본격 부각된 것은 1872년 북해 항구였던 후크 반 홀란트와 로테르담 사이를 연결하는 운하가 완공되면서부터다. 운하를 통해 로테르담까지 큰 배가 드나들게 됨으로써 날개를 달았다. 그간 로테르담은 내륙 깊숙한 곳에 숨어 있어 진가를 발휘 못했지만 큰 뱃길이 열리면서 잠재력을 폭발시켰다. 북해의 파도가 아무리 들이닥쳐도 로테르담 내항은 안전했다. 더군다나 한 시대를 풍미했던 해적들도 운하를 따라 들어와 로테르담을 넘보는 것은 거의 자살행위였다.

로테르담이 부각되면서 주변에 있던 작은 항구들이 지금은 모두 로테르담 지역권에 포함됐다. 린하벤Rijnhaven, 마스하벤Maashaven, 왈하벤Waalhaven, 엠하벤Eemhaven 등이 바로 그곳이었다. 로테르담이 천혜의 요새 지역으로 정평이 나고 군수품의 중심지로 변하자 제2차 세계대전 중에는 집중적인 공습의 타깃으로 변하고 말았다. 전쟁은 끝났지만 로테르담은 거의 폐허로 변하고 말았다.

전후 복구에 나선 네덜란드 정부는 로테르담을 과거 수준으로 복구하겠다는 정도가 아니라 완전히 새로운 도시, 새로운 항구로 건설하겠다는 의지를 표명했다. 유럽의 관문으로 되살려 네덜란드 경제의 원동력으로 만들겠다는 의지였다. 유로포르트Europoort라는 이름의 항만 물류 복합기지 이름은 그 상징이라 할 만하다. 로테르담은 무려 1,000개 도시의 항구와 연결된다. 세계와 유럽을 연결하는 관문 중의 관문인 것이다.

게다가 고속도로, 철도망이 연계되어 유럽 어느 곳이든 48시간이면 육로로도 화물이 도착할 수 있다. 또한 로테르담은 내륙 수로·운하의 관문이기도 하다. 로테르담을 통하면 라인 강으로 연결되고 라인 강은 마인 강이나 모젤 강과 이어진다. 라인 강은 또 다뉴브 강과

유럽 최대의 물류 항구인 로테르담 항구.

도 연결된다. 유럽의 바다와 강 그리고 운하를 따라 움직이는 물류의
시작이 바로 이곳임을 똑똑히 눈으로 볼 수 있다.

세계의 화물이 상당 부분 모이고 다시 세상으로 나가는 물류의 중
심지는 지리적 위치만으로 이루어지진 않는다. 첨단 시설과 우수한
인적 자원이 필수적이다. 프랑스나 독일, 영국의 회사들도 자국 항만
보다는 오히려 로테르담을 더 선호한다고 한다. 항만 운영 시스템이
나 인프라가 워낙 잘 되어 있고 가격도 본국보다 싼 데다 더 빠르게
화물을 처리해 주기 때문이다. 네덜란드의 상인정신이 로테르담 항구
운영에 그대로 녹아 있다.

로테르담의 성공 비결의 첫 번째 원인은 정부의 리더십에서 찾을

수 있다. 자원이 별로 없는 네덜란드 입장에서는 성장동력에 대한 끊임없는 성찰을 통해 물류를 국가 기간산업으로 정했다.

정부의 지원도 거리낌이 없었다. 사실 항만이라는 것은 워낙 거대하고 자금도 많이 들어가는 인프라다. 정부만이 투자할 수 있는 국책 사업이다. 항만 및 배후 도시 건설에다 법적·제도적 정비까지 포함하는 정부의 원스톱 서비스가 오늘날의 로테르담을 만들어 놓은 초석이다.

게다가 민간기업도 정부 정책에 적극 협조하면서 실제로 외국투자를 끌어들이는 등 정부와 민관이 국익이라는 공통의 이해관계를 중심으로 긴밀히 협조한 결과라고 할 수 있다. 한국에서조차 대한무역투자진흥공사KOTRA를 중심으로 한 공동 물류센터를 로테르담에서 운영하고 있을 정도이다.

네덜란드 정부는 자원이 없는 만큼 물류로 세상을 정복하겠다고 일찌감치 결정했고 그 결과가 바로 로테르담이다. 네덜란드는 로테르담 중심의 해상 물류뿐만 아니라 고부가가치 산업인 항공 물류 발전에도 국가적 차원의 노력을 기울여왔다.

항공 물류의 중심지는 유럽에 갈 때 한국인들이 많이 거치는 곳 중 하나인 암스테르담 근교의 스키폴 국제공항이다. 네덜란드 항공KLM의 본산이기도 하다. 스키폴 공항은 히드로(영국), 프랑크푸르트(독일), 샤를르 드골(프랑스) 공항 등과 함께 유럽의 4대 공항 중 하나이다. 네덜란드 항공과 필립스, 유니레버 등 세계적인 네덜란드 기업이 스키폴을 물류 거점으로 이용하고 있다.

스키폴 지역 주민과 기업 관계자들도 스스로 민간단체를 구성해 주변 지역을 개발하고 외국기업 유치 노력을 열심히 한다. 게다가 외국

주재원들은 몇 년씩 살면서도 네덜란드어를 배울 필요가 없을 정도로 대부분 국민들이 영어나 독일어, 프랑스어 등을 자유자재로 구사한다.

사실 로테르담의 위용 앞에 서면 우리는 너무도 손쉽게 그저 '기적'이라고 치부해 버린다. 작은 어촌 마을에서 유럽 최대의 물류 항구로 서기까지 그 눈물겨운 고통과 인내의 과정을 애써 외면할 때가 많다. 그러나 그 과정은 대부분 네덜란드인의 노력과 끈기로 이루어졌다는 점을 잊지 말아야 한다. 기적이 아니라 땀방울의 결과라는 것이 더 정확한 표현이다.

주식회사 네덜란드

네덜란드의 수도는 암스테르담이지만 행정수도는 헤이그The Hague이다. 네덜란드어로는 덴 하크Den Haag라고 한다. 공식 명칭이 네덜란드 왕국이니 왕궁부터 시작해 행정부와 국회 등이 모두 헤이그에 있다. 그런데 헤이그의 정치는 일찍부터 암스테르담이나 로테르담의 경제 활동을 뒤에서 조용히 돕는 일에 사활을 건 듯한 모습을 보여 준다. '주식회사 네덜란드'가 이익을 창출하도록 법적·제도적 장치들을 끊임없이 개혁하고 정비하며 위험요소를 제거해 주는 역할을 하니 나라가 발전하지 않을 수 없다.

헤이그에는 본래 숲이 우거져 있었다고 하지만 워낙 오래전이라 지금은 다른 유럽 도시보다 훨씬 더 많은 녹지가 있는 것 같지는 않다. 도로 위를 쉴 새 없이 달리는 자동차와 전차가 숨 가쁘게 오가는 모습

은 복잡한 여느 대도시와 다름이 없다. 도시의 중심은 비넨호프
Binnenhof 다. 우리말로 풀어쓰면 내성內城, 즉 성곽 중에서도 가장 안에
있는 성을 이야기하는 것이다. 실제로 비넨호프는 헤이그에서도 구시
가지의 중심에 있는 네덜란드 국회의사당을 비롯한 몇몇 건물을 총칭
한다. 비넨호프의 국회의사당은 이미 1446년부터 네덜란드 정치의
중심이었다.

숲과 호수만 있던 곳에 처음으로 정착한 이는 근처에 영지를 가지
고 있던 플로리스 4세Floris IV, 1210~1234였다. 이 땅을 사들인 뒤 석조로 조
그만 성을 지었고 그 주변에 수행원들이 머물 목조 건축물을 지었다
고 한다. 그 성을 비넨호프라고 했고 그 옆에 있던 호수는 호프비베르
Hofvijver 즉 '궁정의 호수'라고 불렀다고 한다.

그런데 자신의 영지 밖에 나와 있으니 혹 있을지도 모를 테러가 겁
이 났던지 비넨호프 옆에 해자垓字를 만들어 호수와 연결했다. 해자란
적이 성벽까지 바로 진출하지 못하게 하는 물길인데 이를 네덜란드어
로 하카Haga라고 불렀다고 한다. 그 이름이 바로 덴 하크, 헤이그의 어
원이다. 나중에 이 하카라는 말은 '벽으로 둘러싼 땅'이라는 뜻으로
플로리스 4세가 지은 건축물 일체를 의미했다.

플로리스 4세가 활동하던 시기는 기사들 간의 마창馬槍 시합 등 중세
스타일의 스포츠가 유행하던 시기였다. 마창 시합은 투구를 쓰고 긴
창을 겨드랑이에 낀 채 서로 마주 달려오면서 겨루는 경기다. 이 영주
역시 마창 시합을 즐겨 했는데 프랑스에서 열린 마창 시합 토너먼트
에 참가했다가 24세로 요절하고 말았다.

플로리스의 아들은 윌리엄 2세Willem II로 그는 하카의 저택을 대폭

확장했고 나중에 신성로마제국의 황제에 즉위했다. 하카는 비로소 비약적 발전을 할 계기를 잡았다. 그의 아들 플로리스 5세가 나중에 하카에 본격적인 왕궁을 건립했는데 그 일부가 지금도 '기사의 홀Ridderzaal'이란 이름으로 비넨호프에 남아 있다. 헤이그는 그 후 비약적으로 발전해 17세기에 들어 유럽 외교의 중심 무대가 되었고 나폴레옹 정복 전쟁 후에는 네덜란드 왕국의 수도가 됐다.

네덜란드를 이끌던 하카의 주인공들은 일찍부터 나라 부강의 길을 먼 곳에서 찾았다. 국토도 좁은 데다 열악하니 유럽 밖으로 눈을 돌린 것이다. 자연스레 네덜란드는 대외적으로 이윤을 추구하기 위해 움직이는 일사불란한 기업이 되었다. 그 원조는 아무래도 1602년 설립된 네덜란드 동인도회사라고 할 수 있다. 네덜란드 동인도회사는 영국의 동인도회사보다 시기적으로도 앞선다. 이 회사는 동인도의 여러 섬을 정복하고 직접 지배하거나 기존의 토후를 통한 간접 지배 형태를 통해 특산품을 강제 매입했다. 그중에서도 향신료 무역은 독점이었다.

물론 네덜란드 동인도회사는 중상주의 시대 전근대적 독점 상업 조직이다. 식민지 원주민들에게 저지른 잔악한 죄악상에 대해서는 어떤 이유로도 용서될 수는 없다. 그럼에도 네덜란드인들은 이렇게라도 나라의 기초를 다졌으니 그네들 입장에서야 당연히 평가받을 만하다. 이 독점 무역에 따른 이윤은 네덜란드가 자본 축적을 할 수 있는 기초가 됐다.

네덜란드는 식민지 패권을 두고 영국과 경쟁하다 1652년부터 전쟁에 돌입하지만 결국 싸움에 지고 만다. 영국은 그때부터 '해가 지지 않는 나라'의 기초를 다졌지만 네덜란드는 쇠퇴의 길을 걷고 말았다.

그럼에도 네덜란드 동인도회사는 무역뿐만 아니라 나중엔 식민지를 직접 경영하기도 했다. 하지만 결국 1799년에는 영토를 본국 정부에 이양하고 해산했다.

네덜란드의 동인도회사는 해산했지만 그 정신적 유산은 큰 자산이 됐다. 고도의 자본주의 정신이 국민적 정서로 자리 잡았다. 네덜란드 인이 유태인들보다 더 지독하다는 평가는 이런 전통 때문이다. 회사 의 목표는 최대한의 이윤 추구와 그 실현이었으니 네덜란드 자체가 그런 목적을 가지고 움직인 나라였다.

'주식회사 네덜란드'의 결정적 계기는 프랑스의 나폴레옹이 잠시나 마 네덜란드를 비롯한 대륙을 손아귀에 넣은 것이었다. 이때 국왕 윌 리엄 1세는 영국 망명생활에서 산업혁명의 현장을 직접 보았다. 위기 는 곧 기회였다. 네덜란드 동인도회사의 단순 무역중계나 식민지 경 영을 넘어서는 근본적 변화의 필요성을 절감했다. 상업과 산업혁명을 묶는 상공업의 발전이 새로 되찾은 네덜란드 왕국의 화두가 됐다.

윌리엄 1세는 귀국 후에 먼저 대규모 자본을 모았다. 네덜란드 은 행(1814년)과 산업흥업회사(일종의 산업은행, 1822년)를 잇달아 창립했 다. 일단 돈줄을 확보한 그는 네덜란드 무역회사_{NHM}를 설립했다. 당 시 네덜란드가 소유했던 식민지 인도네시아를 이 회사가 경영토록 했 다. 효율성을 극대화하는 조치였다. 다른 측면에서 보면 네덜란드 자 체가 주식회사의 형태로 진화했다.

윌리엄 1세는 1823년 3월 29일 칙령으로 NHM 주식 공모에 들어 갔다. 국왕이 사실상 이 회사의 최고경영자_{CEO}였다. 당초 공모 예상 자 금은 2,400만 길더였는데 네덜란드 국왕의 전폭적인 지지가 있어 무려 3,690만 길더가 모일 정도였다. 이를 기반으로 1825년 2월 정식으로 NHM이 출범했다.

권력을 가지면 무조건 돈을 가진 자에게 내놓으라고 명령하고 그렇지 않으면 무력을 동원하는 전통적 권력 형태와는 달랐다. 요즈음 우리는 '주식회사 대한민국'을 쉽게 이야기하고, 대통령이 최고경영자니 세일즈맨이니 말하는 것이 유행이다. 네덜란드에선 무려 200년이나 앞선 19세기 초의 일이었다.

물론 초기엔 어려움도 있었다. 1826년과 1828년엔 아예 적자를 기록했는데 윌리엄 1세는 사재 370만 길더까지 투입해 가며 최초의 배당 약속을 지켰다. 그 뒤 흑자로 돌아섰고 1938년에는 13퍼센트까지 배당을 했다는 기록이 남아 있다.

물론 식민지 입장에서 보면 네덜란드의 정책은 인정도 눈물도 없는 가혹한 탄압이었다. 그 이유 중 하나는 네덜란드 왕국에 속해 있던 벨기에의 독립에 의한 재정 악화다. 네덜란드의 식민지 수탈 정책이 가속화될 수밖에 없었다.

이는 통계로도 증명이 된다. 식민지에서 나오는 이익금 비중은 1850년 이전엔 네덜란드 전체 재정의 20퍼센트 정도였으나 1851년부터 10년 동안에는 32퍼센트로 증가했다. 인도네시아의 수탈로 네덜란드 본국 경제는 궤도에 올랐고 산업혁명 이후 근대화 정책도 가능해졌던 것이다.

좁은 땅, 그것도 바다보다 낮은 땅이라는 악조건은 네덜란드인을 키운 힘이었다. 그들이 일찍부터 해외시장 개척에 나설 수 있었던 것도, 마치 한 나라가 하나의 주식회사인 것처럼 효율성을 추구할 수 있었던 것도 모두 그들이 처한 어려움이 키운 값진 열매였다. 그들은 온실이 아니라 광야에서 찬바람과 맞서며 자신의 운명을 개척해 왔던 것이다. 그런 국민성이 결국엔 영국, 독일, 프랑스 등 강대국과 어깨를 나란히 하게 만들었다.

상술과 휴머니즘, 교육의 절묘한 결합

헤이그에서 또 하나 기억해 둘 만한 장소는 마두로담Madurodam이다. 네덜란드 전국에 있는 건물이나 명물을 25분의 1로 축소해 놓은 일종의 미니어처 도시다. 성인의 경우 입장료가 12유로나 하지만 사시사철 전 세계에서 방문한 관광객들로 발 디딜 틈이 없을 정도다.

정교한 건물, 길거리, 실제로 움직이는 자동차와 철도 그리고 선박들. 이 공원에 들어가면 누구나 소인국에 들어간 걸리버처럼 즐겁다. 그러나 곧 놀라운 상술의 세계로 들어와 있음을 알게 된다. 관광객의 주머니를 놀랍게 털어 내는 네덜란드인의 비결이라고나 할까.

이곳은 반 데어 스타프Boon-van der Starp 부인이 1952년 7월 2일 개장한 일종의 테마 파크다. 스타프 부인의 생을 살펴보면 인간에 대한 깊은 사랑이 숨어 있다. 제2차 세계대전 당시까지만 해도 결핵은 치명적인 병이었다. 스타프 부인은 젊은이들에게도 결핵이 계속 번져 희생자가 많아지자 1947년에 결핵 구호시설을 세웠다. 문제는 유지비였다.

스타프 부인은 고민 끝에 영국 베이컨스필드Beaconsfield에 있던 비컨

헤이그의 명물인 미니어처 도시 '마두로담'. 마두로담은 네덜란드의 '상술과 휴머니즘의 조합'이라는 특징이 잘 드러난다.

스컷 모델 빌리지Bekonscot Model Village를 네덜란드에 도입키로 했다. 비컨 스컷 빌리지는 1929년 개장한, 세계에서 가장 오래된 미니어처 공원 이다. 이 공원의 수입이 날로 늘어나자 공원 측이 매년 런던에 있는 병원에 기부를 하고 있던 사례를 눈여겨본 것이다. 헤이그에 이런 공 원을 세울 수만 있다면 구호시설 유지비는 절로 해결되는 셈이었다.

다음 문제는 역시 공원 설립비였다. 이 와중에 만난 사람이 마두로 Maduro 부부였다. 외동아들이 제2차 세계대전에 참가해 영웅이 되었으 나 독일군 포로가 되어 종전을 얼마 남겨 두지 않은 1945년 2월 전사 하고 말았다. 마두로 부부는 아들의 죽음이 못내 아쉬워 그를 추모하는 기념비를 세우려고 하던 참이었다. 그러다 부인을 만난 뒤 그녀의 뜻에 전적으로 동의했고 기념비 건립을 위해 모아 둔 돈을 모두 미니어처 도시 건립에 기부했다. 미니어처 도시 건설이 본격화되었고 그 이름도 마두로를 기념하는 마두로담이 된 것이다.

건설 계획이 구체화되고 또 그 뜻이 숭고하다는 것이 널리 알려지자 헤이그 시장이 장기 임대 형식으로 공원 부지를 제공했다. 게다가 델프트Delft 기술대학교 학생들은 부지 정지 작업에 자원봉사 형식으로 참여하는 등 축제 분위기 속에서 건설 공사가 시작되었고 1952년 개장했다. 1996년 확장 공사 때까지 44년간 공원의 골격을 그대로 유지한 것만 봐도 네덜란드인의 철저함을 배울 수 있다.

1996년 확장 공사 때 가장 새롭게 건립된 부분은 암스테르담의 스키폴Schiphol 국제공항이다. 이 공사는 2003년에야 끝이 났다. 이 공항에는 대한항공Korean Air 항공기도 한 대 서 있다. 아마도 마두로담 방문객 중에 한국인들이 적지 않음을 알고 있는 공원 측의 배려인 것 같다.

특히 마두로담은 네덜란드 왕실에서 전적으로 지원하고 있기도 하다. 개장 때 율리아나 여왕은 왕실 후계자였던 당시 14세의 베아트릭스 공주를 마두로담의 명예시장으로 임명했고 1980년 공주가 왕위를 계승할 때까지 마두로담 시장이었다.

돈을 벌기 위한 놀이공원에는 수익금으로 결핵환자를 구호하려는 휴머니즘이 녹아 있다. 또한 이곳은 청소년 정치 교육의 현장이기도 하다. 마두로담이 하나의 도시인만큼 헤이그 시내에 있는 학생 대표들이 마두로담 시의회를 구성하고 있다. 베아트릭스 공주의 즉위로 명예시장이 공석이 되면서, 시의회는 매년 학생 대표들 가운데 한 명을 명예시장으로 선출하고 있다. 이 학생 명예시장과 시의원들은 마두로담에서 벌어지는 각종 공식·비공식 행사에 나와 정치 현장을 체험·학습하고 또 경영을 배우기도 한다.

스타프 부인의 결핵 퇴치 운동이 1964년 마침내 성공리에 마무리되자 마두로담의 수익금은 네덜란드 청년사회복지기금으로 확대됐다. 이런 방식으로 수익금의 상당 부분을 사회에 다시 되돌려 주고 있다. 가장 자본주의적인 놀이시설이 깊은 휴머니즘에서 시작되었고 또 참교육의 현장이기도 한 사실은 네덜란드의 특징을 극명하게 보여 준다. 마두로담은 주식회사 네덜란드만이 만들어 낼 수 있는 테마 파크다.

자유주의 정신, 네덜란드의 또 하나의 경쟁력

일반적으로 유럽의 도시는 우리의 서울처럼 많은 사람들이 모여 길을 걷기 힘들 정도는 아니다. 그런 도시가 있다면 런던 정도가 아닐까? 그런데 런던 중심가 못지않을 정도로 심각한 교통 체증에다 수많은 사람들이 몰려다니는 곳이 암스테르담이다.

암스테르담의 중심지는 중앙역이다. 뒤로는 바다가 보이고 다리로 연결된 철도가 있는 데다 중앙역 광장 앞에는 수많은 전차, 버스들이 동서남북으로 연결된다. 또 광장 앞에는 수많은 운하가 연결되어 있다. 다리 위에서는 버스와 전차가 움직이고 그 뒤에는 철도가 놓여 있다. 길을 걷다 아래로 설치된 계단을 따라 내려가면 운하를 운항하는 페리 선착장이 나온다. 그래서 무척이나 복잡하다.

게다가 암스테르담은 자전거의 천국이기도 하다. 암스테르담 광장 왼쪽에는 이곳의 명물인 자전거 주차장이 있다. 무려 7,000여 대를 수용한다고 한다. 멀리서 보면 개미가 모여 있는 듯 7,000의 숫자는 헤아릴 수 없는 검은 점으로 다가온다. 사실 숫자로 암스테르담을 따져 봐도 대단하다. 운하만 165개, 그 위에 놓인 다리는 모두 1,281개, 시내를 운행하는 자전거는 줄잡아 60만 대가 넘는다고 한다.

암스테르담의 모든 교통이 중앙역으로 통하니 그곳에서 암스테르담 번화가가 시작된다. 중앙역에서 담Dam 광장으로 연결되는 도로가 암스테르담 최대의 번화가 담락Damrak이다. 서울의 종로나 신촌 거리 저리 가라 할 정도로 번잡하다. 수많은 레스토랑, 패스트푸드점, 옷가게, 악세사리점 등 온갖 가게들이 즐비하다. 도로에는 전차와 자동차들이 섞여 달리고 인도의 한쪽에는 자전거의 나라답게 온갖 종류의 자전거로 가득하다.

이 속에서 느낄 수 있는 분위기는 바로 자유다. 모든 것에 관용할 수 있는 분위기라고 할까? 네덜란드는 세계에서 가장 앞서 나가는 관행을 만들고 있다. 가벼운 마약soft drug은 정해진 장소에서 합법적으로 사고팔 수 있다는 사실만 해도 그렇다. 이들이 허용되는 까닭은 오히려 술보다 중독성이 적다는 이유 때문이다.

이 마약은 금단 증상 완화제인 메타돈methadone과 같이 구할 수 있다. 메타돈은 합성마약이지만 주로 마약류의 금단 증상을 치료하는 데 사용한다. 가벼운 마약을 법적으로 허용하면서 네덜란드 마약문제는 오히려 인근 국가보다 훨씬 덜 심각하다고 한다. 일방적인 단속이 아니라 자유가 만들어 낸 긍정적 결과다.

교도소도 우리의 생각과는 달리 자유와 관용의 정신 위에 서 있다. 교도소는 개인의 자유를 박탈하긴 하지만 전화나 TV 등을 설치하고 신문도 구독할 수 있을 정도다. 교도소에서도 인권을 유지할 수 있는 곳이 바로 네덜란드다.

세계 최초의 '안락사 허용'이나 '동성애자 결혼 합법화' 정책도 네덜란드에서 시작됐다. 장애인에 대한 처우는 우리를 더더욱 놀랍게 한다. 다음의 제도는 우리로서는 입이 벌어질 뿐이다. 1982년에 설립된 SAR_{선택적 인간관계 재단}은 장애인법에 따라 지방자치단체의 재정 보조를 받으면서 여성, 남성, 동성애자 등으로 구성된 자원 봉사자들이 중증 장애인의 성문제를 해결해 주고 있다. 이 단체에서는 매년 1,000명 이상의 중증 장애인에게 섹스 서비스를 제공한다. 뿐만 아니라 동성애자, 마약중독자, 매춘부 등 우리로서는 쉽게 받아들이기 힘든 사람들의 인권까지도 최대한 보장해 주려고 고민하는 것이 바로 네덜란드이다. 이 열린사회가 강소국 네덜란드의 또 다른 경쟁력이다.

암스테르담이 세계적인 다이아몬드 가공업의 메카인데, 이것이 자유주의 성향과 관계가 있다는 사실도 흥미로운 일이다. 본래 다이아몬드 가공업은 근대 이후 부가가치가 가장 높은 업종의 하나였다. 특히 네덜란드의 암스테르담은 다이아몬드 가공업에 있어서는 타의 추종을 불허할 정도로 다이아몬드 가공에 관한 한 명가다. 암스테르담을 이어 바짝 따라오는 곳이 벨기에의 안트베르펜_{Antwerpen}이다.

사실 다이아몬드 가공과 같은 고부가가치 산업을 전통적으로 장악해 온 세력은 유태인들이었다. 유럽에서 기독교인들은 전통적으로 유태인들에 적대적이었으니 다이아몬드 가공업을 장악하고 있던 유태인 세력은 보다 안전한 곳을 찾아 이주를 계속했는데 그곳이 바로 암스테르담이나 벨기에의 안트베르펜이었다.

암스테르담 시의 기록에 의하면 이곳에서 최초로 다이아몬드 가공을 시작한 사람은 페테르 구스 Peter Goos 라는 사람이었고 그가 1588년 이곳에 정착한 것이 그 기원이라고 한다. 그러다 체계적 조직을 갖춘 것은 19세기 초였다. 1815년 암스테르담의 최고급 기술자들이 모임을 열어 자신들을 '마이스터' 라고 선언을 한 뒤 기술 전수를 위한 도제들을 고용하기 시작했다고 한다. 이때부터 다이아몬드 가공업은 수공업을 넘어 네덜란드의 주요 수출품으로 각광을 받기 시작했다.

다이아몬드 가공업은 부침이 심했던 업종이다. 19세기에 잠깐 대박 산업이 됐다가 19세기 후반 들어 '거품'이 꺼지고 말았다. 미국의 남북전쟁(1861~1865), 그리고 유럽에서 프랑스와 프로이센 간의 이른바 보불전쟁(1870~1871) 때문이었다.

그러다 남아프리카에서 대규모 다이아몬드 광산이 개발되면서 공급이 수요를 만들어 내기 시작했다.[26] 이때부터 유럽의 네덜란드, 영국, 프랑스 수입상들이 앞다퉈 다이아몬드를 수입하기 시작했고 암스테르담도 다시 다이아몬드 가공의 전성기를 맞이했다.

게다가 이 시기엔 증기엔진이 선박에 장착되는 등 수송 수단이 획기적으로 발달하면서 물류 속도가 더욱 빨라졌고 더불어 다이아몬드 가공업도 번창에 번창을 거듭했다. 다이아몬드 가공업을 놓고 암스테르담과 안트베르펜이 경쟁을 했으나 늘 암스테르담의 우위에 있었다. 안트베르펜이 19세기 말까지 유럽 대륙의 물동량 중 약 40퍼센트를 장악할 정도로 물류에선 탁월한 위상을 가졌음에도 암스테르담에게 선두를 빼앗긴 이유는 뭘까?

그 이유는 안트베르펜 내부에 있었다. 다이아몬드를 수입하는 상인들과 다이아몬드를 가공하는 가공업자들의 조합인 길드 간에 심각한 갈등이 있었기 때문이다. 요즈음 얘기로 하면 일종의 노사 갈등인 셈이다. 암스테르담은 상인들과 가공업자들이 조금씩 양보하면서 윈윈 게임을 만들어 낸 것이 바로 성공의 원동력이었다.

암스테르담은 지금도 여전히 강력한 팀워크를 통해 고부가가치 산업의 뿌리를 든든히 하고 있다. 현재 암스테르담의 다이아몬드 가공업자들은 약 8,500명 정도 된다고 한다. 이들은 기술 숙련도 등에 따라 단순 커팅 과정 종사자에서 광택을 내는 고난이도 기술자에 이르기까지 총 10개 계층으로 나뉘어 있다.

이들 가공업자들은 가공노조를 구성하고 있는데 이 10개 계층이 노조의 위원회를 구성하고 있으며 각 단위별로 대표단이 있어 각종 현안들을 쉽게 해결해 가는 구조를 가지고 있다. 따라서 이들은 국내외에서 일어나는 현안을 쉽게 접할 수 있는 데다 갈등이 일어나도 충분히 해결할 수 있는 통로를 가지고 있어 암스테르담의 다이아몬드 가공업은 그 위상을 유지하는 것이다. 비록 저임금으로 강력한 경쟁력을 가진 인도와 중국이 떠오르고 있지만, 암스테르담의 이들은 높은 기술력과 유대를 통해 생존을 모색해 나가고 있다.

암스테르담에서 시티 투어를 해 보면 꼭 마지막에 가는 곳이 있다. 다이아몬드 가공 공장이 그곳이다. 구경도 공짜고 설명도 공짜지만 결국은 자기네가 만든 다이아몬드를 싸게 사라는 판촉이다. 지금도 파울루스 포테르 거리에 있는 코스터Coster 다이아몬드 회사 등 2~3개의 회사를 매년 수만 명이 관광 코스로 방문하고 있다.

안네 프랑크에게 마지막 자유를 준 도시 암스테르담

암스테르담 중앙역에서 담락 거리를 따라 남쪽으로 가면 시 중심지인 담 광장이 있다. 그 오른쪽에는 왕궁과 뉴위케르크 교회가 있다. 왕궁이란 이름이 붙어 있지만 왕궁처럼 화려하지도 않은 그저 오래된 건물쯤으로 보인다.

내력을 보면 그럴 만도 할 것 같다. 본래 이 건물은 1648년부터 지어지기 시작해 1665년에 완공됐는데 그 용도는 암스테르담 시 청사였다. 그런데 프랑스의 나폴레옹이 황제가 되고 그의 동생인 루이 보나파르트 나폴레옹이 네덜란드 황제가 되었던 1808년에 이 시 청사를 왕궁으로 정했다. 그 뒤 이들이 물러갔지만 여전히 왕궁으로 불리고 있는 것이다.

왕궁을 지나 운하를 3개 건너면 웨스트마르크트_{Westmarkt} 역 근처에 그 유명한 안네 프랑크 하우스_{Anne Frank Huis}가 있다. 나치 독일의 유태인 박해를 상징적으로 보여 주는 곳이다. 안네의 일가가 숨어 살던 곳인데 이젠 그녀와 가족을 기념하는 박물관이 되어 전 세계에서 수많은 사람들이 찾는다. 암스테르담을 찾는 사람들이 꼭 한 번 들르는 곳이기도 하다.

안네 프랑크 하우스 내부에는 좁은 계단, 계단 뒤편의 장롱 뒤에 숨겨진 비밀 장소 출입구 등 자유를 갈망하던 소녀의 피맺힌 외침이 여전히 그대로 남아 있는 듯하다. 1929년 독일에서 태어난 안네는 그녀가 네 살이 되던 1933년 유태인에 대한 박해가 시작되자 네덜란드로 이주하게 된다. 상대적으로 자유를 누리고 있던 네덜란드 거주 유태인들이었지만 제2차 세계대전이 발발하고 독일군이 네덜란드를 점령하면서 모든 희망은 사라지기 시작했다.

안네는 마침내 지금의 박물관에 있던 피난처에서 지냈지만, 종전을 불과 얼마 앞두지 않은 1944년 8월 4일 체포되어 아우슈비츠 수용소로 보내졌다. 어머니는 1945년 1월 6일 아우슈비츠에서, 안네와 언니 마르곳은 두 달 뒤 베르겐-벨센_{Bergen-Belsen} 수용소에서 굶주림과 병으로 세상을 떠났다. 아버지 오토_{Otto}만이 그 참혹한 학살에서 살아남았다. 그녀는 갔지만 그녀의 삶을 기록한 일기는 남아 전쟁이 끝난 뒤 아버지에게 전달됐다.

오늘도 수많은 사람들이 이곳을 찾아 그날의 참상을 기억하곤 한다. 프랑크 일가가 네덜란드로 온 이유는 명확하다. 이곳이 바로 자유와 개방의 나라이기 때문이다. 네덜란드에 사는 이들의 자유로운 정신이 안네 프랑크를 이곳에 오게 한 것이다.

역사적으로 네덜란드인들은 자유와 관용을 가장 중요한 미덕으로 여겨 왔던 것 같다. 이미 동인도회사를 중심으로 국제 표준을 가졌던 그들이었고 더군다나 자본주의 이해득실에 워낙 철저한 입장을 가졌던 그들이 아닌가. 글로벌 비즈니스의 대가들이었던 만큼 타 민족이나 타인에 대한 배려 없이는 장사할 수 없었을 것이고 그런 전통이 체화된 것 같다.

역사적 고비마다 많은 이민을 받아들인 과정도 그 연장선상에 있다. 네덜란드 남쪽 지역에서 온 이주자들을 독립전쟁 와중에서 받아들였고 이베리아 반도에서 도망친 유태인들도 받아들였으며 프랑스의 박해를 받던 위그노 교도들도 다 받아들였다. 그리고 안네 프랑크 일가가 네덜란드로 피난을 온 것도 그런 전통의 일부였다.

그러다 보니 네덜란드에선 외국인이나 외국 문화, 새로운 것에 대한 낯가림이 없다. 그야말로 고정관념을 가지지 않고 있는 듯하다. 이 작은 나라가 세계 7위의 외자 유치국이라는 사실도 그 바탕을 살펴보면 이와 같은 개방성과 관련이 있다. 물론 네덜란드의 외국인 직접투자 유치는 물류와 관련되어 있다. 하지만 스스로 세계의 물류 중심이 되겠다는 것 자체가 개방성과 관용, 자유를 전제로 하지 않고선 불가능하다.

네덜란드가 아예 유럽 통합을 계기로 자국이 유럽의 메인 포트가 되는 목표를 세운 것도 그와 같은 오랜 내공의 정신 때문일 것이다. 네덜란드에 대한 외국인 직접투자 비중은 유럽연합 국가가 54퍼센트, 미국이 25퍼센트를 차지하고 있다. 네덜란드의 자유정신이 결국은 철저한 개방형 경제를 건설하게 만들었고, 그 결과가 바로 오늘날의 네덜란드다.

9~10세기 바이킹은

고유한 문화를 가진 당대의 문명인이었으며,

유능한 상인이었으며, 강인한 전사였다.

스웨덴, 덴마크, 노르웨이.

이 북유럽 국가들은 유럽의 변방에서

혹독한 고난과 시련의 시절을 보내기는 했지만,

바이킹 선조로부터 물려받은 불굴의 투지와

개척정신을 바탕으로

오늘날 가장 천국에 가까운 나라를 만드는 데 성공하였다.

제 3 부

바이킹,
초일류 강소국으로
부활하다

스웨덴 | 덴마크 | 노르웨이

역사는 승자의 기록이라고들 한다. 싸움에서 밀려나자마자 죽거나 추방당하던 시절 패자가 한가롭게 역사를 기록하기란 쉽지 않았다. 그러기에 패자는 역사에서조차 승자의 입맛대로 조작되어 '대역죄인'으로 내몰린 경우가 적지 않았다.

바이킹viking 역시 늘 패자로 역사에 기록됐다. 시기적으로 9세기에서 10세기까지 유럽대륙을 풍미했던 스칸디나비아인들이 바로 바이킹이다. 그들은 자신의 고유한 문화를 차곡차곡 쌓아 올린 당대의 문명인이었다. 험한 파도를 헤치며 세상을 경영했던 유능한 상인들이었고, 때론 죽음을 불사한 전쟁도 마다않는 강인한 전사들이었다.

그러나 바이킹은 결코 유럽의 주류에 속하지 못했다. 본래 영역이던 스웨덴, 노르웨이, 덴마크[27] 등이 유럽의 가운데에선 북쪽 끝의 땅이었기 때문이다. 그들은 그저 신화 속에 등장하는 오크ork와 트롤troll의 땅에 사는 미개인으로 여겨졌다. 오늘날 바이킹이 해적의 대명사로 불리는 것처럼 약탈이나 해적질을 한 적도 있다. 하지만 역사에는 그 어두운 부분만이 본질인 것처럼 기록된 것 또한 사실이다.

그러나 햇빛이 비추면 어둠은 순식간에 사라지고 만다. 고고학자들의 연구를 통해 바이킹이 단순한 약탈자가 아니었다는 것이, 고도의 문명을 이루었다는 것이 속속 밝혀졌다. 영국에서 바이킹의 흔적을 광범위하게 찾을 수 있는 요크York의 '요빅바이킹센터Jorvic Viking Center'를 보면 몸으로 바이킹 문명의 수준을 느낄 수 있다. 노르웨이의 수도 오슬로 근교 비그도이Bygdøy에 있는 '바이킹 박물관_{Vikinghuset}'의 유물은 경외심마저 느끼게 할 정도이며, 보는 이들로 하여금 찬탄을 자아낸다.

바이킹들은 개척정신의 화신이기도 하다. 우리는 지금껏 콜럼버스_{Christopher Columbus, 1451~1506}가 1492년 신대륙을 발견했다고 배웠다. 그러나 이보다 거의 500년이나 앞선 1000년경에 이미 바이킹이 북아메리카 지역에 도착했으며 나중에 그곳에 거주하기도 했다는 주장도 있다. 13세기에 지어진 것으로 보이는 『에다_{Edda}』[28]의 북유럽 신화 부분에 나오는 내용이다.

이 신화에는 최초로 북아메리카에 들어간 바이킹의 이름이 레이프 에릭손_{Leif Eiriksson}이고 상륙날짜가 10월 9일이라는 상세한 이야기까지 나온다. 노르웨이에서 태어난 에릭손은 아이슬란드에서 거주하다가 지금의 북아메리카 지역을 탐험했다고 한다. 『에다』에서는 에릭손이 상륙한 곳엔 야생포도가 많아 '빈란드_{Vinland}'라고 불리는 곳이었다고 기록되어 있다. 에릭손 일행은 겨울을 북아메리카에서 보낸 뒤 그린란드로 돌아왔다. 빈란드가 지금 캐나다의 '노바스코샤_{Nova Scotia}'라는 사실은 여러 연구를 통해 밝혀졌다.

에릭손 이후 북아메리카 지역에 들어가 거주한 탐험대도 있었다. 카를세프니_{Thorfinn Karlsefni}라는 인물이 이 탐험대를 이끌었다. 남자 160명 외에 여성도 그 일부로 포함된 대규모 탐험대였다. 당시 임신 중이던 카를세프니의 부인 구드리드_{Gudrid}도 이 대열에 있었는데 1007년 신대륙에서 사내아이를 출산했다고 한다. 이것이 사실이라면 이 아이가 신대륙에서 태어난 첫 유럽인의 아이였던 셈이다.

이들은 원주민인 인디언들과 처음엔 매우 우호적인 관계를 가졌고 옷과 모피를 중심으로 물물교환도 했다. 그러나 접촉 기회가 늘어나면서 바이킹과 인디언 간의 갈등이 깊어졌고 전쟁으로 치닫고 말았다. 결국 바이킹들은 신대륙에서의 삶을 포기하고 정주 2년 만에 다시 그린란드로 되돌아갔다고 한다.

바이킹의 후예들은 각기 다른 곳에 흩어져 살며 서로 싸우기도 하고 한 나라를 이루기도 했다. 서로 지배하기도 하고 품어 주기도 했다. 그러나 다른 것은 몰라도 그들 모두는 선조인 바이킹의 전유물이라 할 불굴의 투지와 개척정신의 유전자만은 공유하고 있다. 영국에서 시작된 산업혁명의 막차에 간신히 승차했지만 단숨에 주류 국가들을 따라잡을 수 있던 것도 그 유전자의 발현 덕분이다.

스웨덴·노르웨이·덴마크의 바이킹 3국은 이제 유럽을 넘어 21세기 초일류국가로 세상을 앞서 나가고 있다. 세계에서 가장 험한 자연을 삶의 터전으로 삼았지만 역경을 기회로 바꾸는 기막힌 지혜를 가졌다. 그래서 그들은 변방의 불리함을 걷어 내고 세계 최고의 삶을 지향하는 모범이 됐다.

아주 오래된 바이킹 속담 중에 "북풍이 바이킹을 만든다."라는 말이 있다. 뼈까지 파고드는 북극의 칼바람에 맞서 자신의 운명을 개척하는 용감한 자만이 바이킹이 될 수 있다는 말이다. 혹독한 고통과 시련에 굴하지 않고 의연하게 맞서 싸워 온 역경을 통해 그들은 세상을 앞서 나가는 강소국의 지혜를 얻을 수 있었다. 그들을 세계 최고로 만든 '8할'은 북극의 칼바람이다.

스웨덴

북풍이 만든

세계 최고의 복지·환경 국가

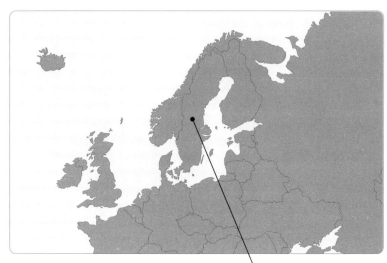

스웨덴Sweden

공 식 명 칭	스웨덴 왕국Kingdom of Sweden
정 치 체 제	입헌군주제
수 도	스톡홀름Stockholm
면 적	449,964km²
인 구	920만 명
언 어	스웨덴어
종 교	루터교(80%), 이슬람교 (5%), 천주교 및 기타
문 자 해 독 률	99%
평 균 기 대 수 명	80세
통 화	스웨덴 크로나Swedish krona, Skr
1인당 국민소득	$36,500
주 요 산 업	통신, 전자, 비행기, 제지, 컴퓨터, 바이오테크

조선과 스웨덴, 그 애틋한 만남

1926년 스웨덴의 왕위 계승 서열 1위였던 구스타프 황태자 부부가 일본을 방문했다. 구스타프 황태자는 후일 즉위해 구스타프 6세_{Gustav VI} _{Adolf, 1882~1973}가 됐다. 그는 고고학에 깊은 조예를 가진 학자이기도 했다. 일본은 고분 발굴이 한창이던 식민지 조선의 경주로 황태자 일행을 데려가 환심을 사려고 했다.

경주시 노서동에서는 조선총독부 소속 일본 고고학자 고이즈미 아키오_{小泉顯夫}가 129호 고분을 발굴 중이었다. 본래 두 개의 고분이 마치 표주박을 엎어 놓은 모양의 쌍무덤_{雙墳}이어서 북릉_{北陵}과 남릉_{南陵}으로 불렸다. 그런데 조선총독부는 경주역 기관차고 부지 매립을 한답시고 남릉을 다 허물어 그 흙을 가져다 쓰고 말았다. 반쪽만 남은 북릉은 지름 36.3미터, 높이는 10미터 이상이었을 것으로 추정된다.

구스타프 황태자는 마침 발굴 현장에서 신라 금관을 직접 수습하는 고고학자로서의 영광을 안았다. 금관은 5세기의 것으로 추정되고 있으며 높이 30.7센티미터, 지름 18.4센티미터, 드리개(수식) 길이 24.7센티미터로 정교한 장식으로 유명하다. 현재 보물 339호로 지정된 귀중한 문화유산이다.

조선총독부가 이 발굴지에 스웨덴의 한자식 표기 서전瑞典의 瑞 자와 출토 금관에 장착된 봉황鳳凰 장식의 鳳 자를 따 서봉총瑞鳳塚이란 이름을 붙인 것은 이미 잘 알려져 있다. 황태자의 환심을 사려는 일본의 이벤트 정치였다.

20세기 중반 스웨덴의 정신적 구심점이었던 구스타프 6세. 그는 황태자 시절 조선을 방문했고 이후 조선에 대한 남다른 애정을 보였다.

그러나 미래의 구스타프 6세는 일본의 작위적 환대 속에서 조선의 참모습을 봤던 듯하다. 그는 경주 교동에 있는 최 부자 사랑채에 머물렀는데 그 인상이 너무 대단했던 모양이다. 나중에 한국에 파견된 스웨덴 간호사들에게 최 부잣집 사진을 찍어 오라는 부탁을 하기도 했다고 한다.

찬란한 문화를 가졌지만 일본의 식민지로 전락한 조선의 모습을 보면서 구스타프 6세는 스웨덴의 과거를 떠올렸을지도 모른다. 북유럽의 당당한 제국이었을 때도 있었지만 영광보다 더 많은 상처를 안은 패배자이기도 했던 것이 스웨덴이었다.

그랬기에 그는 발굴 현장에서 만난 식민지 조선 청년을 눈여겨보았다. 그 청년은 21세의 열혈청년 석당 최남주石堂 崔南柱, 1905~1980였다. 나라를 빼앗겼지만 조국의 유적을 하나라도 더 품으려는 식민지 청년의 깊은 눈매에 감동받지 않을 사람이 있겠는가? 최남주는 나중에 한-스웨덴 친선협회를 최초로 만들었고, 구스타프 6세는 타계하기 두 해

전인 1971년 스웨덴 최고의 '바사Vasa 훈장'을 서울로 보내 최남주에게 수여했다. 구스타프 6세 사후 후계자로 등극했던 손자 칼 구스타브 16세Karl XVI Gustav는 1975년 할아버지의 유지를 받들어 최남주를 스톡홀름으로 초청했다. 식민지하에서 사라져 가던 신라의 문화를 마지막까지 지키려 한 조선의 양심을 잊지 않으려던 예우였다.

구스타프 6세의 연민은 6·25전쟁 발발로 한국이 어려움에 처하자 제일 먼저 도움의 손길을 내민 데서도 느낄 수 있다. 스웨덴은 유엔의 지원 요청을 받자 제일 먼저 부산에 적십자병원을 개설해 의료진을 파견했다. 특히 스웨덴이 개설한 부산의 적십자병원은 노르웨이가 전선에 설치했던 이동외과병원, 덴마크가 보낸 병원선 등 스칸디나비아 의료지원단의 중심에 서서 군과 민간인을 가리지 않고 도움이 필요한 모든 사람에게 진료를 베풀었다.

스웨덴은 전쟁이 끝난 뒤에도 의료지원을 계속했다. 적십자병원을 모태로 계속된 스웨덴, 노르웨이 그리고 덴마크의 지원은 지금 '국립의료원' 설립의 든든한 바탕이 됐다. 우리에게서 아주 먼 나라일 수도 있는 스웨덴은 생각보다 우리와 가까이 있고 그 인연도 깊다.

숲과 호수, 평원의 나라

뿌리는 같은 바이킹이지만 노르웨이와 스웨덴은 다르다. 자연의 차이가 결국은 사람의 차이, 문화의 차이 그리고 역사의 차이를 낳았다. 깎아지른 피오르드, 험준한 산하와 빙하로 뒤덮인 노르웨이와는 달리 스웨덴은 완만한 구릉과 평원, 그리고 호수로 연결되어 있어 공간구조가 완전히 다르다.

스웨덴 지도를 자세히 들여다보면 동서 방향으로 3개의 큰 호수가 가지런히 놓여 있고, 그 아래쪽으로는 서남쪽으로 비스듬하게 뻗은 긴 호수가 하나 더 있다. 대체로 호수 주변에 주요 도시가 자리 잡고 있다.

가장 서쪽에 있는 호수가 베네른Vänern이다. 유럽에서는 세 번째로, 스웨덴에서는 가장 크다. 가장 넓은 곳은 폭이 145킬로미터에 달한다. 넓은 만큼이나 깊이도 대단한데 가장 깊은 곳은 수심이 98미터나 된다고 한다. 거의 바다라고 해도 무방할 정도이다.

이곳의 중심 도시는 카를스타트Karlstad다. 이 도시의 상징은 '태양'이다. 어렸을 때 많이 그렸던, 동그란 웃는 얼굴에 이글거리는 표시가 있던 '해님'의 모습이다. 이 카를스타트는 실제로 어둠 속에서 빛을 비추는 중요한 역할을 했던 장소이다. 스웨덴에 복속되어 있던 노르웨이가 독립하는 과정에서, 분리협상 중에 전쟁 일보 직전까지 갔다가 카를스타트 회담에서 평화적으로 타결됐다. 양국에 모두 빛이 되었던 중대한 사건이었다.

베네른 호수를 지나 두 번째로 자리 잡은 호수가 헬마렌Hjälmaren이다. 이곳의 중심 도시는 외레브로Örebro이다. 한때 이 도시는 신발공업의 중심지였는데 이제는 그 명맥만 유지하고 있다. 다만 이 지역 근교에서 아연, 동, 철광석 생산이 많은데, 이들 지하자원이 개발되어 스톡홀름Stockholm이나 예테보리Göteborg로 운송된다.

헬마렌을 지나 세 번째 호수가 바로 멜라렌Mälaren이다. 이 호수의 서

베스테라스

멀라렌

카를스타트

외레브로   헬마렌

스톡홀름

베네른

베테른

이왼최핑

예테보리

스웨덴 남부 지역의 지도. 나란히 놓여 있는 베네른, 헬마렌, 멀라렌 호수와 약간 밑으로 쳐져있는 베테른 호수. 스웨덴의
주요 도시는 주로 이들 호수 주변에 위치한다.

쪽 중심 항구는 베스테라스_{Västerås}이고 동쪽 끝은 수도인 스톡홀름이
다. 양 도시 사이의 거리는 약 100킬로미터다. 베스테라스의 인구는
125,000명으로 스웨덴에서 여섯 번째 규모로 큰 도시다. 중세시대인

1120년에 이 지역이 교구 중심지로 기록될 정도로 유서가 깊다.

베스테라스는 산업화 시기 지하자원의 메카였다. 스웨덴에 워낙 사람이 부족하다보니 외국인 노동자들이 모여든 곳이기도 하다. 탄광이 거의 문을 닫은 이후에도 외국인들이 눌러 앉아 스웨덴에서 여전히 외국인 출신이 가장 많은 곳으로 손꼽힌다.

멜라렌 호수는 사실 스웨덴의 뿌리와도 같은 곳이다. 옛날에는 스베아란드Svealand라고 불렀고 원주민을 스베르Sver 족이라고 했다. 스웨덴어로 자국을 스베리게Sverige라고 표현하는데 '스웨덴'은 이 말의 영어식 표현이다.

스웨덴의 원주민들에 대해서는 이미 로마시대에도 그 기록이 남아 있다. 타키투스는 AD 90년경에 썼던 『역사Historiae』에서 바다 먼 곳의 섬에 수이오네스Suiones라는 민족이 살고 있다고 기록했는데, 특히 그들이 타고 다니는 뱃머리와 이물에 강한 특징이 있다고 했다. 선수와 선미에 같은 모양으로 치솟은 용머리 모양 등 바이킹 선박의 장식을 정확히 기록한 것이다.

그들은 서유럽뿐만 아니라 동로마제국의 수도인 콘스탄티노플까지 왕래하며 무역을 했던 당대 최고의 국제파였다. 그 후 흩어져 나라를 세웠는데 당시 스웨덴은 200여 년간 제국을 만들며 최고의 전성기를 보냈다. 지금의 스웨덴 영토를 다 확보한 데 이어 핀란드를 비롯한 동방 지역의 영토도 확보하는 등 북유럽 지역의 강력한 맹주가 됐다.

꽃이 피면 질 때가 있듯이 스웨덴은 곧 강력한 도전에 맞닥뜨렸다. 독일의 '한자동맹'이 13세기부터 강력한 집단을 형성해 정치·경제적으로 북유럽을 압박해 왔다. 그러자 같은 뿌리를 가진 덴마크·스웨덴·노르웨이 등 스칸디나비아 3국의 통합 움직임이 가시화됐다. 스웨덴과 노르웨이는 1319년에 동맹을 맺었다. 그 후에 덴마크까지 포함된 칼마르(Kalmar) 동맹이 만들어졌다.

큰 적을 피해 동맹을 만들었던 스웨덴은 덴마크의 부상과 함께 마치 속주(屬州)가 된 것처럼 덴마크에 무릎을 꿇고 말았다. 칼마르 동맹을 주도한 마르가레타 여왕의 덴마크 세력을 맞상대할 힘이 없었던 탓이다.

스웨덴은 절치부심하다 덴마크의 크리스티안 2세(Christian II, 재위 1513·1523) 때인 1520년 반란을 일으켰다. 이에 대한 덴마크의 보복은 곧 스웨덴 잔혹사였다. 덴마크는 1519년 교황청의 지지를 등에 업고 대규모 용병을 동원, 스톡홀름을 점령했다. 그러고는 단 이틀 만에 스웨덴 지도급에 있던 귀족 80명을 이단으로 몰아 처형했다. 이른바 '스톡홀름 대학살 사건'이었다. 덴마크는 스톡홀름을 넘어 핀란드 지역까지 용병을 보내 무차별 학살을 했다.

덴마크의 무력이 스웨덴을 제압한 것처럼 보였지만 이는 오히려 반란의 도화선이 됐다. 스웨덴의 모든 세력이 단결해 덴마크에 저항했고 1552년 구스타프 1세 바사(Gustav I Vasa 재위 1523~1560)는 마침내 독립을 선언했다. 칼마르 동맹이 해체되었고 바사 왕조가 시작됐다.

싸움에 이겨 기고만장한 스웨덴은 제국의 흉내를 냈다. 두 번에 걸친 덴마크와의 전쟁(1643~1645, 1657~1658)에서 승리를 거머쥐며 이번엔 덴마크, 노르웨이, 독일 북부, 발트제국에다 핀란드 일부까지 흡수하는 제국을 건설한 것이다.

그러나 그 기쁨도 잠시뿐이었다. 1700년부터 21년간 계속된 북방

전쟁에서 덴마크 · 러시아 · 폴란드 연합군에 패배해 대부분의 영토를 다시 빼앗겼다. 그 후 19세기 중반에서 1930년대까지 가난이 계속되면서 스웨덴 인구 가운데 150만 명이나 미국을 비롯한 북아메리카 지역으로 이민을 가는 대탈출이 벌어지기도 했다.

구스타프 황태자는 바로 이 시기에 조선을 방문했고 일본의 기고만장한 틈에서 조선을 엿보았던 것이다. 식민지 조선과 스웨덴의 현실이 같은 모습으로 떠올랐던 바로 그 시기였다.

스톡홀름, 스웨덴의 상징

스톡홀름은 멜라렌 호수가 발트 해와 만나는 곳에 있다. 유럽 대도시는 대체로 '링'이라고 부르는, 우리나라로 치면 외곽순환도로가 있다. 이 링을 따라 돌면 헤아릴 수 없는 다리가 있고 다리 근처엔 나들목이 있어 들고 나는 차들이 많다. 마치 서울을 연상시킬 정도로 복잡하다. 스톡홀름 지도를 펴 놓고 보면 '아하' 하고 고개가 끄덕여진다. 멜레렌 호수와 발트 해 사이에 있다 보니 수많은 섬이 마치 휘날리는 눈송이처럼 자리 잡았다.

스톡홀름은 섬 14개를 이리저리 연결해 만든 도시다. 그래서 다리가 많다. 마치 도시 전체가 물 위에 떠 있는 마법의 도시 같다. 하지만 이처럼 스톡홀름이 아름답게 보이는 것은 여름뿐이다. 지구온난화로 여름이면 스톡홀름도 연일 섭씨 30도를 웃돈다. 스톡홀름의 겨울은 다르다. 말할 수 없이 혹독하다. 오죽하면 위대한 철학가인 데

카르트_{René Descartes, 1596~1650}를 죽인 것이 스톡홀름의 겨울이라는 이야기가 있겠는가.

데카르트는 친구였던 스웨덴 주재 프랑스 대사 샤뉘_{Hector-Pierre Chanut}의 주선으로 스웨덴 여왕 크리스티나_{Kristina, 1626~1689}의 초청을 받고 스톡홀름에 왔다. 여왕은 어디선가 '아침형 인간이 성공한다.'라는 충고를 받았는지 데카르트를 닦달해 매일 새벽 5시에 왕궁으로 불러들였다. 오전 11시에 일어나 일생을 시계추처럼 살았던 데카르트에겐 바이오리듬이 완전히 파괴되는 일이었다. 게다가 북유럽의 칼바람이 그의 허파를 얼어붙게 했고 결국 폐렴을 안겨 주었다. 1650년 2월 11일 데카르트는 스톡홀름에서 외롭게 세상을 떠났다. 이처럼 스톡홀름은 여름의 낭만도 있지만 겨울의 혹독함이라는 야누스의 얼굴도 가지고 있다.

스톡홀름의 중심은 왕궁_{Kungliga Slottet}이다. 옛 시가지에서도 가장 중심 지역의 언덕에 있다. 견고한 스웨덴 스타일을 반영하듯 외부엔 별 장식 없이 보이는 'ㅁ'자 형의 건물이다. 그러나 외부와는 달리 내부는 대단히 화려하다. 외유내강外柔內剛의 스웨덴인 기질을 보여 주는 듯하다.

입구에 들어서면 마치 로마 병정들 같은 치장을 한 근위병들의 모습이 이채롭다. 한여름임에도 불구하고 허벅지까지 오는 긴 부츠에, 금속으로 만든 은빛 투구에, 긴 술의 장식까지 늘어뜨리고 있다.

그런데 근위병 근무자 가운데 상당수가 여성이다. 여군도 남자와 똑같이 경비 근무를 하고 근위병 교대식에도 참여한다. 왕실 근위대는 스웨덴어로 회그바크텐_{Högvakten}이라고 부르는데 육군 소속으로 16세기부터 그 전통이 계속되고 있다. 스웨덴의 남녀평등 정신은 근위병들의 모습에서부터 세계 제일이다.

여성이 금기시되어 온 왕실 근위대에서조차 여권신장의 모습이 이럴진대, 가히 스웨덴은 일하는 여성들의 천국이라고 할 만하다. 약 90퍼센트 이상의 스웨덴 여성들이 결혼 이후에도 직장 생활을 계속할 수 있도록 국가가 배려하고 있다. 아이가 돌이 지나면 육아에 대해서는 국가가 책임지는 시스템을 가지고 있다. 산후 1년 유급휴가가 있고, 아이가 학교에 들어가기 전까지는 75퍼센트의 근무시간만 채우면서 아이를 돌볼 수 있다.

그러니 여성의 지위는 스웨덴이 세계 최고라는 데 이의가 없다.[29] 권력의 핵이라 할 국회의원 가운데 40퍼센트 이상이 여성이다. 여성의 평균임금은 남성의 평균 임금의 90퍼센트 이상이라 실질적으로 거의 차이가 없다. 심지어 최고경영자도 여성의 수가 남성의 수와 거의 같다.

왕궁에는 모두 609개의 방이 있으며 동서 방향으로는 115미터, 남북 방향의 건물은 120미터로 그 위용을 자랑한다. 본래 왕궁은 멜라렌 호수에서 있을지 모를 공격에 대비하기 위한 요새였다. 그러다 왕실이 자주 사용하기 시작했고, 마침내 16세기에 르네상스 스타일의 왕궁으로 대폭 고쳐졌으며, 1697년 다시 화려한 바로크 스타일로 리모델링되었으나, 그해 일어난 대화재로 다 불타고 말았다. 다시 수리하고 대폭 개축하면서 지금의 모습을 갖춘 것은 1830년이었다.

스톡홀름 왕궁에 왕실의 공식 집무실이 있지만 왕가의 사람들은 주로 드로트닝홀름Drottningholm에 있는 왕궁 집무실을 사용한다. 드로트닝홀름은 파리 근교에 있는데 베르사유와 무척 닮았다. 그도 그럴 것이 지금의 스웨덴 왕실인 베르나도트 Bernadotte 가문이 프랑스 출신이기 때문이다.

1809년 러시아와의 전쟁에서 패한 뒤 스웨덴은 핀란드를 완전히 빼앗기고 말았다. 당시 왕이던 구스타프 아돌프 4세 Gustav IV Adolf 는 전례 없는 국민 분노의 표적이 되었고 결국 쿠데타가 발생해 그의 삼촌이 보위에 올랐다.

1810년 스웨덴 의회는 고민 끝에 당시 프랑스 나폴레옹 황제의 측근이며 총사령 관이던 베르나도트 Jean-Baptiste Bernadotte 를 황태자로 지명했다. 그는 충성스러운 나폴레옹의 신하였지만 자신의 역사적 과업에 더 충실할 줄 아는 인물이었다.

나폴레옹의 프랑스를 물리치고 오늘날 스웨덴의 기틀을 마련한 칼 요한 14세.

나중에 나폴레옹 군이 스웨덴 침략을 노골화하자 분연히 일어서서 스웨덴을 이끌었다. 프랑스가 1812년 스웨덴을 공격해 포메라니아에서 전선이 형성되었을 때 베르나도트는 스웨덴군 총사령관으로 프랑스군을 격퇴했다. 그는 또 1814년엔 노르웨이를 스웨덴 영토로 편입시키는 등 발군의 리더십도 발휘했다. 결국 스웨덴 국민의 전폭적 지지를 받으며 1818년 왕위에 올라 칼 요한 14세 Karl XIV Johan, 1763~1844 가 됐다. 베르나도트 왕가를 열었고 지금의 왕궁을 차지하고 있는 스웨덴 왕실의 선조가 됐다.

SOU - 정치·사회 갈등을 제로로 만드는 스웨덴 비법

왕궁에서 멀지 않은 곳에 스웨덴 의회인 릭스닥Riksdag 건물이 자리잡고 있다. 스웨덴의 민주주의는 화합과 타협이 생활화됐다. 릭스닥이란 명칭은 신성로마제국에서 의회 역할을 했던 라이히슈탁Reichstag에서 온 말이다. 과거 오스트리아-헝가리제국이나 1945년 이전의 독일 의회도 같은 명칭을 사용했었다.

릭스닥의 뿌리는 600년 가까이 된다. 1435년 아르보가Arboga에 모인 귀족들이 왕권 견제 문제를 논의한 게 릭스닥의 시작이다. 귀족들이 목소리를 높이자 1527년 당시 구스타프 1세Gustav I Vasa가 '4계급 신분회의'를 소집해 릭스닥의 골격을 갖추었다. 네 계급은 귀족·성직자·부르주아 계급·농민이다. 당시의 부르주아 계급에는 도시의 상공인, 변호사 등이 포함되었으며 농민 계급엔 자작농들이 주류였다.

이 신분회의는 1865년까지 유지되다가 근대 개혁의 일환으로 양원제가 도입되면서 폐지된다. 물론 이 양원제는 신분제 의회에서 좀 더 발전된 것이라고는 하나 1910년대에 들어서서야 현대적 의미의 의회역할을 할 수 있었다. 그리고 1970년에 단원제 개혁이 이루어졌다. 현재 의석은 모두 349석으로 총리 및 각료 선출권 등 의회내각제의 틀을 잘 갖추고 있는 정치 선진국이다.

릭스닥 선거는 3년마다 비례대표제로 실시되는데 일단 선거가 끝나고 의회가 구성되면서 각 정파들끼리 회담을 열어 내각구성을 위한 조율을 한다. 그 후 의장이 총리를 지명하는데 총리 내정자는 정부를 구성해 의회의 인준을 받도록 되어 있다.

특히 스웨덴 정치의 구조상 어떤 특정 정당도 유효득표의 50퍼센트를 얻는 경우가 거의 없어 연립정부 구성이 일상사가 되었다. 그러다 보니 주요 이슈에 대한 합종연횡이 상례화되고 대화와 타협을 통한 의제 설정·집행이 톱니바퀴 물려 돌아가듯 순조롭다.

릭스닥은 특히 갈등과 타협의 해결사로 불리는 비장의 무기가 있다. '국가조사위원회'라고 번역할 수 있는 SOU_{Statens Offentliga Utredningar} 제도 덕택이다. 오랫동안 갈등과 분쟁을 해 왔던 스웨덴의 역사가 찾아낸 기막힌 비법이다. 어느 정당이 법안을 제출하더라도 반드시 조사위원회를 가동해 법안의 찬반에서 파급효과, 그리고 미래에 이르기까지 모든 조사를 도맡아 하는 기관이다. 전문가도 포함되고 당연히 일반 국민들의 의사도 충분히 반영한다.

특히 SOU 활동 중에는 스웨덴어로 레미스_{remiss}라 불리는 의견청취 과정이 있다. 특정 법안에 대해 국민들의 소리를 일일이 들어 위원회에 보고한다. 따라서 SOU가 보고서를 내면 의회에서도 거의 대부분 수용하는 것이 전통이다. 국민적 합의가 보고서에 상세히 담겨 있기 때문이다.

그래서 스웨덴에서는 "SOU를 통하면 누구나 받아들인다."는 것이 관행이 됐다. 1년에 만들어지는 SOU만 100여 개 내외라고 한다. 릭스닥 의원들도 거의 대부분 SOU의 조사 결과를 신뢰하고 자신이 채 발견하지 못한 문제점을 이해할 수도 있다. 따라서 정파의 이해관계에 따라 의정활동을 할 수 있는 여지가 거의 없으니 릭스닥 자체가 오로지 국민의 의사와 국익을 위해 움직인다. 릭스닥 도서관에는 SOU 역대 조사보고서가 잘 보관되어 있고 열람도 할 수 있다. 릭스닥 도서관이 '스웨덴 갈등 해결의 보물창고'라 불리는 까닭이다.

세계 최고의 사회복지, 성장의 견인차

스웨덴이 사회복지의 대명사로 세상에 존재를 알려 왔던 것도 화합과 타협의 산물이다. 세계 최고의 사회복지라는 명성은 당연히 높은 세금을 수반한다는 점에서 많은 대가를 지불해야 했으나 '요람에서 무덤까지' 수준 높은 원스톱 서비스를 국민들에게 제공해 왔다.

물론 고율의 세금에다 1970년대 이후 경기침체가 겹치면서 '스웨덴 사회복지 모델의 좌절'이 거론된 적도 있었다. 그러나 스웨덴 모델은 교육을 통한 양질의 인적 자원 구축에 결정적인 계기가 됐다. 산업사회에서 지식 가치를 중시하는 정보화사회로 진입하면서 인재 양성이 국가경쟁력을 좌우하게 되었다. 특히 사회복지를 통한 국가경쟁력 제고라는 선순환을 성공적으로 이룩했다고 할 수 있다.

한국의 산업정책연구원IPS과 국제경쟁력연구원이 2008년 10월 발표한 「2008 IPS 국가경쟁력연구보고서」에서 스웨덴은 전체 분석 대상 국가 65개국 가운데 5위다. 한국은 22위로 2001년 이후 22위에서 25위 사이에 머물러 있다.

스웨덴의 사회복지 정책은 1932년 사회민주당이 집권 연정을 주도하면서 기반을 마련했다고 할 수 있다. 제2차 세계대전을 겪었지만 사민당은 1976년까지 44년간 연정을 주도하며 스웨덴 복지 모델을 확립했다.

사회복지의 원리는 '경제성장을 통한 분배 정책'이다. 세제를 통해 소득을 재분배하며 고용 수준을 최고도로 유지한다. 또 사회보장제도를 지속적으로 개선해 사회 발전을 이룩한다. 높은 세금 부담이 기업과 근로자의 생산 의욕을 저하시키지 않고 오히려 성장의 바탕이 될 수 있는 여건을 지속적으로 구축하는 데 그 초점이 맞춰져 있다.

스웨덴은 사실 유럽에서도 변방에 있던 지정학적 위치로 인해 산업혁명도 다른 국가에 비해 한참 늦은 19세기 말에서야 시작할 수 있었다. 그러나 철강과 목재 등 부존자원이 많아 그 속도를 금방 따라잡았다. 또한 산업화 시기 평균 2~3퍼센트라는 고도성장을 지속할 수 있었다. 국민 모두가 혜택을 받는 연금제도를 1913년에 벌써 도입한 것도 경제성장의 결과였다. 물론 두 번의 세계대전이라는 세기적 사건에 밀려 연금제도 등의 복지제도는 전후에 본격적으로 추진됐다.

집권 사민당의 사회복지 정책은 경제부흥 기조와 밀접한 관련이 있었다. 산업 기반이 확충되지 않은 시기의 경제회복은 당연히 정부의 지출 증대로 고용을 창출한다는 케인즈 방식의 정책 접근이었다. 지출 증대가 상당 부분 사회복지와 연관됐다. 정부가 사회복지에 대한 투자를 확대해 교육 및 의료 서비스 수준을 향상하고 노인이나 실업자 등에게도 기본연금을 지급하면, 국민의 전반적인 소비를 자극하고 결국 활발한 소비는 경제성장으로 이루어진다는 것이다.

주택 건설에 국가(국민주택위원회)가 직접 나섰고 완전고용을 추진하는 기관(노동시장위원회)도 설립되었다. 국민들이 모두 가입 대상인 국민의료보험제도가 1955년 마련되었고 9년제 의무교육제도도 도입되어 교육 수준을 급속히 높여갔다. 노사문제도 일종의 노사정협의회가 만들어져 중요 안건을 결정했고 모든 기업이 이 지침을 준수함으로써 기업 근로자의 복지도 대폭 향상됐다.

스웨덴의 복지 정책은 1970년대 이래 세계 경기의 침체와 우파의 집권으로 조정기를 거쳤지만 그 기조는 항상 '성장을 통한 분배'였다. 분배에 중점을 두기 위해서 더욱더 시장 원리 중심의 성장을 그 전제 조건으로 강조해 왔다. 이를 위해 스웨덴 정부는 대외개방을 지속적으로 추진해 왔다. 기업의 자유로운 활동을 돕기 위해 법인세를 낮추고 자유롭게 독점기업을 용인하는, 그래서 '자본의 천국'이란 말까지 나올 정도로 성장을 중시했던 것이다. 특히 1990년대 이후 금융·통신 부문을 자유화하고 항공기·철도·미디어 부문에서도 친시장 정책을 추진해 왔다.

유럽연합EU 통계기관인 유로스타트Eurostat의 조사에 따르면 2006년 6월 현재 각 국가별 조세부담률(국민총생산 대비 총 세금 비율)은 스웨덴의 경우 50.5퍼센트로 EU에서 가장 높다. 개인소득세 최고 세율 역시 56.6퍼센트에 이른다. 그러나 법인세 최고 세율은 28퍼센트로 유럽 국가 가운데 가장 낮은 수준에 속하는데 성장을 통한 분배라는 원칙에 따른 것이다. 과도한 세금 부담과 인건비 상승 등으로 기업들이 생산기지를 해외로 옮기는 현상을 막아 보려는 정책적 시도이다.

2008년 들어 스웨덴 정부가 추진한 정책은 부동산세와 부유세 폐지다. 기준 시가의 1퍼센트나 되는 부동산세를 폐지하고 4,500크로네(약 58만 원)의 지방세로 대신한다. 또 순자산 150만 크로네(약 2억 원) 이상의 자산에 물리는 부유세도 순차적으로 폐지키로 했다. 부유세 유지에 따른 세수의 증가보다 이를 피하기 위해 유출되는 국부가 몇 십 배나 더 많다는 통계도 있었기 때문이다.

스웨덴은 복지의 큰 틀은 유지하면서도 '일하는 것보다 실업수당이나 받는 것이 더 편하다.'는 복지의 '무임승차자'를 가려내는 복지병 치유에도 상당한 성과를 거둬 왔다. 최종 월급의 80퍼센트를 실업수당으로 지급해 왔던 관련 법규도 고쳐 실업일로부터 100일까지는 70퍼센트, 다시 200일까지는 65퍼센트로 낮췄다. 그간 실업수당을 지급해 온 결과 일을 하지 않는 사람이 전체 경제활동 인구의 21퍼센트나 되는 잘못된 관행을 바로 잡으려는 노력의 일환이다.

국가의 개입이 필요한 사회복지는 더욱 확충하고 있다. 예컨대 20세 이하의 치아 치료 비용을 전액 국가가 부담할 수 있도록 새로운 재원을 마련했다. 장애인에 대한 복지 역시 마찬가지다. 아예 스웨덴에서는 신체장애자라는 개념도 공식적으로 쓰지 않는다. 사회적으로 적응하기 힘든 신체적 장애뿐만 아니라 알코올중독이나 약물중독, 또는 이민자로 언어장애를 가지고 있는 사람들까지 포괄해 '고용 곤란자'라는 개념을 쓰고 있다. 취업하거나 직장을 유지하는 것이 일반인보다 힘들 경우 모두 고용이 곤란하기 때문에 생긴 개념이다. 이는 모두 사회적 약자에 대한 보호 정책을 일관적으로 유지하려는 스웨덴 국민의 합의이기도 하다.

차세대 성장 동력, 웁살라 · 스톡홀름 바이오리전

스톡홀름에서 64킬로미터 북쪽에 고도古都 웁살라Uppsala 가 있다. 스베르족이 남부 지역의 또 다른 바이킹이었던 예타족을 정복해서 부족 국가를 세웠던 곳이다. 9세기 초 기독교를 받아들였던 곳이기도 해 지금도 종교 중심지로서 전통이 남아 있다. 이곳을 감라 웁살라Gamla Uppsala라는 표현을 쓰기도 하는데 '고古 웁살라'란 뜻이다.

이 감라 웁살라에서 수 킬로미터 떨어진 지점에 있는 퓌리스 강 근처에 새로 도시를 세웠는데 이곳이 지금의 웁살라다. 13세기경에는 신新 웁살라가 왕실의 거주지이자 주요 상업 중심지가 됐다. 웁살라대학Uppsala Universitet은 1477년에 설립된 스칸디나비아 반도에서 가장 오래된 대학이다. 국왕의 지원이 계속되면서 지금은 세계적 명문 대학으로 발돋움했다.

웁살라는 스웨덴의 역사와 전통을, 수도인 스톡홀름은 스웨덴의 미래를 상징한다는 점에서 웁살라-스톡홀름을 연결하는 벨트는 스웨덴의 꿈과 민족의 정기가 가장 살아 번뜩이는 곳이다. 특히 21세기에 접어들면서 웁살라-스톡홀름은 스웨덴의 새로운 성장 동력의 엔진이 되고 있다. 바로 웁살라-스톡홀름 생명공학 지대 즉, 바이오리전 Bioregion이다.

스웨덴 정부기구인 혁신시스템기구Vinnova[30]보고서에 따르면 스웨덴 생명공학 종사자들의 60퍼센트가 웁살라-스톡홀름 바이오리전에서 근무하고 있다. 웁살라에서 E4 고속도로를 따라 스톡홀름까지 오는 데 40~50분이면 충분하다. 게다가 두 도시 중간에 아를란다Arlanda 국제공항까지 있어 천혜의 첨단기지로 손색이 없다. 그러다 보니 이 지역에 모여 있는 순수 생명공학 회사는 약 550여 개, 이 외에도 200여 개의 생명공학 관련 회사들이 곳곳에 있다.

이곳의 고용 인원만 해도 24,000명을 넘어서고 있다. 기술영역으로 보면 단백질 및 분자 관련 분야가 20퍼센트로 가장 많다. 그 외에 세포·조직 배양 분야(19퍼센트), DNA(15퍼센트), 공정 분야(10퍼센트), 기타 기기·소자 분야(10퍼센트) 등의 순이다. 이 지역 외에도 남부 지역의 예테보리, 그리고 말뫼-룬드Malmo-Lund 지역에도 생명공학 지대가 형성되어 덴마크의 코펜하겐과 연대하고 있다.

스웨덴 생명공학의 수준에 대해 스웨덴 측은 세계 최고 수준이라고 자랑한다. 카이 하메리크 스웨덴 투자청장이 한국을 방문했을 때 "생명공학기술 분야에 대해서는 한국이 스웨덴에 비해 15년 정도는 뒤져 있다고 본다."라고 말한 적이 있다. 당시는 황우석 교수가 세계적 성공을 거듭하며 전 세계의 이목이 집중되고 있던 때였다. 스웨덴이 생명공학 산업에서 세계 최고 수준의 기술력을 갖고 있다고 공언한 것도 이때였다.

웁살라-스톡홀름 생명공학 벨트는 실제로 그의 자신감을 뒷받침한다. 바이오리전은 구조적으로 연구에서 생산 및 상업화에 이르기까지 일관 공정을 가지고 있어 경쟁력이 매우 높다. 단순히 연구로 끝나는 것이 아니라 연구·생산·판매 등 전 공정이 톱니바퀴처럼 물려 돌아간다.

스웨덴은 생명공학 발전을 위한 시스템이 확립되어 있다. 성급한 상업성이 개입되어 연구를 소홀히 하지도 않는다. 생명공학 분야의 세계적 학술 저널에 발표되는 스웨덴의 논문은 인구 규모 대비 세계 2위이다. 연구의 중심에 서 있는 곳은 스웨덴 농과대학, 웁살라대학이다. 또한 카롤린스카Karolinska 연구소, 왕립 기술연구소, 그리고 스톡홀름대학도 물론 핵심 그룹이다.

성공의 인큐베이터, 스웨덴의 교육

스톡홀름에서 가장 유명한 곳은 감라스탄Gamla Stan으로 불리는 '올드 타운'이다. 왕궁에서 발품을 조금만 팔면 닿을 수 있다. 이곳으로 접어들면 마치 타임머신을 타고 옛날로 돌아간 듯 착각에 빠진다. 좁은 골목길마다 기념품 가게에서 비싼 명품 가게까지 즐비하다. 지금의 감라스탄은 이미 17세기에 그 뼈대를 갖췄다고 한다. 그러다 19세기에 스톡홀름에 사람들이 모여 들면서 건물이 속속 더해지고 스톡홀름 제일의 번화가가 되었다.

감라스탄 가운데에 스톡홀름 시 청사가 있다. 스웨덴의 유명 건축가 외스트베리Ragnar Östberg의 설계로 1923년에 완공됐다. 종루가 인상적인 이 건물이 유명해진 것은 매년 노벨상 수상자를 위한 만찬이 이곳의 '블루 홀Blå Hallen'에서 열리기 때문이다. 약 1,300명이 참여하는 이 파티는 세계적인 영향력을 가진 노벨상이 스웨덴의 것이며 노벨이 바로 스웨덴 사람임을 전 세계에 표방하는 자리이기도 하다. 노벨상의 현장을 보러 오는 관광객들로 시청 주변은 늘 북적인다.

노벨은 스웨덴의 산물이면서 스웨덴 교육의 자랑이기도 하다. 그런 점에서 가장 평가받아야 마땅한 것이 스웨덴의 교육제도일 것이다. 유럽에서 가장 탄탄한 교육제도와 성취도를 가진 나라가 독일인데 이젠 독일이 스웨덴 교육을 도입하기 위해 자주 찾는다고 한다.

스웨덴은 가장 빨리 의무교육을 도입한 나라 가운데 하나다. 1842년에 도입했으니 벌써 150년의 역사를 켜켜이 쌓아 올린 셈이다. 스웨덴 교육의 뿌리는 초등학교grundskola다. 이름은 초등학교이지만 한국

노벨상 수상자를 위한 만찬이 열리는 스톡홀름 시 청사. 노벨상을 만든 자랑스러운 스웨덴인 노벨은 스웨덴 교육의 자랑이기도 하다.

의 초등학교와 중학교를 합친 9년의 교육과정으로 의무교육이다.

초등학교에서는 처음에는 전 과목을 모든 학생이 같이 공부한 뒤 초등학교 7학년부터 학생들의 학업 능력과 성취도를 고려해 수업이 다양해진다. 마지막 학년에 가면 모든 학생이 9개의 과정으로 나뉜다. 스웨덴에서 공교육은 모두 무료이며 따라서 대학의 학비도 없다. 특히 학생의 생활비까지 국가에서 보조하는 제도를 만들어 놓아 그야말로 본인의 적성만 맞으면 공부에 전념할 수 있다.

스웨덴 교육에서 눈여겨볼 대목 중의 하나는 그 흔한 영재학교가 없다는 사실이다. 우리나라는 과학고에 외국어고등학교, 거기에 국제중학교까지 만들어 대중교육을 머쓱하게 만드는데, 스웨덴은 대중교육만으로 세계 최고 수준의 인재를 키워 내고 있다.

물론 스웨덴에서 영재교육 자체가 없다는 뜻은 아니다. 영재교육이 학교라는 대단위가 아니라 개별적 방식으로 이루어지고 있다. 예컨대 특정 과목에서 빼어난 소질을 보이면 초등학생이라도 인근 대학에서 강의를 듣게 한다. 반대로 성적이 평균에서 떨어지는 경우엔 개별 보충지도가 이루어진다. 잘하면 잘하는 대로 앞서 나가게 하고, 못하면 못하는 대로 끌어올려 주는 가장 민주적인 방식의 교육이 이루어진다.

스웨덴 학제의 우수성은 맞벌이 부부를 위한 탁아제도에서도 볼 수 있다. 유치원 탁아교육부터 국가가 개입해 도와준다. 부모가 자신의 거주지에 있는 당국에 요청을 하기만 하면 당국은 어린이의 적성과 환경 등을 종합적으로 고려해 탁아 서비스를 제공토록 되어 있다. 전체 탁아 비용의 9퍼센트 정도는 자비 부담이지만 나머지는 모두 국가와 지역사회 부담이다. 아무리 많아도 월 840크로나(약 114,000원)를 넘지 않으며 둘째 아이부터는 420크로나(약 57,000원)를 넘지 않도록 되어 있다.

이와 함께 학생들의 적성을 계발하고 정서를 함양하는 다양한 문화학교도 역시 국가의 지원을 받아 활성화되어 있는데, 정규학교에서 놓칠 수 있는 재능까지 계발하는 기능을 맡는다. 이 역시 대부분 국가나 지역사회가 비용을 부담하며 부모들은 기본적인 실비 정도만 지불토록 되어 있다.

교육기관의 모든 정보를 공개하는 것도 스웨덴 교육의 경쟁력을 높이는 비결이다. 학업성적을 비롯해 학부모의 수준이나 학생구성비율, 교사에 관한 모든 정보까지 사생활을 침해하지 않는 범위의 모든 정보가 포함된다. 이는 부모의 학교 선택에 영향을 미치는 데다 좋은 학교를 만들어 가겠다는 구성원 간의 선의의 경쟁을 유도한다. 잘못된 점이 지적되면 해당 학교는 반드시 6개월 안에 고치도록 해 놓았다.

스웨덴 교사들도 열린 태도를 가지고 있다. 교사들에 대한 평가나 정보공개가 결국은 자신들의 자질 향상에 도움이 된다는 입장이다. 그래야 학생이나 학부모 그리고 지역사회로부터 완벽한 피드백을 받을 수 있다는 것이다. 교사나 학부모의 입장이 이처럼 앞서 나가고 있어 스웨덴 교육은 늘 새롭게 발전하고 있으며 또 세계로부터 주목받고 있다.

최초의 그리고 최고의 환경 국가

바야흐로 환경의 시대다. 미국 부통령을 역임했던 앨 고어Al Gore는 환경문제를 다룬 장편 다큐멘터리 〈불편한 진실An Inconvenient Truth〉로 2007년에 장편영화와 주제가 등 두 부문에서 아카데미상을 받았다. 그는 또 '유엔 정부 간 기후변화위원회IPCC'와 공동으로 노벨평화상을 수상하기도 했다. 심각해지고 있는 지구환경 보존에 대한 경각심을 울려야 마땅하다는 것이 이젠 전 세계인의 공감대가 됐다는 의미이다.

IPCC는 2007년 제4차 보고서를 통해 "지구온난화를 일으키는 온실가스가 산업혁명 이후 도시화, 산업화, 산림 벌채 등으로 인해 급속히 증가하여 평상적인 온실효과를 초과함으로써 지구가 온난화됐다."

라고 밝혔다. 과학적인 근거 제시를 통해 인류에게 책임이 있음을 분명히 한 것이다. 온실가스로는 이산화탄소, 메탄, 아산화질소, 수소불화탄소, 과불화탄소, 육불화황 등이 있다.

스웨덴은 환경문제에 관한 한 가장 먼저 눈을 뜬 나라이기도 하다. 화석연료 사용으로 배출된 이산화탄소가 온실효과를 일으킨다는 가설도 스웨덴에서 가장 먼저 나왔다. 1903년 노벨화학상을 받은 바 있는 화학자 아레니우스Svante August Arrhenius, 1859~1927는 1896년 발표한 논문에 이런 내용을 담았고, 100여 년이 지난 뒤 그의 가설 대부분은 과학적으로도 증명이 됐다. 다만 아레니우스는 온난화가 이루어지면 사시사철 얼어붙은 시베리아 지역에서도 농사를 지을 수 있을 것이라는 낙관론도 가지고 있었다.

국제사회에서 환경문제를 최초로 이슈화한 나라도 바로 스웨덴이다. 스웨덴은 1968년 5월 국제연합 경제사회이사회에서 나날이 심각해져 가는 환경문제 논의를 제안했고 그해 국제연합 총회에서 환경문제회의 개최를 결정했다. 거의 대부분의 국가에서 경제발전에 매달려 환경에 대한 심각성조차 깨닫지 못하던 시절이었다.

마침내 1972년 6월 제안국 스웨덴의 스톡홀름에서 "하나뿐인 지구"를 슬로건으로 한 '유엔인간환경회의'가 최초로 열렸다. 전 세계에서 113개국이 참가해 열린 세계 최초의 환경회의였으며 지구환경문제가 국제 이슈가 되었던 선구적 회의였다. 이 회의에서 나온 '인간환경선언'은 최초의 국제 환경선언문이다. 이 회의 개최일인 6월 5일을 기려 전 세계가 이 날을 '세계 환경의 날'로 기념하고 있다.

그로부터 16년 뒤인 1987년에 열린 세계환경개발위원회WCED에서는

'지속가능한 발전sustainable development'이라는 개념이 채택되었다. 현 세대의 개발 욕구를 충족시키면서도 미래 세대의 개발 능력을 저해하지 않는 '환경친화적 개발'을 의미한다. 이 선언은 '스톡홀름 선언'을 잇는 것으로 거의 대부분의 국가에서 정책 지침으로 일반화되었다.

스웨덴은 이미 국가의 정책이 오래 전부터 '지속가능한 발전' 전략에 입각해 추진되어 왔다. 스톡홀름 시내에서는 낚싯바늘만 드리워도 연어가 잡히고, 이 연어는 그대로 먹을 수 있다고 한다. 이런 환경이야말로 친환경 스웨덴의 상징이다.

스웨덴의 이와 같은 환경에 대한 관심은 환경 보존과 지속가능한 발전을 놓고 역사적으로 여러 차례 시행착오를 겪어온 탓이기도 했다. 그 하나가 19세기에 스톡홀름과 스웨덴 남부에 있는 제2의 도시 예테보리를 운하로 연결하는 대역사였다. 스톡홀름이 있는 베네른 호수와 그 아래에 있는 베테른Vättern 호수를 연결하는 물길을 열고 다시 외타엘브Götaälv 강, 트롤헤테Trollhätte 운하를 통해 예테보리와 잇는 대역사였다. 이것이 곧 외타Göta 운하이다.

운하 공사는 1810년 4월 11일 시작되어 22년 만인 1832년 9월 26일 마무리됐다. 물론 스웨덴인들은 배를 능숙하게 다뤘던 사람들인지라 이미 1435년에 이 물길을 뚫으려 시도했었다는 기록도 남아 있다고 한다.

덴마크의 세계적인 동화작가 안데르센도 이 운하의 준공 소식을 듣고 꽤나 궁금해 했다고 한다. 그래서 1837년 스웨덴을 방문해 운하를 둘러보았다고 한다. 물론 그는 스웨덴의 저명한 여류소설가이자 페미니스트 작가였던 브레메르Fredrika Bremer, 1801~1865를 만나는 다른 목적이 있긴 했지만 당시 외타 운하가 유럽인들 사이에 꽤나 충격적이었음을 잘 보여 주는 대목이다.

외타 운하는 그러나 환경 훼손이라는 측면에서도 그랬지만 상업적으로도 완전히 실패한 프로젝트였다. 엄청난 돈을 들여 운하를 건설하던 시기에 철도가 비약적으로 발전했고 또 건설됐다. 철도와 운하의 화물운송 속도는 비교할 수 없을 정도였다. 철도로 불과 몇 시간만에 갈 수 있는 거리를 운하에서는 며칠이 걸렸다. 외타 운하는 시대의 흐름을 잘못 계산한 매우 이상주의적 접근으로 이루어진 국가 중대사였다. 준공식 날 스웨덴인은 무한한 자부심을 느꼈을 테지만 준공과 함께 외타 운하는 버려진 듯 거의 활용되지 않았다.

다만 운하 완공 후 150년쯤 된 1970년대부터 관광이 활성화되면서 외타 운하에서 크루즈 선박이 관광객을 싣고 운항할 수 있었다. 엄청난 국가자원을 들였음에도 오랫동안 버려뒀다가 기껏 5박 6일 간의 크루즈 관광 상품으로 전락했다는 것은, 개발만이 능사가 아니라는 큰 교훈을 깨닫게 해 준 사건이었다.

환경친화적이며 지속가능한 발전 전략은 원자력발전 분야에서도 일찍부터 새 길을 모색하게 만든 원동력이었다. 스웨덴은 전체 발전량의 49퍼센트 가량을 원자력발전에서 얻고 있다. 스웨덴 국민들은 2006년 원전도시 포스마크Forsmark에 설치된 원전 1기의 냉각 시스템이 20분간 작동되지 않는 아찔한 사고를 겪기도 했지만 원자력에 대한 국민의 신뢰는 그 이전이나 그 이후에도 여전했다.

그러나 스웨덴 정부는 이미 오래전부터 원자력 이용을 줄이고 대체에너지 개발에 더욱 집중하는 방향으로 국가정책을 변화시켜 왔다.

1980년에 원자력 의존도를 줄이는 대신 풍력이나 연료용 버드나무를 통한 바이오매스biomass 에너지로의 구조 개혁에 착수한 바 있다.

바이오매스는 식물이나 미생물 등 에너지원으로 이용되는 생물체를 열분해하거나 발효시켜 메탄·에탄올·수소와 같은 연료를 얻는 방법이다. 바이오 에탄올, 바이오 디젤로 대표되는 연료는 안정성·환경친화성·경제성 등이 입증되면서 전 세계로 확산되고 있다.

스웨덴은 현재 전체 에너지 소비량의 20퍼센트를 바이오매스에서 충당하고 있다. 2020년경 화석연료로부터 완전 독립한다는 목표를 세운 것도 바이오매스 연구·개발 및 상용화에 집중하려는 의도이다. 스웨덴 바이오매스의 중심은 버드나무와 같은 연료림과 갈대다.

스웨덴의 '지속가능한 발전'의 신념은 정책뿐만 아니라 실천적 교육으로도 완벽히 연결돼 있다. 그 대표적인 것이 예테보리에 있는 유니버세움univeseum 이다. 일반적으로 대학을 뜻하는 유니버시티university 와 박물관을 의미하는 무제움museum 의 합성어이다. 유니버세움은 '스웨덴과학발견센터'로 통칭되고 있다.

본래 이 프로젝트의 기본 정신은 어린이와 청소년들이 "지속가능한 사회에 대해 체험하고 배울 수 있게 하자."는 것이다. 유니버세움은 이런 사회를 만들기 위한 전문 체험교육장으로서 중심 빌딩은 면적만 1만 제곱미터다.

이를 위해 스웨덴 정부는 유니버세움 건축에서부터 '지속가능한 사회' 개념을 도입했다. 스웨덴의 저명한 건축가 게르트 윙가르드Gert Wingårdh가 설계한 이 건물은 나무, 유리, 콘크리트로 만들어졌으나 쉽게 허물 수 있고 모든 재료가 재활용될 수 있다. 건물 자체가 '지속가능한 개발'을 상정하고 있는 것이다. 당연히 이 센터에서 진행되는 프로그램도 모두 이 주제에 초점이 맞춰져 있어서 학생들과 선생님들은 이곳에서 장기 과제로 특정 주제를 연구할 수도 있도록 되어 있다.

이를 위해 각급 학교의 학생들과 선생님, 그리고 과학발견센터의 전문가들은 수시로 협의를 진행하는데 기본적으로 연구 주제와 방법론은 학교가 주관한다. 과학발견센터는 이 과정에서 학생들이나 선생님의 연구를 심층화하기 위해 이들에 대한 교육이나 재료 및 기술을 지원하는 시스템이다. 연구계획이 세워지면 특정 주제에 대한 모델을 개발하는데 이 과정에서 학교와 과학발견센터가 긴밀히 협조한다.

센터는 6개의 섹션으로 나뉘어 있으며 각각 워크숍 및 실험이 가능하도록 되어 있다. 인체 · 원자 · 우주 등의 주제로 구성된 '칼레이도 Kalejdo', 커뮤니케이션과 로봇을 주제로 한 '엑스플로라 Explora', 스웨덴 내의 파충류나 양서류를 연구하는 '물의 길 Vattnets väg', 수중 생물을 주제로 한 '아쿠아리움 Akvariehallen', 열대 생물의 생태를 주제로 한 '열대 우림 Regnskogen', 그리고 마지막으로 이 센터에서 진행된 작품을 살펴볼 수 있는 '전시관 Galleriet'으로 구성되어 있다.

유니버세움은 '지속가능한 사회'를 위해 교육이 어떤 식으로 진행돼야 하는지를 한눈에 보여 준다. 과학 · 기술 · 환경을 단지 책상 위에서 시험을 치르기 위해 눈으로만 보고 외우는 것이 아니라 직접 체험하고 연구하며 생활화하도록 되어 있다. 스웨덴의 환경의식이 세계에서 제일 앞서 나가고 있다는 사실은 이곳에서도 확인할 수 있다.

선택과 집중, 스웨덴의 신화

예테보리는 스톡홀름에 이어 스웨덴 제2의 도시로 번영의 꽃을 피우고 있다. 예테보리를 본사로 한 가장 유명한 기업은 볼보Volvo다. 그리고 볼보는 스웨덴의 상징이다. 스웨덴은 자연환경의 측면에서 자동차를 유지하기가 가장 힘든 곳 중의 하나다. 겨울이 긴 데다 산악 지형이 많아 도로가 험준하고 특히 20세기 초만 해도 도로 포장률이 얼마 되지 않아 튼튼한 차가 필요한 곳이었다.

여기에 관심을 두었던 사람이 가브리엘슨Assar Gabrielsson과 볼베어링 회사 SFK의 엔지니어였던 라르손Gustaf Larson이었다. 이들은 시중에 나와 있는 여러 자동차 부품을 조립해 차 한 대를 만들었다. 그리고 라르손이 근무하던 회사 SFK의 지원을 받아 1927년에 설립한 회사가 바로 볼보다.

볼보는 20세기 내내 스웨덴의 자존심이었으며 예테보리의 핵심이었다. 그런데 1999년 볼보는 회사의 뿌리라고 할 승용차 부문을 미국의 포드Ford 사에 매각해 버렸다. 승용차는 당시 볼보 매출의 30~40퍼센트를 차지하고 있는 데다 스웨덴의 자존심으로 불릴 정도로 스웨덴 국민의 사랑을 받던 차였다.

그러나 볼보 경영진의 생각은 달랐다. 아무리 스웨덴의 자존심이고 회사의 출발점이기도 하지만 그들은 세계 1위만 선택했다. 경쟁력이 떨어지면 일말의 주저함도 없이 처분하는 선택과 집중의 전략을 취했다. 볼보는 승용차를 팔아 버린 대신 트럭과 디젤엔진에 집중 투자했다.

실용적인 디자인과 합리적인 가격으로 세계적인 주목을 받고 있는 스웨덴의 가구업체 이케아. 매장도 대형 할인매장처럼 구성되어 있다.

볼보의 선택은 탁월했다. 트럭과 디젤엔진 투자에 대한 효과는 금방 드러났다. 트럭의 경우 유럽 및 미국에서 1~2위, 디젤엔진 부문에서도 세계 1위를 고수하고 있을 정도로 성공적인 구조조정을 해 왔다. 볼보는 집중과 선택이라는 현대의 경제 원리를 가장 잘 소화해 성공한 기업이다.

스웨덴의 대표기업 '이케아_{IKEA}'도 선택과 집중의 산물이다. 예테보리에서 더 남쪽으로 내려가면 인구 8,000여 명의 작은 도시 앨름홀트_{Almhult}가 있다. 이 마을 토박이 잉그바르 캄프라드_{Ingvar Kamprad}는 이곳에서 세계적 가구회사인 이케아를 만들었다. 그의 나이 17세 때였다.

IKEA는 자신의 이름 첫 머리 글자(I와 K)에 어린 시절을 보낸 농장 이름 '엘름타리드_{Elmtaryd}'와 그의 고향 마을이 소속된 행정지명 '아군

나리드_{Agunnaryd}'의 이니셜(E와 A)을 더해 만들었다. 창립할 당시엔 가구가 아니라 볼펜이나 종이, 그림용 프레임, 시계, 보석, 나일론 스타킹 등 필요한 모든 것을 싸게 파는 할인판매점이었다. 그러다 1955년에 독특한 가구를 디자인해 파는 가구회사로 변신했다. 많은 사람들을 위해 더 나은 일상의 삶을 창조한다는 모토를 세웠다.

이케아의 특징은 보통사람들이 가장 선호하는 디자인을 중심으로, 하지만 완제품이 아니라 반제품을 창고에서 구입해 집에서 조립할 수 있도록 한 시스템 가구다. 소비자 입장에서는 완제품보다 싼 가격에 가구를 구매해 자신의 취향에 맞는 제품을 만들 수 있는 권리를 누릴 수 있다. 예컨대 식탁의 경우 테이블 상판을 자신의 취향에 맞게 선택할 수 있으며 그 밑에 다는 다리도 자유자재로 선택해 구입할 수 있다.

이케아 제품은 거의 대부분 부품 형태여서 작은 자동차 트렁크에도 웬만하면 실을 수 있도록 되어 있다. 회사 입장에서는 창고 형태의 쇼핑 공간을 효율적으로 이용할 수 있었으며 물류비용도 대폭 줄일 수 있었다.

이케아는 물론 1970년대 다른 스웨덴 가구업자들의 견제로 생존의 위기에 처하기도 했다. 이케아가 새로운 시장을 개척해 나가자 위기를 느낀 스웨덴 가구업자들이 모두 힘을 모아 대응해 나갔다. 스웨덴에서 제품생산이 힘들 정도였다. 그러나 경영진은 폴란드에 공장을 세워 제품을 들여옴으로써 위기를 극복했다.

이케아의 또 다른 선택은 소비자와의 약속이었다. 아무리 원가가 오르고 비용이 올라도 이케아의 가격은 쉽게 움직이지 않았다. 이케아의 창립자 캄프라드는 이를 소비자와의 신뢰라고 믿었고 그의 뚝심은 결국 매우 충성도가 높은 고객층을 만들어 냈다.

이케아의 기업정신은 근검절약으로도 유명하다. 이케아는 세계적인 글로벌 기업이 되었지만 이면지 활용을 의무화하는 등 절약정신이 몸에 배어 있다. 이 역시 가격을 함부로 올려 소비자의 신용을 잃어버리지 않기 위한 전략이기도 하다.

게다가 이케아의 디자인은 모든 소비자가 동의할 수 있는 실용적이고도 민주적 디자인democratic design이라는 개념을 발전시켜 왔다. 특수계층이 사용할 수 있는 가구가 아니라 누구도 쉽고 편리하게 사용할 수 있다는 점에 동의해야 그것이 민주적 디자인이라는 것이다. 더군다나 조립과정에서 소비자의 의도가 창의적으로 개입될 수 있어 소비자의 호응도가 크다. 환경친화적 목재를 사용하는 것은 두말할 나위도 없다. 이케아 역시 선택과 집중이 빚어낸 일류 기업이다.

21세기 신화를 만들어 가다

북유럽 신화에는 아스가르드Asgarðr에 사는 신들의 세상과 춥고 어두운 저승세계인 니플헤임Niflheimr이 나온다. 신들과 저승 사이에 인간이 사는 중간계Miðgarðr가 있다. 요정인 알프Álfr도 나오고 늑대인 펜리르Fenrir도 나온다. 이와 같은 모티브가 모두 세계적으로 알려진 작품 『반지의 제왕The Lords of the Rings』의 바탕이 됐다.

수도 스톡홀름과 제2의 도시 예테보리를 연결하는 E4 고속도로는 외데시회그Ödeshög라는 도시를 지나면서 베테른 호수와 나란히 달린다. 물안개가 늘 자욱한 호수 가장자리에 고속도로를 따라 길게 누워 있는 섬이 보인다. 그곳이 비싱쇠Visingsö 섬이다. 북유럽 전설과 신화, 판타지의 고향이다.

12세기에는 이 섬에 스웨덴의 왕들이 거주했고 섬의 남부 지역인 네스Näs에 역사상 처음으로 왕궁이 건축되기도 했다. 물론 현재는 오래된 무덤의 형체만이 남아 있어 신화와 전설이 금방이라도 살아날 것 같다.

이 섬 주변에서는 여전히 불가사의한 목격담이 전설처럼 내려오고 있다. 1897년 이 섬 근처에서 호수로 떠오른 괴물을 목격했다는 사람들의 기록도 남아 있다. 가장 최근에는 1977년 9월 18일 정오에 카스페르손Peter Caspersson이란 사람이 애인인 루트Rut와 함께 발견했다. 길이는 15~20미터의 크기로 물 밖으로 50센티미터 정도 나와 있었다고 한다.

당시 카스페르손은 지니고 있던 일제 야시카Yashica 카메라로 문제의 '괴물'을 촬영해 지금도 인터넷에서 이 사진을 볼 수 있다. 그러나 실제로 이 사진을 들여다보면 무엇인지 확인하기는 힘들다. 빛의 난반사에 의한 단순한 왜곡 현상일 수도 있을 것이다. 이 호수와 섬을 둘러싼 온갖 전설과 신화가 많다 보니 신비감이 더해져서 그렇게 보일수도 있을 것이다.

비싱쇠 섬은 호수 가운데에 있다 보니 기후가 온화하고 과실이 잘자란다고 한다. 특히 1830년대에 조림造林된 떡갈나무나 참나무가 거대한 숲을 이루고 있으며 치료용 작물인 허브 농장만 800여 개가 있을 정도로 이 섬은 특별한 체취를 풍긴다. 본래 참나무는 해군용 선박을 만들기 위해 심어졌는데 이젠 섬이 가진 신화를 뒷받침하는 방풍림 같다.

비싱쇠 섬을 중심으로 전래해 온 북유럽 신화는 『반지의 제왕』이나 '해리 포터' 시리즈의 일부로 우리에게 모습을 드러냈지만 스웨덴이 지금 만들어 가는 신화는 더 극적이다. 세계 최고 수준의 복지국가요, 세계 제일의 환경국가이며, 세계에서 가장 효율적인 교육제도를 가진 미래지향적 신화 말이다.

현대사회는 너무도 변화무쌍하다. 스웨덴은 그런 길에서 그 누구도 넘볼 수 없는 선택과 집중 그리고 화합을 통해 세계 제일의 강소국 신화를 쓰고 있다. 그리고 그 신화는 앞으로도 계속될 것이라는 것이 전문가들의 공통된 견해이기도 하다.

스웨덴 속담 중에 "약한 자 중에서 가장 강한 자는 자기가 약하다는 사실을 잊지 않는 자이다."라는 말이 있다. 강해질수록 약한 시절의 모습을 떠올리며 자중하고 신중하게 모든 일을 처리한다는 의미일 것이다. 스웨덴은 세계 초일류 강소국을 만들었지만 결코 우쭐해 하거나 거만하지 않는다. 어려운 과거를 뒤돌아보며 가장 낮은 자리에서 늘 새로운 도전에 맞설 힘을 비축해 나가고 있다.

덴마크

황무지에서 일군 최첨단 국가

덴마크 Denmark

공 식 명 칭	덴마크 왕국 Kingdom of Denmark
정 치 체 제	입헌군주제
수 도	코펜하겐 Copenhagen
면 적	43,094 km² (그린란드 및 페로 제도 포함)
인 구	540만 명
언 어	덴마크어, 그린란드어, 페로어
종 교	복음루터교(95%), 기타 개신교 및 천주교(3%), 이슬람교(2%)
문 자 해 독 률	100%
평 균 기 대 수 명	78세
통 화	덴마크 크로네 Dkr
1인당 국민소득	$37,400
주 요 산 업	농축산, 식품가공, 제약, 가구, 섬유, 선박, 천연가스, 석유, 생선, 지하자원

동화의 나라, 레고의 나라

덴마크는 세상의 어린이들이 가장 좋아할 만한 후보 국가 중 하나일 것이다. 전 세계 어린이의 감동을 이끌어 내는 명품 상당수가 '메이드 인 덴마크'이기 때문이다.

전 세계 어린이들의 머릿속에는 적어도 안데르센Hans Christian Andersen, 1805~1875의 동화 한 두 편은 들어 있을 것이다. 그가 풀어 낸 이야기는 동서양의 문화 차이나 과거와 현재의 시간 차이조차 초월했다. 덴마크를 방문하는 어른 관광객조차 코펜하겐의 해안에 있는 '인어공주상'을 찾아 현실에 나타난 환상의 한 조각이라도 붙들어 보려 한다.

본래 '인어공주상'은 덴마크의 세계적 맥주회사 칼스버그Carlsberg의 야콥센Carl Jakobsen 회장이 만들어 냈다. 그는 1909년 안데르센의 원작을 발레로 각색한 동명의 무용 공연을 보고 깊은 감명을 받았는지 에릭센Edvard Eriksen, 1876~1958이라는 조각가에게 동상 제작을 부탁했다고 한다. 야콥센은 이 작품을 1913년 코펜하겐 시에 기증해 지금의 자리에 동상이 세워졌다.

높이 125센티미터, 무게 175킬로그램인 인어공주 동상은 그러나 수난의 대상이 되어 왔다. 머리가 잘려 나간 적도 있고 팔이 부러진 경우도 있었다. 게다가 사람이 없는 새벽이나 밤에 페인트를 뒤집어 쓰는 경우는 비일비재했다. 누드가 꼴사납다고 아예 페인트로 속옷을 그려 주는 친절(?)을 베푸는 일까지 있었다. 남자를 사랑하다 일방적으로 희생했으니 페미니즘의 정신에 맞지 않는다는 이유로 수난을 당하기도 했다.

안데르센의 환상이 현실로 환생한 것이 어쩌면 장난감 '레고'인지도 모른다. 레고 장난감은 세상의 모든 어린이들이 원하는 명품이 된 지 오래다. 색색의 블록을 쌓아 환상의 꿈을 현실로 만드는 거대한 '꿈 공장'의 역할을 한다. 한두 번 가지고 놀다 버리는 것이 아니라 새로운 제품과 지속적으로 결합할 수 있는 시스템 블록의 대명사다. 아버지가 가지고 놀던 레고를 그 아들이 물려받고 또 새것을 보태 완전히 새로운 것으로 만든다.

레고는 덴마크의 빌룬트 Billund 라는 곳에서 목공소를 하던 목수 크리스티안센 Ole Kirk Christiansen 이 만든 회사다. 목공소 일감이 떨어지자 자신의 아이들을 위해 나무 장난감을 만들기 시작했다. 나무 장난감이 입소문을 타고 인기를 얻었는데 사람들이 그저 얻어 가려고만 해 고통을 겪기도 했다. 그래도 그의 장난감이 유명해지자 크리스티안센은 덴마크어로 '재미있게 놀다.'라는 말인 'Leg Godt'를 줄여 'LEGO'라는 이름을 붙였다고 한다.

레고는 그의 아들인 고드프레드 Godfred 가 경영을 맡았던 1954년부터 근본적으로 변화하기 시작했다. 기술의 발전으로 나무 장난감은 1963년부터 플라스틱 레고 블록으로 변화했고 어떤 시리즈와도 결합

빌룬트에 있는 레고랜드. 레고로 만들어 놓은 작은 도시가 인상적이다.

할 수 있도록 진화해 갔다.

　그러면서 10개의 유명한 '레고 원칙'도 정해졌다. 놀이의 가능성이 무한해야 하며 남자아이뿐만 아니라 여자아이도 가지고 놀 수 있어야 한다. 창의력을 증대시킬 수 있어야 하고 아이가 편안하게 즐길 수 있어야 하며 모든 제품의 품질이 완전해야 한다는 등이다. 안데르센의 동화는 레고 블록이 태어난 토양이 됐음을 알 수 있다. 지금도 빌룬트에 있는 '레고랜드'에는 4,200만 개의 블록으로 만들어진 건물과 사람, 역사가 전 세계 사람들의 방문을 받고 있다.

　덴마크 지도를 자세히 보면 마치 동화에 나올 법한 나라처럼 반도에 큰 섬, 작은 섬이 그림처럼 이어져 있다. 독일에서 북쪽으로 쑥 나와 있는 곳이 유틀란트Jutland 반도다. 유틀란트 반도 옆에 큰 섬이 둘 보인다. 핀 섬과 셀란 섬이다. 그 아래로 작은 섬들이 꽤 있다.

핀 섬의 주요도시는 오덴세인데 안데르센의 고향으로 유명하다. 셀란 섬에는 덴마크의 수도 코펜하겐이 있다. 유틀란트 반도와 핀 섬, 셀란 섬은 모두 다리로 연결되어 있다. 특히 코펜하겐에서 스칸디나비아 반도의 끝자락인 스웨덴의 말뫼까지는 바닷속 터널, 그리고 바다 위 다리로 연결되어 있다. 이 다리가 없었다면 육로로는 유럽대륙에서 러시아의 상트페테르부르크를 지나 핀란드를 거쳐야 했다.

덴마크는 마치 과거에서 튀어나온 환상의 나라 같지만 축산물에서 생명공학에 이르기까지 세계 최고 수준의 연구 및 생산 능력을 보유한 일류 국가다. 어린이들이 좋아하는 우유나 치즈, 햄 등 축산물이나 가공제품의 질은 세계 최고 수준이다. 아예 '덴마크'가 가장 신뢰할 만한 상품 브랜드이기도 하다.

게다가 덴마크는 세계 최첨단에 서 있는 의료 및 생명공학의 본산이기도 하다. 농업의 중심지인 유틀란트 반도에서는 농업을 중심으로 한 자원생명공학이 강세를 보이고, 코펜하겐을 중심으로 하는 생명공학 벨트는 세계 최고의 제약업체가 본사를 둘 정도로 강력한 의료분야의 생명공학 메카다.

좌절의 땅에서 희망을 개척하다

덴마크의 국토 가운데 가장 광활한 유틀란트 대평원은 본래 독일어

표기다. 덴마크에선 이월란Jylland 반도라 부른다. 유틀란트 반도가 시작되는 독일 북부 지역은 본래 덴마크 땅이었다. 그런데 19세기 신흥 제국 프로이센이 강성해지면서 덴마크 땅의 3분의 1이나 되는 유틀란트 반도 남부 지방을 죄다 빼앗겼다. 유틀란트 반도는 가로가 171킬로미터, 세로는 450킬로미터에 달한다.

모든 희망은 좌절과 비탄에서 시작된다고 한다. 독일에 그 넓은 땅을 다 빼앗겨 실의에 빠져 있을 때 덴마크 민족주의가 발현됐고, 그 시작 지점이 바로 유틀란트 반도였다. 독일 국경에서 덴마크로 들어간 뒤 유틀란트 반도를 따라 북쪽으로 올라가다 제일 먼저 만나는 큰 도시가 콜딩Kolding이다. 유틀란트에서 가장 중요한 도로 분기점이다. 북쪽으로 직진하면 유틀란트 중부 지역으로 들어가며 오른쪽으로는 핀 섬의 오덴세, 셀란 섬의 코펜하겐으로 연결된다.

콜딩은 덴마크 민족주의의 자취가 곳곳에 남아 있다. 덴마크 좌절의 역사가 고스란히 담겨 있어 민족주의의 성지로 불리기도 한다. 그 상징적인 존재가 콜딩후스Koldinghus라 불리는 성채다. 본래 1268년 슐레스비히Schleswig를 비롯한 독일 북부 지역 제후들이 덴마크를 침략하지 못하도록 막기 위해 세워졌다. 물론 이 고성은 나중에 무너졌고 15세기에 중건되었다고 전한다. 지금 남아 있는 옛 유적의 일부도 15세기 것이다.

16세기엔 대대적인 리모델링 공사를 통해 단순한 요새에서 화려한 왕궁으로 거듭났다. 덴마크 왕이 상주한 건 아니지만 자주 이곳에 들러 유틀란트 방위를 점검했다고 한다. 나중에는 왕이 주로 코펜하겐에 머무는 일이 많아지다 보니 왕의 발길이 끊어졌고 점차 성채도 쇠락했다.

덴마크 민족주의 성지로 불리는 콜딩후스. 견고해 보이는 그 성채에 비해 콜딩후스는 많은 좌절의 역사를 품고 있다. 하지만 늘 그 좌절을 딛고 '재건'을 시도한 것이 덴마크 민족주의의 요체다.

그런데 1808년 겨울 스페인 용병들이 콜딩후스에 주둔했다고 한다. 본래 용병들이란 돈 몇 푼에 목숨을 거는 존재여서 거리낄 것이 없었다. 추운 겨울 난방용 목재가 부족하자 콜딩후스 안에 있는 모든 기물을 가리지 않고 난로에 태워 버린 것이다. 스페인 용병들은 겨울을 그럭저럭 따뜻하게 보냈지만 덴마크의 문화유산은 한 줌의 재로 변해 버렸다. 덴마크인들의 자존심이 땅에 떨어지고 말았다.

게다가 신흥 제국 프로이센이 일어나면서 덴마크가 패배의 쓴잔을 마시자 덴마크 민족주의는 '콜딩후스의 재건'을 기폭제로 불타오르기 시작했다. 콜딩후스 복원을 통해 찢기고 상처 입은 자존심을 치유하려 했다. 그 대표적 인물이 안데르센이었다. 그는 이 성을 복원해 민족적 기념물로 조성해야 한다는 점을 역설했고 수많은 덴마크인들이 이에 동조했다.

1890년대에 재건 작업이 시작되었으며 안데르센의 사후에도 계속되어 수많은 사람들이 찾아오는 민족주의의 성소로 변했다. 물론 지금의 콜딩후스는 다시 찾은 민족적 자존심의 상징이 됐다. 그래서 세계적인 화가의 미술전 등 다양한 문화행사가 열려 유틀란트 문화의 교두보 역할까지 해내고 있다.

콜딩에서 유틀란트 내륙으로 따라 들어가면 작은 나무인 관목으로 도배질한 느낌마저 드는데 이를 히스Heath라 부른다. 굳이 식물학적으로 분류하자면 진달래Ericaceae과 에리카Erica 속이다. 유틀란트 반도에 광범위하게 서식하며 아일랜드, 스코틀랜드 등지에도 많다. 이 관목 서식지는 땅이 척박하고 농사를 짓기 힘들어 황무지에 가깝다.

유틀란트 반도를 전체적으로 보면 북동쪽은 상대적으로 땅이 좀 나은 반면 서부 지역은 얼음이 녹은 물이 모래나 자갈을 운반하면서 생긴 땅이어서 척박하다. 게다가 늘 바람이 불어 그저 작은 관목이나 자라고 있다.

콜딩후스가 민족주의 복원의 상징이었다면 오르후스Arhus라는 도시는 유틀란트 부흥 운동이 시작된 실천의 도시다. 오르후스는 유틀란트 반도의 최대 도시이며 덴마크 전체로 보면 수도 코펜하겐에 이어 제2의 도시다.[31]

이곳에서 가장 유명한 곳은 로열 호텔Hotel Royal이다. 객실 102개짜리로 아담한 호텔이지만 역사와 전통을 자랑한다. 호텔 지하에는 꽤 큰 카지노가 있어 룰렛 게임을 즐길 수 있고 나이트클럽도 있다. 호텔에 들어서면 세계적 피아니스트 루빈스타인Arthur Rubinstein이나 인종차별의 벽을 넘어 세계적인 프리마돈나가 됐던 미국의 여류 흑인 성악가 앤더슨Marian Anderson 등이 이곳에 머물렀다는 브로슈어가 눈에 띈다.

유틀란트 부흥 운동은 바로 이 호텔에서 시작됐다. 덴마크가 강소국으로 발돋움하는 출발점이었다. 덴마크가 유틀란트 반도 일부를 프로이센에 강탈당했던 1866년 3월 28일 이 호텔에서 '국토개발협회DDH, Det Danske Hedesels kab'가 설립됐다. 대부분이 황무지로 버려진 유틀란트 반도의 토양을 연구해 개간하려는 것이 첫 번째 목적이었다.

당시 사정은 매우 급박했다. 불과 2년 전 새로운 맹주로 급부상한 옆 나라 프로이센과의 전쟁에서 덴마크는 참담한 패배를 맛봐야 했다. 자칫 덴마크 몰락으로 이어질 수도 있었다. '철혈재상' 비스마르크Otto von Bismark, 1815~1898가 이끈 프로이센을 그 누구도 막을 수 없었다. 더군다나 다른 유럽제국이 산업혁명의 마지막 열차를 타느라 안간힘을 다할 때 덴마크는 이러지도 저러지도 못한 채 전쟁 배상금까지 물어야 할 수세에까지 몰렸다.

난세에 영웅이 난다고 했는데 이런 시기에 두 명의 선각자가 덴마크의 정신을 다시 살려 냈다. 첫 번째 인물이 그룬트비Nikolai F. S. Grundvig, 1783~1872 목사다. "밖에서 잃은 땅을 안에서 찾자."라며 새 덴마크 건설을 국민에게 호소했고 그 시작이 바로 국민고등학교Danish Folk High School의 설립이었다. 근로 청소년들을 대상으로 민족정신을 이어갈 유능한 지도자를 양성하겠다는 야심찬 계획이었다. 이 학교 졸업생 상당수가 나중에 유틀란트 부흥 운동의 초석이 됐다.

그룬트비가 덴마크인의 정신적 지주였다면 실천가는 달가스Enrico

Mylius Dalgas, 1828~1894 였다. 오르후스의 로열 호텔에서 DDH를 창립한 주역이다. DDH는 이름으로는 협회였지만 실제로는 주식회사의 형태이다. 달가스는 덴마크의 국토 개간을 수행하는 최고경영자CEO였다.

그는 황무지로 버려진 유틀란트를 개간하는 선구자였으며 덴마크 농업을 구조조정 하여 세계일류 농업국가의 기초를 다진 주역이다. 유틀란트는 전통적으로 보리, 밀, 귀리 등을 생산하는 곡물생산 중심지였다. 그러나 프로이센과의 전쟁에서 져 농토의 상당 부분을 잃어버렸다.

엎친 데 덮친 격으로 철도 등 교통수단이 혁신적으로 발전하고 또 저장수단까지 발달하자 유럽에는 미국, 캐나다, 호주 등 신생국의 싼 곡물이 흘러들어 왔다. 유틀란트 농민들은 아무리 풍년이 들어도 가격 경쟁력이 떨어져 곡물의 판로가 막혀 버렸다.

달가스는 단순 농업에서 낙농업으로 전환해야 덴마크 농업이 생존할 수 있다고 믿었다. DDH는 유틀란트의 히스를 다 걷어 내고 목축업을 할 수 있는 초지 개발에 나섰다. 농촌 부흥 운동의 시작이었다. 박정희 정권의 화두였던 '새마을 운동'은 실제로 달가스의 국토 개조 운동을 그대로 베껴 올 정도로 달가스의 농촌 부흥 운동은 제3세계에 많은 영향을 주었다.

단순 농업에서 축산업으로 방향을 틀면서 선구적인 제도들이 도입되기 시작했다. 농축산물의 산업 표준화를 이루고, 농축산물 가공 규격을 통일했으며 이를 뒷받침하는 협동조합 조직이 체계적으로 발전했다. 최종 목표는 품질관리였다.

우리사회에서 1990년대 이후에나 볼 수 있었던 생산 및 유통 추적 방식이 이미 100여 년 전에 덴마크에서 시작됐다는 사실은 놀랍기만 하다. 예컨대 1895년에 창립된 달걀판매조합은 달걀 하나하나에 생산자 마크와 번호를 매기는 품질관리 방식을 도입했다. 우리는 요즈음에서야 달걀 포장 상자에서 생산지와 생산자 이름을 볼 수 있지 않은가? 무려 100년이나 늦은 출발이니 우리나라의 농업과 덴마크의 농업 사이엔 하늘과 땅만큼의 차이가 벌어질 수밖에 없다.

가공식품에 표준화를 도입하다 보니 자연스럽게 품질이 높아졌고 유통과정도 체계적으로 관리됐다. 덴마크 육류 가공식품은 세계에서 최고의 품질을 인정받을 수 있는 내공이 쌓이기 시작했다. 덴마크에서 생산되는 돼지고기 중 약 85퍼센트가 해외로 수출되고 그 가격도 최고 수준이다. 우유를 비롯한 덴마크 유제품도 가위 세계 정상급이다. 덴마크의 전업 농부 1인당 소득은 거의 4만 달러에 육박하고 있다.

농업혁명에서 과학혁명으로

오르후스는 농업혁명에 이어 21세기 과학혁명을 이어가고 있는 중심이기도 하다. 오르후스에 있는 '사이언스 파크Science Park'가 그 핵심이다. 19세기 덴마크 농업 개혁의 진원지가 21세기 첨단과학의 선구자로 진화하는 역동적인 모습을 보이고 있다.

사이언스 파크를 가만히 들여다보면 19세기 국토개발협회DDH의 21세기판이다. 정부, 민간기업, 민간단체 등 50여 개 조직이 참여하고 있지만 조직의 형태는 이익을 내야 하는 주식회사이다. 달가스의

DDH도 협회의 모습이었지만 주식회사였다. 잘 세워진 과거의 전통과 노하우가 어떻게 계승되는지 보여 주는 좋은 사례이다.

'사이언스 파크'는 1984년에 첫 아이디어가 나왔다. 이듬해에 곧바로 '오르후스 사이언스 파크 협회'가 설립됐다. 1986년 4월 주식회사 형태의 '오르후스 사이언스 파크'가 출범했다. 자금이 출연되고 건축 공사가 시작돼 이듬해에 첫 번째 사이언스 파크 빌딩이 준공됐다. 그리고 두 번째의 사이언스 파크는 1989년에 공사를 끝냈다. 사이언스 파크는 모두 11,500제곱미터의 건물로 이루어져 있는데 이곳에는 사무실, 실험실, 편의시설 등이 집중되어 있다.

오르후스가 유틀란트 농·축산업의 중심지였기 때문에 처음에 중점을 둔 곳은 농·생물 분야였다. 2000년 12월부터는 정보통신IT 분야까지 영역을 넓혀 새로운 성장 동력이 됐다. 첨단과학 분야의 산학 협력도 더욱 발전했다. 2004년 4월엔 스케비Skejby 대학병원이 생명공학을 떠맡아 집중적인 지원을 통해 연구가 진행되고 있다.

오르후스 시내 전체로 보면 사이언스 파크는 세 지역에 나뉘어 있다. 오르후스대학 근처 구스타브 비에즈베이Gustav Wieds Vej 지구에는 기업들이 집중되어 있다. 카티네베르크Kattinebjerg 지구에는 정보통신 산업시설, 그리고 스케비Skejby 지구에는 생명공학 연관 연구소 및 기업들이 모여 있다. 세 지역의 네트워킹을 통해 사이언스 파크는 새로운 기술과 아이디어를 가진 회사나 연구자들에게 창업보육센터 역할을 담당하기도 한다.

한국은 주로 미국의 벤처기업을 벤치마킹해 왔지만 가만히 살펴보면 조용히 그리고 확실하게 성공을 거두고 있는 곳은 바로 오르후스

덴마크의 과거를 잘 보존하고 있는 '덴 감레 비'. 교사였던 페테르 홀름은 "건물이 없어지면 덴마크의 과거도 사라진다."며 사재를 털고 모금운동을 벌여 헐리는 고택들을 이곳으로 이전해 왔다.

사이언스 파크다. 전통적인 농축산 강국을 바탕으로 새로운 21세기형 국토계획을 마련해 가는 덴마크의 저력을 오르후스 사이언스 파크는 행동으로 보여 준다.

오르후스는 이처럼 미래의 모습을 보여 주면서도 과거의 전통을 그대로 간직하고 있는 교차점이기도 하다. 반면 '덴 감레 비Den Gamle By'는 우리로 치면 '민속촌'과 거의 같은 오르후스의 야외 박물관이다. 시내 중심에서 약간 떨어진 비보리베이Viborgvei 거리에 있다.

이곳에는 200~400년 전의 건물 75채가 모여 있고 가운데 호수 주변을 따라 바이킹 배를 건조했던 작은 조선소, 선착장까지 있어 흡사 타임머신을 타고 과거로 뒤돌아간 느낌마저 든다. 각양각색의 가게들이 옛 모습 그대로 복원되어 있다. 파이프 가게도 있고 양복점도 옛날 그대로다. 시계 수리점도 있고 돼지 형상을 만드는 도자기

가게, 약재상도 있으며 우리에게 낯익은 물레방아도 있다. 이곳에 오면 과거 유틀란트 사람들이 어떻게 살았는지 금방 느낄 수 있다.

'덴 감레 비'는 많은 기록을 가지고 있기도 하다. 1914년 개장한 세계 최초의 야외 박물관이다. '최초'라는 수식어를 뒤집어 보면 항상 사람들의 고정관념을 깬 위대한 선구자의 모습을 찾을 수 있다. '덴 감레 비'는 페테르 홀름Peter Holm, 1873~1950이라는 인물의 역사와 마찬가지다. 본래 교사였는데 1908년 오르후스에서 소문난 상인의 저택이 헐리게 되자 "건물이 없어지면 덴마크의 과거가 사라진다."며 복원을 결심했다.

그는 사재를 모두 투입하고 모자라는 돈은 여론에 호소해 마련했다. 결국 이 건물을 이전해 일반에 공개했는데 그것이 '덴 감레 비'의 첫 번째 건물 '옛 시장의 관사'였다. 그는 이 건물 보존을 시작으로 1945년 은퇴할 때까지 덴마크 전역에서 헐리는 고택들을 이곳으로 이전해 왔다. 그 집들의 숫자만 50채가 넘는다. 그런 그의 노력을 기리기 위해 '덴 감레 비'의 한쪽에 그의 흉상을 세워 놓았다.

홀름의 헌신과 '덴 감레 비'의 성공은 유럽의 박물관 역사에도 큰 영향을 주었다고 한다. 노르웨이의 베르겐 야외 박물관, 핀란드의 투르크에 있는 야외 박물관도 '덴 감레 비'의 직접적인 영향을 받아 설립됐다. 특히 '덴 감레 비'에는 건물만 생뚱맞게 세워진 것이 아니다. 인테리어 하나하나에도 시대정신이 살아 있다. 걸려 있는 의상이나 커튼, 그리고 놓여 있는 가구에 식기까지 모두 그 시대를 그대로 보여 주는 디스플레이다.

"자유는 공짜로 얻을 수 없다.Freedom is not free!"라는 말이 있다. 덴마크가 세계 초일류의 자리에 오르게 된 것도 결코 공짜가 아니다. 미래로 거침없이 나아가면서도 과거를 잊지 않고 보존해 나가는 정신이 초일류국가 덴마크의 바탕인 셈이다. 진리는 항상 평범하다. 다만 실천이 어려울 뿐이다.

코펜하겐, 메디콘의 중심

코펜하겐은 유럽의 변방도시였다. 섬에 있는 도시였기 때문이다. 오덴세가 주도인 핀 섬을 넘어 셀란 섬 끝자락에 코펜하겐이 있었다. 영어로 코펜하겐으로 부르지만 덴마크식으로는 '쾨벤하븐 København'이다. 사실 이 이름에 코펜하겐의 역사가 녹아 있다. 처음엔 항구라는 단순한 뜻인 하븐 Havn 이라고 했다. 그저 외레순 해협[32]에서 고기나 낚으며 사는 사람들이 모여 사는 작은 어항에 불과했기 때문이다.

그러다 북유럽과 유럽대륙을 연결하는 중간 기착지로 발전하면서 상인들이 몰려들었다. 덴마크어로 상인이란 말이 쾨벤 Køben 이니 결국 '상인들의 항구'라는 뜻이 됐다. 영어식 이름 코펜하겐은 독일어에서 유래됐다.

덴마크의 왕인 블라데마르 아테르닥 Valdemar Atterdag 이 코펜하겐을 수도로 선포한 것은 1343년이다. 덴마크의 영토가 유틀란트 반도, 핀 섬과 셀란 섬, 그리고 지금 스웨덴 영토인 스칸디나비아 반도 남부 지역까지였으니 코펜하겐이야말로 그 중심이었기 때문이다.

덴마크 통합의 상징은 역시 왕실이다. 덴마크 왕국이 공식 국명이기도 하다. 코펜하겐 중심에 있는 '아말리엔보리 Amalienborg'가 마르그레테Margrethe 여왕을 비롯한 덴마크 왕가의 공식 거주지다. 그런데 덴마크 왕궁에선 화려한 복장의 근위대만 없다면 옛날 부잣집들이 모여 있을 정도의 순박함마저 보인다. 도대체 왕궁이 동화의 나라 덴마크와 잘 어울리는 것 같지도 않다.

그 이유는 1794년 본래 왕궁으로 쓰던 크리스티안보르 궁에 불이 났기 때문이다. 당시 왕은 프레드릭 5세Frederik V였고 당장 머물 곳이 없었다. 할 수 없이 당시 귀족들의 소유였던 이 건물을 왕궁으로 사용하겠고 했다. 집값조차 내지 못할 정도여서 이들 귀족 가문에겐 40년 동안 세금을 면제하는 조치를 취했다고 한다.

그 후 1828년 새로운 크리스티안보르 궁전이 지어졌지만 역대 왕들은 그곳으로 돌아가지 않았다. 그러다 또 그곳에서 불이 났는데 지금 볼 수 있는 크리스티안보르 궁은 20세기 들어와 재건된 건물이다. 왕실이 돌아오지 않자 국회의사당으로 그 용도가 바뀌었다. 덴마크 왕실이나 정치는 다른 강소국이 그런 것처럼 늘 국민들을 잘 살게 하는 후원자의 역할로 그 존재를 알리고 있다.

코펜하겐 중앙역 앞에 있는 티볼리Tivoli 파크는 놀이 공원의 대명사로 이름이 높다. 지금은 미국의 디즈니랜드 등이 유명하지만 그 원조는 티볼리 파크다. 1843년에 개장한 테마 파크의 원조다. 놀이 공원의 이름은 전체 설계가 이탈리아 티볼리 시에 있던 에스테 가문의 정원을 모방해서 이루어졌기 때문에 그렇게 붙여졌다.

역사가 오랜 만큼 이 공원과 인연이 깊은 소설가와 시인도 많았다. 특히 동화작가 안데르센은 자주 여길 찾아와 새로운 동화를 구상했다고 한다. 공원 내에는 산책 코스를 비롯한 휴식 공간뿐만 아니라 레스토랑과 롤러코스터 · 회전목마 등의 놀이기구, 미니 카지노, 슬롯머신 등이 있다.

코펜하겐 시내의 번화가 스트로이에는 사람들로 북적인다. 덴마크 경제가 1960년대 이래 순항하고 있기 때문이기도 하다. 덴마크의 모든 경제지표는 상향 곡선이다. 다만 고용인원의 부족 현상과 장기적으로는 경제의 건전성에 영향을 미칠 수 있는 높은 조세부담률이 부정적인 의견으로 나올 정도다.

코펜하겐의 정치는 국민을 감싸고 있는 데다 일찍부터 새로운 성장 동력을 찾아낸 결과다. 덴마크의 미래는 유틀란트 반도의 오르후스와 수도 코펜하겐을 중심으로 두 개의 벨트가 쌍두마차로 이끌고 있다. 유틀란트가 농업 중심의 생명공학센터로 발전하고 있다면 코펜하겐은 특히 의료 부문의 생명과학이 강하다.

코펜하겐은 미국의 실리콘 밸리에 필적할 만한 생명과학의 벤처라는 뜻으로 지은 메디콘Medicon 밸리의 중심지다. 메디콘은 크게 보면 스웨덴 남부 지역의 예테보리, 말뫼와 코펜하겐을 연결하는 생명공학 벨트다. 그 중심은 단연 코펜하겐이다.

스웨덴과 덴마크를 통틀어 의약 산업의 60퍼센트가 이 메디콘 밸리에 집중되어 있다고 한다. 메디콘 밸리에 세계적인 4개의 제약회사[33]가 집중되어 있어 강력한 시너지 효과와 함께 의학 및 과학 산업을 견인하고 있다.

메디콘을 육성하기 위한 코펜하겐 시 당국의 정책도 매우 적극적이다. 당뇨병 · 면역 · 신경과학 · 암 등 네 개 분야를 부문으로 선정해 집중 투자하고 있다. 특히 당뇨병 치료제 분야에서는 세계 최고의 수준을 갖추고 있다는 것이 코펜하겐의 주장이다. 미국의 보스턴컨설팅그룹 보고서에 따르면 당뇨병에 관한 한 최고의 경쟁력은 메디콘이 갖추고 있다.

메디콘의 성과 중에는 휴머니즘에 뿌리를 둔 연구도 꽤 있다. '지뢰 탐지 식물'의 개발이 그것이다. 코펜하겐의 아레사 바이오디텍션 Aresa Biodetection 사가 개발한 것으로 유전자 조작을 통해 개발된 '애기장대'[34]가 그 주인공이다. 애기장대가 지뢰가 매설된 토양 위에 자라게 되면 3~5주 안에 잎이 초록색에서 붉은색으로 변하게 된다.

애기장대의 색깔이 변하는 것은 가을에 단풍이 드는 것과 같은 원리다. 가을이 되면 식물에서는 안토시아닌이라는 붉은 색소가 합성돼 잎 색깔을 붉게 물들이게 된다. 가을이 아니면 안토시아닌을 합성하는 유전자가 작동하지 않는다.

연구진들은 애기장대 게놈에 단풍철이 아닐 때도 안토시아닌 합성 유전자가 작동하게 만드는 새로운 유전자를 삽입했다. 이 유전자는 폭발물에서 나오는 이산화질소 NO_2 가스를 감지해 낸다. 만약 지뢰가 묻힌 땅에 유전자 변형 애기장대가 심어졌다면, 삽입된 유전자가 안토시아닌 합성 유전자를 작동하게 만든다. 그 결과 애기장대의 색이 붉게 변하는 것이다. 물론 아직 경제성이 확보되지 않지만 전쟁 때 뿌려진 지뢰로 엄청난 피해를 입고 있는 캄보디아를 비롯해 세계의 주요 분쟁 지역에서 활용할 수만 있다면 수많은 생명을 구할 수도 있을 것이다.

메디콘은 외레순 해협을 가로질러 스웨덴의 말뫼와 코펜하겐이 도

외레순 다리. 외레순 다리는 코펜하겐과 스웨덴 남부를 연결하여 세계 최대의 식품산업단지를 만들었다.

로와 철도로 연결됨으로써 더욱 비약적으로 발전하고 있다. 덴마크는
이미 1930년대에 유틀란트 반도와 핀 섬, 그리고 코펜하겐이 있는 셀
란 섬을 다리로 연결했다. 그리고 1998년에는 6,790미터에 이르는
현수교 스토레벨트 다리를 포함하는 새 도로 '그레이트 벨트 링크'를
개통해 코펜하겐이 있는 셀란 섬과 다른 큰 섬, 유틀란트 반도를 연결
했다. 반도와 섬으로 이루어진 한계를 거뜬히 극복한 것이다.

남은 문제는 스웨덴과 덴마크의 연결이었다. 덴마크와 스웨덴은 빙
하기시대에 하나의 대륙이었다고 한다. 또한 말뫼를 비롯한 스웨덴
남부 지역은 17세기까지 덴마크의 영토이기도 했다. 해묵은 감정도

있지만 공통점도 많은 지역이다. 스웨덴과 덴마크의 연결은 길이가 무려 16킬로미터에 달하는 다리와 해저터널로 구성된 대역사였다.

덴마크와 스웨덴 양국은 외레순 해협에 길이 4킬로미터의 '페베르홀름Peberholm'이라는 인공섬을 만들었다. 이 섬에서 스웨덴의 말뫼까지는 다리로 연결하고 코펜하겐 쪽으로는 지하 터널을 만들었다. 말뫼에서 페베르홀름까지는 7.8킬로미터이며 해수면에서 57미터 높이의 교각 위에 다리가 건설돼 있다. 페베르홀름에서 코펜하겐까지는 해저터널로 연결된다.

총 공사비는 모두 37억 달러로, 건설에만 7년이 걸렸다. 2001년 6월 1일 양국 왕가가 참석한 가운데 준공식이 열렸으며 덴마크 쪽 터널 출구에서 다리를 건너 스웨덴 말뫼까지 뛰어가는 하프마라톤이 기념행사로 열렸는데 무려 8만여 명이 참여하는 대기록을 세우기도 했다. 현재 톨게이트에서 받는 다리 이용료로 건설비를 갚고 있는데 2035년께 상환이 끝날 것이라고 한다.

터널을 빠져 나가면 곧바로 코펜하겐 카스터럽Kastrup 국제공항이 나온다. 도로가 비행장 바로 옆과 아래를 지나가서 꼭 비행장 구내도로를 달리는 기분마저 든다. 여기에서부터 코펜하겐 시내까지는 8킬로미터다.

외레순 해협의 연결은 스웨덴 남부 지방과 코펜하겐이 있는 지역을 하나로 묶어 비약적 발전을 할 수 있는 토대를 마련했다고 할 수 있다. 북유럽을 잇는 육상 교통로의 확보는 코펜하겐과 덴마크 경제에 날개를 달아 주었다.

외레순 클러스터, 식품 산업의 세계 지배자

외레순 브리지의 탄생은 코펜하겐과 스웨덴 남부 지방을 연결했을 뿐만 아니라 세계 최대의 식품산업단지 탄생에 결정적 계기가 됐다. 코펜하겐과 스웨덴 말뫼를 중심으로 약 20,900제곱킬로미터에 식품 집적단지 즉, 클러스터cluster가 만들어졌다. 덴마크와 스웨덴 국민총생산GDP의 11퍼센트가 이곳에서 나올 정도로 거대한 산업이다.

이곳에 식품 클러스터 아이디어가 나온 것은 1980년대 후반이었다. 유럽연합이 값싼 농산물 생산국가인 동유럽에 문호를 개방할 예정인 데다 덴마크 경제도 어려움을 겪고 있던 시절이었다. 특히 덴마크 식품업계는 직원이 많아도 몇 십 명에 지나지 않는 영세규모를 특징으로 하고 있어 활로를 모색하지 않을 수 없었다.

덴마크 정부는 이를 해결하기 위해 영세규모의 식품업계와 연구기관을 연관 산업으로 묶어 발전시킨다는 계획을 세웠다. 이를 위해 우선 덴마크가 강점인 농축산물과 식품업을 주 무기로 삼아 코펜하겐과 스웨덴의 남부 지방을 묶는 클러스터 형성에 나섰다. 이를 위해 농축산물 생산 및 가공과 연구개발, 포장·수출 등을 원스톱으로 처리하는 공정을 만든 것이다. 연관 기관이 모두 모이면서 제품의 수준도 월등히 높아졌고 마케팅과 제품관리, 재고처리 등에도 획기적인 발전이 이루어졌다.

이에 따라 유제품 생산업체인 스케인 다이어리나 크리스찬 한센, 식품첨가물 1위 업체인 데니스코, 맥주회사인 칼스버그 등 대기업 80여 개를 비롯해 중소기업까지 1,000여 개의 기업이 모여 제품을 생산하고 있다. 우유팩 제조에서 세계 선두를 달리는 테트라팩 등도 당연히 이 클러스터의 일원이다.

또한 코펜하겐대학이나 스웨덴 농과대학 등 양국의 14개 대학이 산학협력 프로젝트를 통해 식품 산업을 발전시키고 있다. 특히 클러스터에는 필요한 자금지원 기능도 있어 외부에서 자금을 끌어오는 역할을 하고 있기도 하다. 외레순 클러스터를 통해 창출된 새 일자리는 6만 개 이상으로 추산되고 있으며 물류, 교육, 정보 지원 등을 포함하면 22만 개의 새 일자리가 창출됐다는 통계도 있다.

특히 의료생명공학이 중심인 메디콘과 식품 클러스터는 미생물과 유산균 등 기능성 식품의 개발에 상당한 시너지 효과를 내고 있다. 여기에서 가장 앞서 있는 대기업이 크리스찬 한센과 스케인 다이어리이다. 크리스찬 한센은 전체 매출 가운데 17퍼센트 정도를 건강 및 미생물 분야에서 올리고 있다고 한다. 스케인 다이어리에서 만드는 유산균 음료 '프리말리브'의 경우 천연 식물성 섬유질이 총 함량 중 34퍼센트에 달해 체내 흡수를 지연시켜 혈당을 낮춰 주는 기능을 한다.

외레순 식품 클러스터의 방향이 기능성 식품으로 옮겨 가는 이유는 부가가치를 최고로 높일 수 있다는 매력 때문이다. 일반식품에 비해 기능성을 부여한 식품은 몇 배나 많은 이윤을 남길 수 있다.

사느냐, 죽느냐? 이것이 문제로다

덴마크의 수도 코펜하겐에서 북쪽으로 45킬로미터 떨어진 항구도시 헬싱괴르Helsingør에는 늘 관광객들로 붐빈다. 셰익스피어의 희곡 『햄릿』의 무대로 알려진 크론보그 성이 있기 때문이다. 2000년에는 유네스코 세계문화유산으로 등재됐다. 외레순 해협을 사이에 두고 스웨덴의 헬싱보리Helsingborg와 비교적 가깝게 마주보고 있어 역사적인 전략 요충지였다.

본래 '크로겐'이란 요새로 시작했다가 나중에 로마네스크 양식의 성으로 재건축했다. 1629년에 화재가 일어나 불에 탔으나 1639년에 복원했다. 1658년 스웨덴의 침공을 받은 적이 있어 더욱 요새화되었고 19세기엔 노예감옥으로 사용하기도 했다.

햄릿은 "사느냐, 죽느냐? 이것이 문제로다."라는 유명한 말을 뱉었지만 그 무대가 된 덴마크에서는 "얼마나 잘 사느냐?"가 화두인 것 같다. 그들은 낙후한 나라를 발전시키기 위해 전국적인 네트워킹을 통해 클러스터를 만들어 갔다. 21세기에 적합한 네트워킹이 전국적으로 이루어졌던 것이다.

덴마크는 전 국토가 섬과 반도로 나뉘어 있기에 그 발전 전략도 떨어진 곳을 하나로 묶는 네트워킹으로 삼았고 멋지게 성공했다. 오르후스 사이언스 파크가 그렇고 코펜하겐을 중심으로 하는 외레순 식품 클러스터와 메디콘이 또한 그렇다. 한때 산업화에 뒤졌던 덴마크는 21세기 정보통신의 시대를 맞아 네트워킹과 집적화를 통해 새로운 르네상스를 창조하고 있다.

노르웨이

불굴의 개척정신, 세상을 정복하다

노르웨이Norway

공 식 명 칭		노르웨이 왕국 Kingdom of Norway
정 치 체 제		입헌군주제
수　　　　도		오슬로 Oslo
면　　　　적		323,802 km²
인　　　　구		470만 명
언　　　　어		노르웨이어
종　　　　교		복음루터교(85%), 기타 개신교 및 천주교 (5%), 이슬람교(2%) 기타(8%)
문 자 해 독 률		100%
평 균 기 대 수 명		79세
통　　　　화		크로네 Norwegian krone, kr
1인당 국민소득		$53,000
주 요 산 업		석유 및 가스, 광산, 전기, 발전소건설

노르웨이 숲? 노르웨이 숲!

　노르웨이 하면 떠오르는 것이 깎아지른 듯 우뚝 솟은 절벽의 연속인 피오르드와 그 위를 밀림처럼 덮은 숲이다. 해안이나 내륙 지방이나 가릴 것 없이 마치 번데기 주름처럼 지도가 곡선에 곡선을 더하고 있다. 노르웨이의 해안선 총 연장은 무려 지구 둘레의 약 반이나 되는 2만 킬로미터에 달한다.

　피오르드는 항만으로 이용되지만 그 옆의 협곡은 수백 미터에 달하며 그곳에서 떨어지는 강물은 폭포가 되어 그야말로 사람의 숨을 완전히 멎게 할 정도의 장관이다. 강의 근원은 산지에 있는 빙하다. 예컨대 요툰헤이멘 산지 서쪽에 있는 요스테달스브레 빙하는 유럽대륙에 잔존하는 최대의 빙하로, 면적은 1,000제곱킬로미터를 넘는다.

　나그네가 되어 그곳을 지나가는 사람에게 노르웨이는 위대한 자연의 숨결을 느끼게 하는 아름다운 곳이다. 그러나 그 숲을 헤치고 들어가 보면 이 땅에 사는 사람들이 얼마나 어려운 자연환경을 극복해 가며 살아가는지 저절로 고개가 숙여진다. 노르웨이인들은 험준한 자연을 늘 도전으로 받아들였고 그 도전을 기회로 엮어 갔다.

음악을 좋아하는 사람들은 1960년대 '비틀즈_{Beatles}'의 노래 'Norwegian Wood'를 기억에 떠 올릴 수도 있다. 무라카미 하루키_{村上春樹}의 소설에 흥미를 가졌다면 1988년 출간한 소설 『노르웨이의 숲_{ノルウェーの森}』[35]을 생각할 수도 있다. 주인공 와타나베가 기타 치며 흥얼거린 것이 바로 비틀즈의 노래여서 그 제목을 살짝 바꿔 따왔다.

존 레논이 노랫말을 쓴 'Norwegian Wood'는 1960년대 허무주의와 히피주의의 묘한 결합을 드러낸다. 한 여인을 만나 사랑했으나 다음 날 아침 그녀는 사라졌다는 그런 노랫말이다. 사랑의 덧없음을 통해 문화 충돌의 시대, 가치 체계의 상실의 시대를 드러냈다는 평가도 있다.

하루키는 비틀즈의 'wood'와 의미가 약간 다른 '숲_{森 Forest}'이란 표현을 썼다. 아마도 황량한 인생을 보여 주는 이미지로서 생명이 없어진 듯 황량한 겨울 숲만한 것이 없었기 때문일 성싶다. 노르웨이라는 이미지는 그래서 험준한 산악과 숲이라는 원초적 외로움을 보여 주는 듯하다.

물론 현실은 전혀 다르다. 노르웨이의 숲은 생명이며 살아 움직이는 산업이기도 하다. 실제로 '노스케스코그_{Norske Skog}'란 회사가 있다. 회사 이름 자체가 '노르웨이의 숲'이란 뜻이다. 1962년 설립된 제지회사로 신문이나 잡지용 종이를 만드는 세계 최대의 회사이기도 하다. 노르웨이의 나무가 가져다준 특별한 은혜이기도 하다.

한때 전 세계에 18개 공장을 소유했던 글로벌 기업으로 국제통화기금_{IMF} 시대 한국에도 무려 2억 달러를 투자해 팬아시아페이퍼_{Pan Asia Paper}라는 회사를 창립한 주역이기도 하다. 나중에 '한국노스케스코

노르웨이의 피오르드. 그들에게 험준한 자연은 순응해야 할 존재가 아니라 개척하고 극복해야 할 대상이었다.

'그'가 되면서 아시아권에서만 연간 140만 톤의 신문용지 생산 능력을 갖춤으로써 아시아·태평양 지역 신문용지 시장의 20퍼센트를 쥐락펴락하던 회사였다.

노스케스코그는 방송이나 인터넷 등의 성장에 따른 전 세계적인 신문사의 불황, 신문지 재료인 펄프의 가격 인상과 물류비용을 끌어올리는 유가의 급등으로 점차 시장에서 철수하기 시작했고 2008년에는 한국에서도 모든 계열사를 매각했다. 그러나 노르웨이의 숲이 가진 잠재력을 노스케스코그만큼 보여 준 사례도 없다. '노르웨이의 숲'은 생명이 죽고 인간이 상실된 곳이 아니라 창조적이며 미래지향적인 동시에 매우 효율적인 산업의 근거지이기도 하다.

노르웨이의 자연을 보면 이곳 사람들이 역경을 얼마나 좋은 기회로 만들어 왔는지 알 수 있다. 이들은 험준한 지형에다 가장 북극권에 가까운 생활터전을 가지고 있어 늘 자연과 사투를 벌이며 살아온 민족이다. 오죽하면 바이킹이 해적의 대명사가 되었으랴. 먹고살기 힘드니 '따뜻한 남쪽'으로 내려가 약탈을 할 수밖에 없었을 것이다. 그들은 자연에 순응하기보다 자연을 정복하고 열악한 환경을 기회로 만들었다. 그들에게 험준한 자연은 순응해야 할 존재가 아니라 개척하고 극복해야 할 대상이었다.

노르웨이의 힘은 자연

험준한 지형을 극복해 가는 노르웨이인의 기개는 어디에서나 눈으로 확인할 수 있다. 특히 수도인 오슬로Oslo와 노르웨이 서부의 중심 도시 베르겐Bergen을 잇는 도로가 대표적이다.

수도인 오슬로 근교에만 겨우 왕복 4차선 도로가 있을 뿐 지형이 점차 험악해지는 서쪽으로 가면 갈수록 2차선이 기본이며 때론 중앙선이 없는 좁은 길도 나타난다. 파르게르네스Fargernes가 주도인 발드레스Valdres 지방은 오슬로 지역과 베르겐의 피오르드 지역 사이에 있는 완충지 같은 곳이면서도 노르웨이 농업의 본산이기도 하다. 파르게르네스에는 그래서 공항도 있다. 활주로 길이가 2,060미터여서 보잉 737이나 보잉 757, 에어버스 320 등 중형 항공기도 이착륙이 가능하다.

이곳에서 더 서쪽으로 가면 공항 건설이 거의 불가능하다. 다만 곳곳에 있는 호수가 비행장 역할을 한다. 수상비행기를 타고 호수에 이착륙 할 수 있으니 호수는 천혜의 비행장이다. 물론 소형 비행기만 가능하다.

노르웨이의 자연은 인간의 접근을 얼마나 꺼리는지 2000년까지만
해도 수도인 오슬로와 서부의 요충지 베르겐의 연결 도로는 겨울만
되면 무용지물이었다. 특히 아우를란트Aurland와 래르달Laerdal 구간이
그랬다. 해발 1,809미터 높이의 블라스크비엔Blaskvien 산악 지대를 통
과하는 것이어서 여름에만 간신히 이용할 수 있었다. 그래서 이 도로
의 별명이 '눈길Snow Road'이었다.

노르웨이 정부는 이 두 지역을 터널로 연결해서 오슬로-베르겐 자
동차도로를 사시사철 연결시킬 야심찬 계획을 세웠다. 1995년에 공
사를 시작했으며 공사비만 1억 2,500만 달러가 투입됐다. 실제로
2000년 11월 27일 열렸던 준공식에는 하랄드 5세Harald V 국왕이 직접
참여했으며 수천 명의 시민들도 참여해 숙원사업의 완공을 축하했다.

현재 이 터널은 전장 24.5킬로미터로 세계에서 가장 긴 자동차용
터널이라는 기록을 가지고 있다. 세계에서 두 번째로 긴 스위스의 세
인트 고타르트St. Gottard가 16.92킬로미터인데, 비교해 보면 이 터널이
얼마나 긴지 알 수 있다.

터널 구간 전체가 암벽인 탓에 공사과정도 순탄치 않았다. 우선 래르
달 쪽 공사가 두 개의 터널을 파 들어가면서 시작됐다. 본래 터널의 출
입구에서 공사가 시작되었지만 이곳에서 6킬로미터 떨어진 티냐달렌
Tynjadalen에서 터널의 중간 지역으로 파고 들어가 중앙에서부터 공사가
동시에 진행되도록 한 것이다. 이와 같은 공법은 공사기간을 크게 단축
했을 뿐만 아니라 터널의 가장 중요한 문제인 공기 흡출에 관해서도 대
단히 유용한 도구가 됐다. 특히 터널 내부의 공기를 집중적으로 티냐달

렌으로 뽑아냄으로써 터널에 신선한 공기를 공급할 수 있었다.

터널 길이가 길다 보니 공기정화 공장을 터널 내부에 건설하기도 했다. 아우를란트 출입구에서 9.5킬로미터 떨어진 지역에 설치된 이 공장은 터널 속에 있는 오염된 공기를 정화하는 데 그 목적이 있다. 이곳에 빨려 들어온 오염된 공기는 정전기 필터를 통해 1차 정화된 뒤 다시 탄소 필터를 통과하면서 완전히 여과되는 공정을 가지고 있다. 한편 지붕 보강을 위해 무려 20만 개의 철제 볼트가 사용되었는데 긴 것은 5미터 정도였다고 한다. 그리고 여기에 부은 콘크리트 면적은 약 35,000제곱미터에 달한다고 한다. 이 공사가 완공되면서 악천후에 고립되기 일쑤였던 아우를란트 지역이 완전히 연결됐다.

래르달에서 터널로 진입하면 이 공사가 얼마나 난공사였는지 알 수 있다. 보통 우리나라에서 보는 가지런하고 마무리가 잘 되어 있는 천장이나 벽과는 전혀 다르다. 터널 구간이 전부 바위 덩어리여서 깨낸 자국이 그대로 남아 있다. 터널 내부도 직선이 아니라 지그재그로 되어 있다. 그런 터널을 30분 정도 달리면 조금 넓은 곳이 나오는데, 마치 외계인들이 건설해 놓은 듯한 휘황찬란한 네온 조명이 차들을 맞는다. 이곳이 터널의 중앙광장이다.

터널 자체가 이곳의 관광지가 되어 버린 것이다. 이곳의 일부 주민들은 터널의 중앙광장에서 만나는 '갈스 나이트 아웃gals' night out'이라는 행사까지 만들었다고 한다. 전체 인구가 470만에 지나지 않지만 자연을 극복해 나가는 노르웨이인의 노력에서 작은 거인의 풍모를 발견할 수 있다. 이 터널은 그 표상이 아닐 수 없다.

그래서 "노르웨이의 힘은 자연Norway. Powered by Nature"이라는 말을 들

송네피오르드의 한 중심지인 비크. 바이킹이라는 말도 작은 만을 뜻하는 비크에서 왔다고 한다.

을 때가 많다. 그들이 살아오기에 가장 험했던 환경이 세계적 관광지로 등장한 것은 오랫동안 자연에 맞서 싸워 온 노르웨이인에 대한 보상이라는 생각마저 든다.

노르웨이의 볼거리는 말할 것도 없이 피오르드와 빙하다. 가장 유명한 곳은 송네피오르드다. 특히 이 피오르드의 중심지 중 하나인 비크/vik는 '계곡'이나 '작은 만'의 뜻을 가졌는데 바이킹이란 말도 이 비크에서 나왔다고 한다.

특히 비크는 2,900여 명, 주변 인구까지 다 합쳐도 약 3,200명의 주민이 거주하고 있는 작은 도시이지만 '가마로스트gamalost'라는 치즈로도 세계적 명성이 있는 곳이다. 무려 1,000년 전 바이킹 시절부터 그들의 조상이 먹던 치즈를 그대로 생산하는데 가마로스트란 말 자체가 '옛 치즈'라는 뜻이다. 그런데 가마로스트는 '바이킹의 비아그라'라고 불릴 정도로 성적 능력을 향상시키는 탁월한 효과가 있다고 한다.

웰빙 먹을거리 전문잡지 「컨비비엄」Convivium에 재니스 니더Janice Nieder 라는 전문가가 기고한 바에 따르면 가마로스트는 단백질 함유량이 50 퍼센트 이상, 지방 함유량은 1퍼센트 미만이다. 특히 가마로스트는 혈중 콜레스테롤을 낮춰 주는 키토산을 상당량 포함하고 있으며 치즈 자체도 감칠맛이 나는 것으로 평가했다.

그런데 옛날엔 이 치즈 만드는 방법이 대단히 엽기적이었던 모양이다. 보통 치즈를 만든 뒤 오래된 양말에 그 덩어리를 넣어서 헛간 아래에 있는 거름 속에다 파묻었다가 치즈가 발효해 스멀스멀 흘러넘치면 먹을 수 있었다고 한다. 오래된 양말과 거름 얘기만 들어도 구역질이 난다. 물론 몸에 좋은 것이라면 가리지 않을 사람도 많겠지만 말이다.

송네피오르드가 세계적 관광지에 들게 된 것은 교통과 통신이 급속히 발달한 20세기부터다. 그 이전의 삶의 고단함은 말로 다 할 수 없을 정도다. 이방인에게도 노르웨이의 자연은 친해지기가 쉽지 않다. 너무도 높고 가팔라서 초자연적이란 느낌마저 든다. 끊임없이 인간을 제압하려는 자연의 의지가 아니었을까? 그래서 노르웨이 사람들이 존경스럽다. 이렇게 험준한 자연에 살면서 삶을 영위하는 그들, 단순히 먹고사는 정도가 아니라 세계 초일류 국가로 성장했던 배경에는 그들의 삶의 터전인 노르웨이의 험난한 지형이 있다. 그 험난함이 그들을 더욱 인내하고 극복하도록 하는 민족성을 길러 주었던 것 때문은 아닐까. 노르웨이의 자연을 극복한 그들이야 말로 살아 있는 위대한 영웅들이다.

노르웨이 관광 산업은 이제 생태관광 eco-tourism 으로 변해 가고 있다. 관광객들이 생태계를 손상시키지 않고 자연을 보존하면서 그 지역의 문화와 자연을 살펴보는 것이다. 이른바 관광 산업에서의 '지속가능한 발전' 개념 도입이다. 특히 생태관광은 일반관광보다 체류하는 기간도 길 뿐만 아니라 유명한 관광지에만 집중되는 현상도 피할 수 있다.

본래 노르웨이는 포경선으로 유명한 국가였다. 노르웨이는 고래를 잡아 수출하면서 많은 소득을 올렸지만 환경단체들의 끊임없는 비난의 대상이기도 했다. 그러나 노르웨이는 고래를 생태적으로 관찰하는 고래관광 산업을 육성하면서 일석이조의 성과를 얻었다. 고래관광 산업은 환경도 보존하고 수입도 올리는 대표적인 생태관광의 하나다.

석유고갈 시대를 미리 대비하는 산유국

농사를 짓기에도 벅찬 환경을 가졌지만 그들은 그 속에서 늘 새로운 것을 찾아냈다. 풍부한 지하자원에다 천혜의 어장은 노르웨이를 세계적인 광공업 및 어업 국가로 올려놓았다. 국토 어디를 가도 자라고 있는 나무로 인해 노르웨이는 세계 펄프 및 종이 산업의 선두주자로 발돋움했다.

더군다나 1970년대에 노르웨이는 세계에서 가장 중요한 산유국으로 부상했다. 그 험난한 바다, 북해에서 유전 개발에 성공했기 때문이다. 산유국이 됐다는 것은 노르웨이 경제에 날개를 단 격이다. 노르웨이의 원유생산 규모는 1일 300만 배럴 정도다. 원유가 전체 생산의 63퍼센트 정도를 차지하지만 천연가스 등의 생산도 급속히 늘어나고 있다. 원유나 천연가스는 거의 대부분 수출하고 있으며 현재 노르웨이는 전 세계 3위의 원유 수출 국가다. 노르웨이 국내 수출 부문으로 보면 원유 관련 수출이 전체 수출 규모의 56퍼센트일 정도로 원유 수출 의존도가 높다.

노르웨이인들의 혜안은 이것이 끝이 아니다. 향후 석유자원이 고갈될 가능성에 대비한 프로젝트가 여기저기에서 진행되고 있다. 지금이야 흥청망청 '땅 위에서 헤엄치기'로 경제운용을 할 수도 있지만 신중한 노르웨이인들은 이미 대비책을 강구하고 있다. 우선 석유로 들어오는 자금 중에서 일정 금액을 들여 정부 석유기금을 만든 뒤 해외 유전 등에 재투자하고 있다. 현재 운용 중인 기금은 원유 부문에만 1,500억 달러 정도다. 유비무환의 평범한 철학을 국가 차원에서 미리 준비해 가고 있는 것이다.

노르웨이 자연이 준 또 하나의 선물은 사시사철 흐르는 급류다. 지형이 험준하고 빙하를 머금고 있는, 사시사철 흐르는 급류는 일상적인 삶에서는 멍에일 때가 더 많다. 그러나 노르웨이인의 눈에는 이것조차 수력발전을 위한 자연의 선물로 여겨졌다. 노르웨이는 유럽에서 최대 규모의 수력발전을 하고 있는 나라다. 전 세계에서는 6위의 규모다.

물론 노르웨이는 극심한 추위에다 전력이 집중적으로 필요한 산업구조로 인해 세계에서 전기 의존도가 가장 높은 곳이다. 이런 점 때문에 노르웨이의 수력발전 기술은 세계 최정상급이다. 수력발전용 터빈이나 이를 제어하는 모니터링 시스템도 최고의 품질로 정평이 나 있다. 게다가 노르웨이에서 쓰고 남는 전력은 모두 다른 국가로 수출해 엄청난 외화를 벌어들인다.

수력발전에 대한 양질의 기술력은 전 세계 40여 개국에 대한 기술 컨설팅 및 연구조사에서도 독보적인 영역을 개척하고 있다. 노르웨이 기술진들은 수력발전을 하려는 이들 국가의 전략이나 기술을 평가하며 최적의 수력발전 시스템을 갖추는 데 결정적 조언을 하고 있다.

이 과정에서 자연스레 노르웨이의 기술과 기술진, 그리고 터빈 등 주요 부품도 수출이 되는 것이다. 아프리카에서 3,000킬로미터를 흐르는 자베지Zabezi 강의 수력 개발에 힘쓰는 8개 국가의 공동 프로젝트를 노르웨이가 주관하고 있는 것도 어찌 보면 당연한 결과다. 노르웨이 업체들은 글로벌화가 진행되는 국제시장의 특성을 정확히 파악하고 그에 적응하고 있다. 특히 수력발전소 건설 및 운영과정을 다 마무리 한 다음에 '납품'하는 이른바 턴-키 방식의 국제 컨소시엄에서는 늘 노르웨이 회사들이 리더다.

그 대표 회사가 노르웨이 국영 스타트크라프트Statkraft 사이다. 이 회사는 네팔과 탄자니아에서 성공적인 프로젝트를 수행했다. 특히 스타트크라프트를 중심으로 한 수력발전 컨소시엄은 '세계 은행World Bank'과 공동으로 제3세계 수력발전 시스템을 컨설팅하고 있다. 노르웨이 건설회사들은 자연히 그 몫까지 차지한다.

워낙 자금 소요가 많은 것이 수력발전 설비라 이에 대한 융자 부문에 있어서도 노르웨이는 특유의 노하우를 가지고 있다. 예컨대 엑스포르트피난스Eksportfinans 같은 회사는 수력발전에 관한 한 저리의 융자로 세계적 명성을 갖고 있는 금융회사다. 주력 산업과 연관 산업을 동시에 발전시키는 노르웨이 특유의 실용성이 모든 기업에 완벽하게 녹아들어 있다.

노르웨이 모델의 구동력은 역시 정부다. 북해 유전이나 수력발전을 이끌어 나가는 기업은 예외 없이 공기업이다. 노르웨이 경제를 좌지우지하는 것이 공기업이다 보니 정부의 리더십과 투명성은 반드시 전제되어야 한다. 주요 경제 부문을 대부분 국가에서 운영하는 체제에서 정부의 부패는 돌이킬 수 없는 재앙이 될 수 있다.

그런데 어떤 국영 기업체도 투명하고 부정이 낄 소지가 없다. 정부의 운영도 마찬가지다. 일등 노르웨이 경제 뒤에는 일등 관료와 일등 정부가 있다는 평범한 사실을 깨닫게 해 준다. 경제운용이 잘못되면 그 정부는 다음 정권에서 선거로 심판을 확실하게 받는다. 그것이 바로 노르웨이 정치다.

노르웨이 의회는 19개 주에서 비례대표제로 선출되는 169명의 의원으로 구성되며 임기는 4년이다. 일단 선거가 끝나면 의회는 일종의 상원과 하원인 오델스팅Odelsting과 라그팅Lagting으로 나뉘어 활동하며 사안에 따라 견제와 균형을 맞추는 상생의 정치가 펼쳐진다.

국민들보다 더 소박한 왕실 – 통합의 구심점

노르웨이 수도 오슬로는 대단히 복잡한 도시다. 시내에 거주하는 인구는 53만여 명, 수도 근교에 거주하는 인원까지 합치면 110만 명에 육박한다. 게다가 전 세계에서 몰려오는 관광객들까지 합치면 도시가 북적댈 수밖에 없다.

도로망을 더 이상 확충하기도 힘든 곳이라 거의 모든 도로가 일방통행이다. 그나마 오슬로 시내 관통도로를 건설하려고 해도 방법이 없어 결국 왕복 8차선을 지하에 뚫어 놓았다. 이 지하도로도 물론 수익자부담에 따라 톨게이트가 있다.

워낙 인건비가 비싼 곳이다 보니 게이트 대부분엔 무인징수기에 동전을 집어넣게 되어 있다. 맨 끝 차선 톨게이트에만 잔돈이 없는 여행객을 위한 포스트가 있고 그곳에 근무자가 한 명 있을 뿐이다. 그나마 그곳에서도 1~2유로의 잔돈은 아예 돌려주지 않는다.

오슬로 시내에서 가장 번화한 곳이 '칼 요한' 거리인데 이곳에서 보이는 언덕에 왕궁이 있다. 매일 오후 1시 30분에 왕궁 근위대 교대행사가 거행된다. 칼 요한 거리를 행진하면서 들어온 왕실 근위대는 참으로 소박해 보인다. 런던의 영국 왕실 근위대의 규모와는 차원이 다르다.

칼 요한 거리에서 왕궁으로 올라가는 널따란 진입로는 포장이 되어 있지 않은, 단단히 다져진 흙길이다. 포장이 되지 이유는 정확히 알 수는 없지만 왕실이 솔선수범해 근검절약하고 있다는 상징일 수도 있다.

왕궁 앞에는 1818년부터 1844년까지

솔선수범과 근검절약으로 국민들의 구심점이 되고 있는 노르웨이의 왕궁.

노르웨이-스웨덴 왕을 지냈던 칼 요한의 동상이 서 있다. 아무런 장식도 없는 듯 절제된 모습의 왕궁은 1848년에 완공되었고 최근에 리모델링했다고 한다. 왕궁의 오른쪽에서 교대식이 열리기는 하지만 말그대로 교대다. 최소한의 행사만 치르고는 싱겁게 끝난다. 그 뒤쪽으로 왕궁공원이 펼쳐지고 있는데 이곳은 작은 호수, 오솔길 그리고 나무로 가득한 그야말로 인간다운 '노르웨이의 숲'이다.

그런데 이 소박한 행사는 5월 17일 제헌절만 되면 엄청난 행사로 탈바꿈한다. 이날은 독립의 소중함이 절절이 배어 있기도 한 노르웨이 민족주의의 최대 명절이기 때문이다. 왕실 근위대의 악단이 앞서가면 그 뒤엔 수많은 어린이들이 노르웨이 민속의상을 입고 춤을 추며 따라간다. 그리고 그때에는 오슬로 시민들 대부분이 행사에 참여한다고 한다. 그 조용하고 소박한 왕실도 이때만큼은 왕궁의 발코니에 나와 손을 흔들 정도다.

노르웨이 왕실이 늘 낮은 자세로 국민에게 다가가는 이유는 노르웨이 역사를 잊지 않기 위해서다. 이웃 바이킹의 피지배자로 오랫동안 살아온 과거를 되풀이하지 않기 위해서다.

오래전 덴마크의 지배를 잠깐 받은 뒤 독립했지만 그만 흑사병 등 내우외환이 겹친 끝에 1380년부터 수백 년간 다시 덴마크의 식민지가 되고 말았다.

그 후 독립을 줄기차게 요구했지만 강대국의 책략에 의해 1814년엔 스웨덴에 합병되고 만다. 물론 스웨덴이 강력한 통합정책을 쓰지도 않았고 자치를 상당 부분 인정함에 따라 1837년에 자치정부가 수립되었고 1884년에는 의회제도도 생겨났다. 노르웨이 민족주의자들은 이 와중에서 끊임없이 독립을 추구했고 그 결과가 1905년 독립국가 건설이었다.

제1차 세계대전 때 중립을 지켰으나 제2차 세계대전 당시 나치 독일의 공격을 받아 5년간 나치 독일의 통치를 받기도 했다. 국토는 잃었지만 노르웨이 망명정부는 전 유럽에서 끈질기게 대나치 투쟁을 전개하였으며 그들은 승전국의 일원으로 자신의 땅을 되찾았다.

노르웨이는 이처럼 뼈아픈 피지배의 역사를 가지고 있다. 그래서 국민통합의 상징 왕실도 최대한 몸을 낮추고 국민과 함께 미래를 개척해 나가는 것이다. 그래서 그들은 상상할 수 없을 정도로 소박하다.

왕궁 앞에 있는 대로가 비포장도로로 남아 있는 것은 다분히 의도적일 수도 있다. 비포장도로는 오랜 식민지 역사 속에서 맨땅에 발붙이고 살았던 그 어려울 때의 초심初心을 잃지 않겠다는 노르웨이 왕실과 국민 간의 무언의 약속일지도 모른다.

왕이 존재하나 통치를 하지 않는 입헌군주국이며 대부분의 실질적인 행정은 총리와 그를 수반으로 하는 국가평의회에 있다. 그러나 노르웨이에서 왕실의 역할은 지극히 중요하다. 왕실은 국가통합의 가장 중요한 실체다. 국왕은 노르웨이 국교회의 수장인 동시에 노르웨이군의 총사령관이다. 현재 노르웨이군은 37,000명 정도이며 침공을 받을 경우 나토 NATO, 북대서양조약기구의 지원을 바로 받는 나토 회원국이다. 오랫동안 독립을 잃었던 민족이어서 자주독립에 대한 관심이 어느 곳보다 높다. 그래서 그들은 유럽연합 통합 과정이 속속 진행되고 있어도 별반 관심을 보이지 않고 있다. 그만큼 자신감이 있다는 징표다.

노르웨이의 모델은 노르웨이뿐이다

오슬로는 '오슬로피오르드'라는 지형의 내륙 안쪽 끝에 있는 도시이다. 바다로부터 100여 킬로미터의 협곡을 달려 들어와야 오슬로에 닿는다. 부두에 세워진 상징적 건물이 바로 오슬로 시청Rådhusplassen이다. 두 개의 탑 모양의 높은 건물 사이에 낮은 건물이 샌드위치처럼 들어있는, 붉은 벽돌로 외장을 한 현대식 건축물이다.

본래 이곳은 선술집이 즐비한 항구의 슬럼가였다. 그러다 1915년 당시 시장이던 헤예르달Hieronymus Heyerdahl의 주도로 도시 재개발의 차원에서 이곳에다 시청을 건설키로 했다. 1920년 국제공모전을 통해 설계를 결정했으나 예산 마련이 늦어져 1930년에야 공사를 시작했다.

시청사의 중심 주제는 갓 독립한 노르웨이의 민족정신을 고양하면서도 건물의 기능이 중시되는 실용성도 갖춰야 하는 것이다. 공사가 한창 진행 중이던 1940년 나치 독일의 침공을 받아 공사가 중단되었다가 1950년 준공됐다. 오슬로 900주년 기념 건물의 상징성을 가지고 있다.

내부엔 역시 민족주의의 상징성이 강조되어 있다. 노르웨이의 대표적인 예술가들에 의한 그림과 조각은 힘이 강조되어 있으며 특히 나치 독일 시대 국민들의 고뇌가 상징화되어 있다. 다시는 나라를 잃지 말자는 반성과 참회 그리고 각오의 자리이기도 하다.

1990년부터 노벨평화상 시상식이 이 시청사 중앙 홀에서 열리고 있다. 스웨덴 출신인 노벨이 평화상만은 노르웨이에 할애한 것은 스웨덴-노르웨이의 새로운 관계뿐만 아니라 평화와 화합을 위해 싸워온 노르웨이 국민에 대한 헌정의 의미도 가지고 있다.[36]

오슬로 시청. 노벨평
화상 시상식이 이곳에
서 열린다.

　오슬로 시 청사의 준공은 식민시대와 침략시대로 얼룩진 노르웨이
의 과거를 묻고 초일류 국가 건설을 예고한 상징적 사건이다. 전후 첫
총선인 1945년 10월 선거에서 노동당을 이끌고 집권한 게르하르트센
Einar Gerhardsen, 1897~1987은 1945~1951년, 1955~1965년까지 총리에 있
으면서 초일류 국가 노르웨이의 초석을 놓은 인물이다. 그래서 그는
노르웨이인들로부터 '란드스파덴Landsfaden'이라 불린다. 국부國父라는
호칭이다. 그는 사회민주주의와 복지국가라는 노르웨이식 발전방식
을 전 세계에 알린 장본인이기도 하다.

　나치 독일이 철군하면서 철저히 파괴한 마을과 국토의 부흥이야말
로 당연히 전후 첫 내각의 과제였다. 게르하르트센 내각은 국제시장
에서의 노르웨이 위상을 강화하기 위해 경제개발 계획을 세우는 한편
분배 중심의 경제정책을 입안했다. 사회주의적 방식을 자본주의에 철
저히 접목시켰다. 이른바 노르웨이 방식이라 일컫는 제3의 길이었다.

　각 부문의 열악한 산업을 발전시키기 위해 국가가 적극 개입했다.

우선 특정 부문 민간기업에 보조금을 지급했으며 대신 정부는 상품과 서비스 등 모든 가격을 통제했다. 이는 곧 놀랄 만한 성과로 나타나 불과 집권 3년 만에 전전 수준의 경제로 회복했다. 이를 토대로 시민 복지 향상에 전력을 기울였다.

그러다 1965년 노동당이 총선에서 패배, 중도 계열의 정당이 집권했다. 그런데도 노동당의 정책 기조를 새로운 집권층은 그대로 지켜 나갔다. 선거에서 이겼지만 노동당 정책이 국민들을 위한 대안이라는 데 새로운 집권층도 이의를 달 필요가 없었기 때문이다. 정파적 이익보다 더 중요한 것이 바로 노르웨이의 국가 생존이며 경쟁력이고, 이를 높이는 데 여당과 야당, 정부와 국민의 차이가 없었다.

더군다나 노르웨이는 국가의 발전을 남의 손에 맡기지 않았다. 다른 나라의 발전을 따라가기를 거부하고 늘 노르웨이 방식의 발전 방안을 만들어 갔다. 다른 나라에서 성공한 방식이라고 해서 결코 노르웨이에 적용될 수 없다는 점을 그들은 오랜 역사를 통해 체감해 왔다. 제2차 세계대전 이후 유럽 대다수 국가들은 이른바 미국식 발전을 교과서로 삼았지만 노르웨이는 늘 자신의 길을 묵묵히 갔고 또 성공했다.

또한 유럽이 하나의 시장으로 가고 결국 하나의 정치 통합체로 가려는 움직임에 있어서도 늘 일정한 거리를 두고 노르웨이 방식을 고집했다. 1970년 지금 유럽연합의 전신인 유럽공동체EC 가입 여부를 놓고도 그런 결론을 내렸다. 당시 정부는 가입을 정책으로 추진하긴 했으나 1972년 국민투표를 거쳐 이를 거부했다. 유럽 통합에 참여하기보다는 노르웨이 방식의 발전을 훼손당하지 않으면서도 유럽의 일원으로서 관계 개선에는 참여하겠다는 확고한 입장을 표명한 것이다.

노르웨이인들은 1994년 보다 발전된 통합 방안인 유럽연합 가입을 놓고 국민투표를 했지만 결과는 역시 다르지 않았다.

노르웨이인들의 이러한 자긍심은 1994년에 열렸던 릴레함메르 Lillehammer 동계올림픽에서 고스란히 묻어 나왔다. 그들은 오랜 기간의 식민지 생활에서도 결코 그들의 기개를 꺾지 않았다. 노르웨이 방식의 경제발전 방향에 대해서도 무한한 신뢰가 있었다. 더군다나 노르웨이인들은 수천 년 동안 그들에게 삶의 멍에가 되기도 했던 험난한 자연환경을 그들의 친구로 받아들여 다룰 줄 알게 된 위대한 민족이라는 자긍심을 가진 민족이기도 했다.

노르웨이 정신의 본질은 개척정신

오슬로 하면 떠오르는 예술가는 에드바르트 뭉크 Edvard Munch, 1863~1944 이다. 1893년 그린 〈절규〉라는 작품으로 전 세계적으로 유명해졌다. 그림을 보는 이로 하여금 미술작품의 주인공과 거의 같은 심정을 갖게 만드는 마술사였다.

뭉크 박물관은 오슬로대학교 옆에 있다. 감정적인 주제를 강렬하게 표현해 관객들에게 직접 호소하는 그의 기법은 20세기 초 독일 표현주의 발전에 중요한 영향을 미쳤다. 그래서 그의 예술은 내면세계를 심미적으로 탐험했다는 평가를 받는다. 극적인 주제, 단순화된 형태, 강렬한 색채를 통해 대상을 독창적으로 평가한다. 고갱이나 고흐와 함께 표현주의의 선구자로 평가되고 있는 까닭이다.

뭉크와 같은 창의적 화가의 등장은 결코 우연이 아니다. 뭉크 미술관 앞, 오슬로대학교 자연사 박물관 및 식물원이 있는 토옌Tøyen을 들여다보면 왜 노르웨이 교육이 다른 강소국 교육과 어깨를 나란히 하고 있는지 깨달을 수 있다.

본래 토옌은 중세시대 이래 영주가 가지고 있던 장원이었다. 그러다 1814년에 오슬로대학교 식물원이 이곳에 설립되면서 거대한 박물관 타운으로 바뀌었다. 옛날 장원의 품새가 그대로 유지되어 있는 듯 거대한 담이 쌓여 있다. 입구로 들어가면 고색창연한 건물이 여기저기 서 있는데 곳곳에 환상적인 자연 그대로의 식물원이 잘 가꿔져 있다. 그 사이사이에 쉴 수 있는 벤치가 놓여 있다. 오슬로 시민들이 자주 휴식공간으로 찾는다는 관계자들의 말에 고개가 끄덕여진다.

이곳에는 특이한 정원도 많다. 통칭 '이코노믹 가든The Economic Garden'이란 곳에는 치료효과가 뛰어난 300여 종의 화초와 식물을 기른다. '록 가든The Rock Garden'에는 정말 노르웨이답게 노르웨이 산악 지역이나 세계의 지붕이라는 코카서스 지역의 고산식물 1,450여 종이 보존·연구되고 있다. 향으로 가득한 '아로마틱 가든The Aromatic Garden'도 있고, 특이하게 열대식물들만 키우고 연구하는 곳도 있다.

식물원 곁에는 동물학을 중점 연구할 수 있는 박물관과 전시실도 밀집되어 있다. 단세포 동물에서 포유동물까지도 관찰할 수 있는 규모이다. 그리고 그 옆에는 또 진귀한 광물자원을 관찰할 수 있는 광물 박물관도 있다. 이곳을 둘러보면 왜 이곳이 '자연사 박물관'이란 이름이 붙었는지 수긍할 수 있다.

이와 같은 거대 연구기관이 초·중·고 학생들에게 완전 개방되어 있다는 것도 강소국 노르웨이의 비결이다. 학생들은 시간만 맞으면 이곳을 방문해 현장경험을 쌓는다. 이것을 바로 무제움 스쿨 서비스 The Museum School Service 라고 하는데, 학생들에게 산 교육을 할 수 있는 교육 프로그램이다.

견학 프로그램을 끝내고 더 깊이 공부하고 싶은 학생들을 위한 심층 코스도 매년 열린다. 노르웨이 교육이 가지는 강점 중의 하나다. 대학과 박물관 그리고 초·중등학교의 긴밀한 링크를 통해 과학입국을 다지는 노르웨이의 부러운 단면이다.

노르웨이 학생들이 자주 찾아 조상의 숨결을 더듬는 곳도 있다. 오슬로 시내에서 버스로 20여 분 교외로 달려 나가면 비그도이 Bygdøy 란 작은 마을이 나온다. 전 세계적으로 유명한 바이킹 박물관 Vikinghuset 이 여기에 있어 늘 관광객들로 만원이다. 물론 비그도이에는 꽤 여러 종류의 박물관이 몰려 있는데 바이킹 박물관이 가장 인기가 있다.

박물관은 그리 크지는 않다. 흰 벽에 빨간 지붕이 얹힌 큰 농가 주택처럼 생겼다. 내부구조는 십자형인데 십자의 머리 부분엔 바이킹 유적의 배에서 나온 유물로 꾸며져 있다. 나머지 세 부분에는 각각 발굴된 배들이 한 척씩 자리를 잡고 있다.

입구에서 처음 보이는 배는 서기 800년대부터 약 50년간 사용된 것으로 추정되는 '오세베르크 호'다. 현재까지 발굴된 바이킹의 배 가운데 가장 오래된 것으로 추정된다. 1903년 오슬로의 근교에 있는 오세베르크 Oseberg 에서 발견되었다. 배의 길이는 21.58미터다. 돛대의 아랫부분이 다른 배와 달리 그리 견고하지 않은 것으로 조사되어 전투용이라기보다는 주로 노르웨이 근해에서 사용된 평화적 목적의 선박이었을 것으로 추정되고 있다. 대체로 35명 정도가 노를 저었던 것으로 보인다. 오세베르크 호에서는 노르웨이 여왕 사후에 여왕의 시신을 실은 일종의 관으로 사용되어 수장된 것이라는 주장도 있다. 각종 장식품, 부엌용품, 가구류 등이 함께 발견되어 이러한 주장을 뒷받침한다.

옆 칸에 있는 '고크스타 호'는 오세베르크 호보다 100년 정도 늦은 9세기에 만들어졌다고 한다. 32명의 노 젓는 사람이 승선한 것으로 조사되었으며 돛으로 항해한 전형적인 바이킹 선박이다. 12두의 말과 6마리의 개 모양으로 장식된 침대 등과 선박에 싣고 다닌 것으로 보이는 3척의 작은 보트도 함께 발견됐다. 세 번째 칸에 있는 '투네 호'는 배 밑바닥을 제외한 다른 부분은 거의 대부분 부패된 채 발견되었는데 원거리 항해용으로 이용된 것으로 보인다. 이 모두는 배가 발굴된 지명을 따서 이름이 붙여졌다.

인류 역사에 남극에 최초로 도달한 사람으로 기록된 아문센. 그가 노르웨이인임은 당연해 보인다.

십자가의 머리 부분에 있는 작은 박물관에는 바이킹 선박에서 발견된 물품을 전시하고 있다. 많지는 않지만 바이킹의 예술이 얼마나 세련된 것인지를 단적으로 알 수 있다. 특히 이 선박들을 통해 노르웨이인들이 얼마나 자연과의 싸움에 혼신을 다한 사람들이었으며 또 미지의 두려움을 극복해 나가는 개척정신의 소유자였는지 한눈에 알 수 있었다.

그래서 현대 역사와 탐험사에 기념비

적 공헌을 했던 프리드티오프 난센Fridtjof Nansen, 1861~1930이나 로알드 아
문센Roald Amundsen, 1872 ~1928이 노르웨이 출신이라는 사실은 별로 놀랍지
않다. 북극 탐험의 전설을 이루었던 난센은 그 뒤 해양학자, 정치가로
도 폭넓은 활동을 벌인 끝에 노벨평화상을 수상하기도 했다. 아문센
은 남극에 최초로 도달한 사람이며, 비행기로 북극을 처음 횡단했다.
바이킹의 정신은 자연에 극히 순응하면서도 극복하고 여러 모로 이용
하는 지혜를 가졌다. 자연과 맞서 싸우며 가지게 된 개척정신은 노르
웨이가 세계 초일류 국가로 발돋움하게 된 가장 극적인 원동력이다.

아문센 스피릿, 강소국 대한민국의 정신

유럽 강소국의 정신, 아문센 스피릿

영국은 한때 '해가 지지 않는 나라'였다. 본토에서 해가 져도 또 다른 영국 땅 아프리카의 희망봉에서, 싱가포르의 태평양에서 그리고 뉴질랜드의 남태평양에서조차 태양이 솟아올랐다. 영국은 20세기 중반 미국에 그 영예를 넘기기 전까지 세상을 호령했던 제국이었다.

노르웨이는 유럽에서도 북쪽 끝의 변방이었다. 역사의 대부분을 식민지로 보냈다. 덴마크로부터 무려 600여 년, 바로 옆 나라 스웨덴으로부터도 100년은 족히 홀대를 당하고 살았다. 영국이 대제국으로서의 기상을 내뿜던 1905년이 되어서야 겨우 독립의 깃발을 들었다.

노르웨이가 독립한 지 겨우 6년째, 영국이 여전히 세계 강대국으로 자존심을 지키고 있던 1911년에 두 나라 간에 예상치 못한 빅 매치가 성사됐다. 세계 최대 강대국과 갓 독립한 신생국 사이에 느닷없이 남극점 정복을 위한 레이스가 벌어졌던 것이다. 영국 대표는 스콧Robert F. Scott, 1868~1912이었고 노르웨이 대표는 아문센이었다.

남극점 도착 순서로만 보면 승자는 아문센이었다. 1911년 12월 14일 인류 역사상 최초로 남극점 도달에 성공했다. 스콧 탐사대는 그보다 한 달여 늦게 도착해 노르웨이 국기만을 하염없이 바라보았다. 그것도 잠시 그들은 곧 베이스캠프로 돌아오는 마지막 대장정을 시작했다. 아문센 탐험대가 전원 무사 귀환에 성공했지만 스콧의 남극점 공격조 5명은 아무도 살아서 돌아오지 못했다.

아문센의 모험적이고도 실용적인 접근이 스콧을 압도했다는 분석은 처음부터 꽤 많은 지지자를 끌어 모았다. 그런데 죽음 앞에서조차 의연했던 인간 승리의 기록 '스콧의 일기'가 발견되면서 분위기는 달라졌다. 레이스에서의 승리보다는 철저한 남극 환경 탐사에 죽음을 초월하는 휴머니즘의 진수가 담겨 있으니 스콧의 죽음은 오히려 훨씬 더 감동이었다.

이 세기적 대결을 보는 우리의 관점은 다소 다른 차원이어야 한다고 생각한다. 그들이 선택한 탐험 방식은 스콧과 아문센의 개인적 성향도 있지만 그들이 살아온 국가의 성격을 전적으로 반영하고 있다는 점에 주목해 보자. 단순한 개인적 선택이 아니라 강대국과 강소국의 전략적 운용방식이 농축되어 나타난다는 관점이다.

탐험대의 목적부터 매우 미묘한 차이가 드러난다. 스콧 탐험대는 남극점 정복의 목적도 있었지만 그게 전부는 아니었다. 남극의 지질을 연구하고 지도를 제작하며 기상과 빙하를 연구할 다른 목적을 가지고 있었다. 이 때문에 장비가 늘어났고 주변 조사도 충실히 했다. 이에 반해 아문센은 단 한 가지 목적밖에 없었다. 남극점에 빨리 도달하는 것이었다. 아문센의 선택이기도 했지만 여력이 많지 않은 노르웨이의 선택이기도 했다.

탐험대의 규모와 장비도 극과 극이었다. 스콧 탐험대는 55명의 대규모로 조직되었고 장비나 물량도 아문센을 압도했다. 장비가 많다 보니 운송수단도 조랑말이 선택됐다. 영국이 세계 최강의 대국이어서 가능한 구성이었다.

아문센의 탐험대는 자신을 포함해 5명이었다. 최소한의 인원과 장비로 구성된 탐험대는 북극 탐험의 경험을 살려 에스키모들이 사용하던 개썰매를 운송수단으로 선택했다. 허스키종의 이 개들은 서로 묶여 있어 한 마리가 크레바스에 빠져도 쉽게 구할 수 있었다. 식량이 떨어지면 개가 바로 그 대안이 될 수도 있었다. 바이킹의 지혜였다.

영국을 배경으로 하는 스콧은 여유를 가지고 정공법으로 남극점을 공략했다. 신생국의 아문센은 달랐다. 두 팀 모두 선박 편으로 로스 해海로 들어가 탐험을 시작했지만 시작은 철저히 영국과 노르웨이를 빼닮았다.

스콧 탐험대는 비교적 안전한 로스 섬에 상륙했다. 그러나 아문센은 로스 섬에서 남극점 방향으로 100킬로미터나 더 들어간 빙붕氷棚, ice shelf에 내렸다. 바다에 떠 있는 거대한 얼음판이라 육지에서 떨어져 나갈 수도 있을 뿐만 아니라 언제라도 깨질 수 있었다. 위험이 있는 만큼 기회도 있다는 것이 아문센의 판단이었다. 최소한의 장비와 개썰매를 선택한 이유도 그 때문이다. 강대국은 잘 포장된 도로를 갈 수도

266

있지만 그렇지 못한 작은 나라는 험한 도로에 먼저 뛰어들어야 승산이 있다.

더군다나 아문센은 주도면밀했다. 남극점에 접근하면서도 돌아올 길을 생각하고 충분한 표식을 남겨 두었으며 곳곳에 식량 저장소까지 남겨 두는 유비무환有備無患의 표본을 보였다. 3일간 남극점에서 머문 일행은 미리 남겨 놓은 표식과 저장소 덕분에 무사히 돌아왔다. 베이스캠프를 떠난 스콧의 공격조 5명은 베이스캠프에서 불과 17킬로미터를 남겨 두고 세상을 떠났다.

남극점을 최초로 정복한 아문센도, 원칙을 지키며 탐험가의 사표가 된 스콧도 모두 위대한 인물들이다. 따라서 특정한 잣대를 들이대어 우열을 가리는 것은 매우 작위적일 수밖에 없다. 두 탐험대의 차이가 결국은 강대국인 영국과 작은 나라 노르웨이의 사고방식 차이라면 우리의 질문은 다음으로 이어질 수 있다.

과연 대한민국의 선택은 어느 쪽이어야 하느냐는 것이다. 영국의 스콧 모델이 적합할까? 아니면 노르웨이의 아문센 모델이 더 합당할까? 21세기의 출발점에 선 우리 자신이 스콧의 영국과 아문센의 노르웨이 가운데 어느 쪽에 더 가까운 구성 요소를 가진 국가인지 전략적으로 따져 보아야 한다.

이미 우리나라에서도 강소국強小國을 비롯한 다양한 모델이 21세기 한국의 지표로 제시되어 왔다. 인구나 국제교역 규모 등 양적인 경제 지표를 따지면 영국 모델에 가깝다고 생각할 수도 있겠다. 그러나 국제화의 경험이나 경제의 건전성, 정치의 수준 등 질적인 면을 곰곰이 따져 본다면 과거의 노르웨이 즉, 신생국에 가까울 수도 있다. 따라서 우리에겐 아문센의 전략이 훨씬 더 설득력 있는 대안이 될 수 있다고 본다.

놀라운 사실은 유럽의 강소국 8개국이 모두 예외 없이 아문센 전략을 국가 경영의 체제로 적극 활용해 왔다는 점이다. 아문센의 전략적 사고를 '아문센 스피릿Amundsen Spirit'이라 부른다면, 이를 이미 유럽의 작은 나라에서 알게 모르게 철저한 일상적 국가 경영의 원리로 원용하고 있음을 볼 수 있었다.

그동안 우리는 많은 좌절과 실패를 겪어 왔다. 그 본질은 아마도 아문센이 가진 작은 나라를 배경으로 하면서도 스콧의 강대국 탐험대처럼 행동하고 정책을 집행해 왔기 때문이 아닌지 뒤돌아볼 필요가 있다.

8개 유럽 강소국의 아문센 스피릿

8개의 강소국은 유럽의 남쪽 끝에서 북쪽 끝까지 널리 퍼져 있다. 각기 독특한 저마다의 땅에 살고 있는 나라들이다. 한 울타리에 사는 사람들조차 3만 명(모나코)에서 1,600만 명(네덜란드)까지 제각각이다. 역사 또한 마찬가지다. 문화와 생활도 판이하다.

그런데 8개 국가를 비집고 들어서면 약속이나 한 듯 국가를 움직이는 작동 원리는 거의 같다. 바로 '아문센 스피릿'이다. 외모는 전혀 다르지만 유전자를 공유한 이란성 쌍둥이 같다. 제각기 시행착오를 거치고 고난과 핍박을 통해 체득한 진리인데 나라에 상관없이 거의 같은 원리로 작동하고 있었다. 각국에 적용된 '아문센 스피릿'의 8개 항목은 다음과 같다.

1. 정치는 결코 전면에 나서지 않는 대신 조정과 통합의 책임을 맡는 그림자이다.
2. 정치 · 경제 · 사회가 투명하며 이는 사회의 효율성을 극대화한다.
3. 교육이 살아있어 최고의 인재를 길러 낸다.
4. 현실에 안주하지 않으며 위험을 안고서도 새로운 도전을 계속한다.
5. 최고의 국민복지가 경제를 더욱 건강하게 만들고 있다.
6. 유연한 전략적 실용주의를 행동의 지침으로 삼는다.
7. 한 치의 빈틈도 없이 정책을 추진하는 치밀함이 몸에 배어 있다.
8. 인권과 평등 · 평화 및 환경보호 등 인류 보편 이념을 가장 적극적으로 실천한다.

첫 번째 특징은 정치가 그야말로 조정과 통합의 '그림자' 역할을 하고 있다는 놀라운 사실이다. 정치가 결코 전면에 나서지 않는다. 본래 서유럽 역사의 전통에서 정당정치의 목적은 정권 창출이다. 정권은 권력을 쥐어 주며 정치인은 그 권력을 누리고 향유한다. 그래서 정치 게임은 생사를 건 생존 게임이기도 하다. 과거 제3세계 후진국에서 빈발했던 쿠데타도 결국 그 게임의 일부분이었다.

그런데 유럽 강소국에서는 하나같이 정치가 주연이 아니라 조연이다. 정권을 잡기 위해 정치활동을 하지만 그 목적은 국민을 더 잘 살게 하고 더 편안하게 해 주는 데 있다. 그래서 정치는 늘 경제활동을 원활하게 하고 국민의 불편함을 살피는 보조 역할supporting role을 충실히 하고 있다.

특히 내부 갈등을 통합·조정하는 관행과 제도가 완비되어 있다. 정치는 국민 사이의 갈등을 조정하고 통합하는 악역을 떠맡는다. 정치의 파장으로 사회가 분열하고 경제가 피해를 입는 일은 결코 이들 유럽 강소국에선 일어날 수 없다. '정치 과잉'의 이행기를 겪고 있는 한국 사회가 반드시 배워야 할 덕목이다.

물론 민족적·언어적 그리고 경제적 갈등이 정치를 통해 악화되는 벨기에의 예외적 경우도 있다. 그러나 그 갈등조차 우리가 일반적으로 알고 있는 제3세계의 갈등구조와는 판이하다. 갈등을 분쟁이 아니라 경쟁으로 유도해 갈 만큼 사회적으로 성숙되어 있다.

유럽 강소국이 가진 두 번째 특징은 투명성과 효율성이다. 웬만해서 숨기는 것이 없다. 국민의 진정한 '알 권리'가 실제로 확보되어 있다. 사회가 유리알처럼 투명해 부정부패가 발붙일 틈조차 없다. 8개 나라 대부분이 국가경쟁력에서 상위에 랭크된 것도 이 때문이다.

투명성은 곧 사회의 효율성과 상관관계에 있다. 군더더기가 없다. 인재는 적재적소에 배치하고 공무원들은 할 일을 책임감 있게 한다. 해야 할 일을 하고 하지 말아야 할 일은 하지 않는다. 전체적으로 낭비가 없으니 자원과 인재의 낭비도 없다.

세 번째 유럽 강소국의 특징은 우수한 교육제도다. 룩셈부르크는 '완벽한 다중언어사회'다. "영어를 배우려면 네덜란드로 가라."는 얘기도 있다. 영국보다 영어를 더 잘 가르칠 만큼 교육이 우수하다는 뜻이다.

비단 언어뿐만이 아니다. 교육제도 자체가 끊임없이 진화하며 하드웨어와 소프트웨어를 손질해 가고 있어 교육이 살아서 숨 쉰다. 교육이 다른 부문을 앞서 나가며 우수 인재를 계속 공급해 주고 있다.

유럽 강소국들은 거의 대부분 파격적으로 교육투자를 많이 하고 있다는 사실도 경제협력개발기구OECD 통계로 밝혀졌다. 이들 작은 나라 경제가 지속적으로 발전하고 또 세계 각국의 투자가 끊이지

국가별 교육비 지출 추이:
GDP 대비 공교육비 비중
2005년 OECD 자료 (단위 퍼센트)[37]

덴 마 크	6.82
스 웨 덴	6.25
노르웨이	6.12
프 랑 스	5.61
스 위 스	5.43
독 일	5.28
미 국	5.08
영 국	4.66

않는 이유도 근본적으로는 인적 자원의 우수성 때문이다.

네 번째 특징은 위기를 늘 기회로 만드는 모험정신이다. 유럽 강소국들은 결코 지금의 현재에 만족하기보다 늘 새로운 시도를 한다. 현실 안주가 아니라 위험을 껴안고서라도Risk-taking 새로운 발전을 이룩해 보려는 도전정신이다.

그래서 유럽 강소국들은 하나같이 남들이 가지 않은 길을 처음으로 개척하며 전진해 왔다. 어떤 국가도 그들의 모범이 될 수 없으며 자신의 길은 자신들만이 만들어 갈 수 있다는 점을 잘 알고 있다.

유럽 강소국들의 다섯 번째 특징은 세계 최고 수준의 복지다. 더욱 놀라운 사실은 최고의 복지 수준이 건전한 경제사회를 만들어 부나 가난의 대물림 현상까지 방지하고 있다는 사실이다. 영국 시사 주간지 「이코노미스트」에 따르면 "미국에서 부자 아빠를 둔 아들은 부자로, 가난한 아빠를 둔 아들은 가난하게 살 확률이 더 높은 반면 유럽에서도 가장 높은 복지 예산을 배정하는 북유럽 국가들은 부든 가난

이든 거의 대물림되지 않는다."고 한다.[38]

기회의 나라라는 미국과 비교해 보면 명확하다. 부모 세대와 자식 세대 간의 소득이 100퍼센트 일치할 경우를 1로 하고 완전히 부(혹은 가난)가 역전될 경우를 0으로 상정하면 미국은 0.54다. 부모의 부나 가난이 자식에게 대물림될 확률이 50퍼센트를 넘는다. 그런데 덴마크, 스웨덴, 노르웨이 등 북유럽은 0.2에 머물렀다. 부모가 부자이든 또는 가난하든 자식 세대의 부와 가난으로 거의 연결되지는 않는다. 최고의 복지가 가장 건강한 경제구조를 만든 것이다.

여섯 번째 특징은 유럽 강소국 모두 전략적 실용주의를 행동의 지침으로 삼고 있다는 점이다. 그들에게도 진보와 보수, 좌와 우가 분명히 존재한다. 그러나 그들의 진정한 차이는 전략의 차이이며 목적의 차이는 아예 없다. 처음도 끝도 강한 나라를 만드는 것이 목적이다. 보수에서 진보로 또는 그 반대 방향으로 정권이 바뀌어도 합당한 정책은 그대로 물려받아 일관성을 유지하는 것이다.

그것은 이들 나라가 역사에서 배워 체화한 지혜다. 유연한 사고와 전략적 행동만이 강대국의 정글에서 작은 나라가 살아남을 수 있는 생존전략이라는 사실을 잊지 않았기 때문이다.

유럽 강소국이 가진 일곱 번째 특징은 치밀함이다. 제법 규모가 큰 나라는 실수를 해도 만회할 여력이 있을 가능성이 높다. 그러나 나라가 작을수록 실수하면 생존 가능성은 줄어든다. 그만큼 치명적이라는 이야기다. 정책 결정을 잘못할 경우 나라 자체가 하루아침에 사라질 위기에 처한다.

유럽의 모든 강소국들이 과거 영토전쟁 시대를 겪으며 몸으로 배운 교훈이다. 그래서 그들은 치밀하다. 한 치의 빈틈도 없이 정책을 수립하고 집행하려 한다. 물론 처음부터 완전무결한 정책을 만들고 집행한다는 의미라기보다 정책 집행 과정에서 생길 수 있는 모든 가능성에 미리 대비해나간다는 뜻이다. 혹 여건이 달라지고 실수가 있더라도 항상 이를 상쇄할 옵션을 풍부하게 준비해 만일의 사태에 대비해 온 것이 바로 작은 나라의 생존법이다. 상대 정당이 입안해 실시한 정책이기 때문에 고친다거나 '아니면 말고'라는 식의 사고가 절체절명의 위기로 몰아넣을 수 있다는 점을 그들은 이미 역사적으로 경험해 왔다.

유럽 강소국이 가진 마지막 여덟 번째 특징은 인류 보편의 이념을 스스로 실천해 가는 국가라는 점이다. 인권이나 양성평등, 가난한 제3세계를 돕는 공적개발원조ODA 그리고 환경에 이르기까지 이들 강소국들은 하나같이 국가 크기보다 몇 배나 더 국제사회에 기여하고 있다.

민족적 정체성이 다른 유럽보다 훨씬 더 명확한 스칸디나비아 국가들조차 스스럼없이 아프리카 난민을 대규모로 받아들인 것도 바로 이 때문이다. 그래서 유럽의 강소국들은 나라 크기보다 훨씬 더 막강한 국제발언권을 가지고 있다. 그들은 비록 나라는 작지만 국제사회를 무지막지한 경쟁사회가 아니라 화합과 평등의 세계로 유도하는 거의 유일한 안전판의 역할을 하고 있다.

아문센 스피릿, 이제 우리 것으로 체화하자

반기문 유엔사무총장이 2006년 12월 14일 취임식 연설에서 이런 말을 했다. 초등학교에 재학 중이던 1956년 헝가리 혁명이 일어났는데 학교 대표로 당시 다그 함마르셸드Dag Hammarskjold, 1905~1961 유엔사무총장에게 편지를 쓰면서 외교관의 꿈을 가지게 됐다고 털어 놓았다.

함마르셸드 사무총장은 스웨덴 외무장관 출신으로 역대 유엔사무총장 중 가장 위대한 업적을 남긴 인물이다. 존 F. 케네디John F. Kennedy, 1917~1963 대통령조차 "20세기 가장 위대한 정치인이었다."고 그를 기렸다. 철저한 자기희생과 헌신으로 전 세계적 존경을 받았다.

유엔 분쟁 해결의 상징이 된 유엔평화유지군도 그의 공로였다. 그는 노벨평화상 수상자로 선정되었으나 1961년 9월 아프리카에서 중재활동을 하다 비행기 사고로 타계했다. 사후에 노벨 평화상을 수상한 유일한 인물이기도 하다.

함마르셸드가 지금까지도 세계인의 존경을 받고 있는 이유는 따로 있다. 진리는 실천을 통해 실현되고 실천은 진리를 좇아 이루어져야 한다는 사실을 일생을 통해 추구했기 때문이다. 자신의 목숨을 바치면서까지 세계 평화와 화합 그리고 평등을 지키려 했던 위대한 스웨덴 사람이었다.

스웨덴을 비롯한 유럽 강소국을 자세히 들여다보면 결국 함마르셸드 같은 사람이 스웨덴 출신일 수밖에 없는 많은 이유를 찾아낼 수 있었다. 함마르셸드를 낳은 유럽 강소국 8개 나라를 비집고 다니면서 찾아낸 진리는 너무도 평범하다. 문제를 파악한 뒤 진리에 비추어 그 답을 찾고 또 그것을 실천하는 것이다.

유럽 강소국 8개 나라가 준 진리는 '아문센 스피릿'이다. 이를 통해 한 맺힌 과거의 약소국 한국이 다가올 미래엔 강소국 대한민국으로 용솟음치는 꿈을 그려 본다. 단순한 부의 축적이 아니라 강력한 국가의 기틀을 새로 세워 세계 평화와 화합에 기여하는 정의로운 대한민국 말이다. '아문센 스피릿'이 우리 것으로 체화되어 실천될 때 그 꿈은 이루어진다. 이 책이 그 먼 길을 가는 하나의 작은 징검다리가 되었으면 한다.

각국 상황 한 눈에 보기

__유럽연합(EU) 제공 각국 정보 및 링크

http://europa.eu/abc/european_countries/index_en.htm

__유럽연합 인포메이션 센터 각국 통계 및 정보

http://ec.europa.eu/research/infocentre/index_en.cfm

__유럽연합 통계국(Eurostat) 제공 각국 통계 및 정보

http://epp.eurostat.ec.europa.eu/portal/page?_pageid=1090,

30070682,1090_33076576&_dad=portal&_schema=PORTAL

__미국 중앙정보국(CIA)의 World Fact Book

http://www.cia.gov/library/publications/the-world-factbook/

index.html

__미국 국무부 각국 Background Notes

http://www.state.gov/r/pa/ei/bgn/

__내셔널 지오그래픽(National Geographic)제공 각국 정보 및 사진

http://travel.nationalgeographic.com/places/continents/cont

inent_europe.html?source=pincl

__각국 역사 지도: 미국 텍사스대학교 도서관

http://www.lib.utexas.edu/maps/

각국 정부 공식 웹사이트

모나코: http://www.gouv.mc/devwww/wwwnew.nsf/Home

안도라: http://www.govern.ad/

룩셈부르크: http://www.gouvernement.lu/

벨기에: http://www.belgium.be/

네덜란드: http://www.government.nl/

스웨덴: http://www.sweden.gov.se/

덴마크: http://www.denmark.dk/

노르웨이: http://www.norway.no/

각국 관광청 웹사이트

모나코: http://www.visitmonaco.com/

안도라: http://www.turisme.ad/

룩셈부르크: http://visitluxembourg.com/

벨기에: http://www.visitbelgium.com/

네덜란드: http://www.visitholland.com/

스웨덴: http://visitsweden.no/

덴마크: http://www.dt.dk/

노르웨이: http://www.visitnorway.com/

주

1) 존 K. 갤브레이스, 박현채 외 옮김, 『불확실성의 시대』(개정판), 범우사, 2007, 431쪽.

2) 미국 CIA의 World Fact Book 2008.

3) 미국 CIA의 World Fact Book 2008.

4) 미국의 저널리스트이자 소설가 비어스(Ambrose Gwinnett Bierce, 1842~1914) 의 말. 비어스는 미국 오하이오 주 출신으로 남북전쟁에 참가했다. 전쟁이 끝난 후 샌프란시스코에서 저널리스트로 활동했으며 결혼 뒤 영국 런던으로 건너가 3권의 풍자적인 책을 출판한 작가다. 단편소설로 『병사와 일반인의 이야기』 (1891), 『이러한 일이 있을 수가 있을까』(1893), 『삶의 한 가운데서』(1898) 등이 있다. 날카로운 풍자를 담은 『악마의 사전』(1906), 문명론집 『해시계의 그늘』 (1909) 등이 있다.

5) 두 사람 사이엔 카롤린느(Caroline) 공주, 알베르(Albert) 왕자, 그리고 스테파니 (Stephanie) 공주를 두었다. 그레이스 왕비는 등장도 극적이었지만 그 인생의 끝 도 극적이었다. 1982년 9월 13일, 파리에서 모나코로 돌아오는 길에 당시 열일곱 살 스테파니가 운전하던 차를 타고 오다 언덕에서 굴렀다. 왕비는 현장에서 사망 했고 스테파니만 간신히 살아 나왔다. 왕비의 죽음이 이렇다 보니 음모설이 뒤따 르게 마련이다. 이런 점에선 그레이스가 영국의 다이애나 왕비보다 훨씬 더 선배 다. 그런데 모나코에서 직접 운전을 해 보면 왕비가 음모가 아닌 실수에 의한 교 통사고로 목숨을 잃었을 수 있겠다는 생각이 든다. 그만큼 이곳의 지형이 가파르 고 길도 험하다. 세기적 염문의 주인공 레니어 3세도 2005년 결국 사망했고 그해 7월 아들이 알베르 2세로 왕실을 이어받았다. 그레이스 왕비만큼 극적이진 않지 만 여전히 신데렐라 스토리가 회자되는 곳이 모나코다.

6) 지금 모나코에 자리 잡은 왕실이나 원주민의 뿌리는 아무래도 리구리아(Liguria) 라는 지명과 연결된다. 리구리아의 흔적은 현재 이탈리아에서 가장 작은 주(州) 인 리구리아 주란 이름으로 남아 있다. 가요제로 유명한 산레모를 비롯해 임페리 아, 사보나, 제노바 등이 대표적인 리구리아 주의 도시들이다. 그리고 그 맹주는 늘 제노바였다. 본래 리구리아라는 이름은 로마시대 이전에 이곳에 살던 원주민 이름이다. 그리스의 역사가 디오도루스 시쿨루스(Diodorus Siculus)는 "리구리 아인들은 산악족으로서 힘든 일을 주로 하며 소박하다."라는 기록을 남겼다고 한다.디오도루스 시쿨루스는 BC 60~BC 30년에 그리스어로 40권짜리 『세계사 (Bibliotheca historica)』를 저술한 역사가이다.

7) 세계 최대 기업 중 하나인 미국의 제너럴 일렉트릭(GE)의 종업원은 2008년 8월 현재 32만 7,000여 명에 달한다. 모나코 인구의 10배가 넘는다. Yahoo의 Finance 통계 인용. http://finance.yahoo.com/q/pr?s=GE

8) 미국 CIA의 World Fact Book 2008.

9) 본래 제노바 출신인 그리말디 가문이 모나코와 인연을 맺게 되는 건 10세기 말이었다. 로마 멸망 이후 이슬람교도인 사라센들이 피레네 산맥을 넘어 모나코 지역까지 진출하자 기독교 연합군이 975년 사라센인들을 추방한다. 이때 큰 공을 세운 사람 중 하나가 기발리노 그리말디(Giballino Grimaldi)였다. 그는 모나코를 비롯한 프로방스 지역에서 대대적인 주민들의 환영을 받았다. 그는 모나코와 직접적인 관련을 맺은 최초의 그리말디 가문의 일원이었고 후일 그리말디 가문이 모나코를 장악하게 된 가문의 첫 인연이었다. 그러나 모나코 왕실은 인터넷의 공식 홈페이지에서 왕실의 시작을 오토 카넬라(Otto Canella, 1143년 사망)에서 시작한 것으로 간주하고 있어 기발리노 그리말디에 대한 자세한 언급은 하지 않고 있다.

10) 당시 제노바는 중세 말기의 정치 바람이 무섭게 불고 있었다. 교황을 지지하는 교황당(Guelphs)과 세속 황제를 지지하는 황제당(Ghibellines) 간의 피비린내 나는 싸움이 벌어졌다. 그리말디 가문은 교황당의 선두주자였고 황제당엔 스피놀라스 가문이 버티고 있었다. 1270년부터 무려 70년 동안 치열한 싸움 끝에 그리말디 가문은 싸움에 지고 말았다. 교황 중심의 중세시대가 서서히 몰락하던 시대였으니 그리말디 가문은 결국 살길을 찾아 야반도주할 수밖에 없었다. 이 위기의 시대 가문의 장자는 프란시스코 그리말디(Francisco Grimaldi)였다. 졸지에 오갈 데 없는 신세가 된 그리말디는 가족과 가병을 이끌고 모나코로 들어가기로 했다. 그런데 모나코 주둔군은 황제당과 연결된 세력이라 결코 성문을 열어 줄 리 없었다. 살을 에는 추위를 뚫고 모나코의 성채에 도착은 했지만 그뿐이었다. 그러자 프란시스코 그리말디는 수하 한 명과 함께 프란시스코회 수도사 복장을 하곤 성문을 두드렸다. 성지순례를 다녀오는 길인데 얼어 죽게 생겼다고 하소연을 한 것이다. 경비병들은 설마 순례 수도사까지 팔면서 나쁜 짓을 하겠냐며 문을 열어 이들을 받아 주기로 했다. 성문이 열리는 순간 그들은 곧 세상과 하직하고 말았다. 두 수도사의 망토 밑에서 튀어나온 칼이 그들의 목숨을 앗아갔다. 그 순간 성채 주변에 매복해 있던 그리말디의 가병들이 벌떼같이 일어나 성 안으로 들이쳤고 그걸로 철옹성이나 다름없던 모나코는 그리말디의 수중에 들어가고 말았다. 1297년 1월 8일의 일이었다. 정적들은 프란시스코 그리말디를 교활하다는 뜻의 '말리지아'라는 별칭으로 불렀지만 가문의 입장에선 '영웅'이었다. 지금도 모나코빌의 로슈에 오르면 제일 먼저 보이는 것이 프란시스코 수도사 복장을 한 프란시스코 그리말디의 동상이다. 모나코를 찾는 관광객들이 즐겨 사진을 찍는 장소다. 둥근 기단을 두개 쌓은 축대 위에 프란시스코회 수도사 망토를 입은 그리말디가 오른 손에 든 칼을 숨기느라 망토로 그 팔

을 덮고 있는 형상을 조각했다. 그리말디는 후에 모나코 경비병 복장에 두 명의 프란시스코회 수도사 문양을 그려 넣어 이를 기념했다. 멋들어지게 속여 넘겼으니 우리 자신이 다시 속지 말자는 의도가 있을지도 모른다. 그런데 세상은 인과응보(因果應報)다. 프란시스코 그리말디는 모나코 주인이 된 지 4년 만인 1301년 황제당 세력의 공격을 받아 성채를 빼앗기고 포로가 되고 말았다. 모나코를 다시 회복하겠다는 꿈을 가졌지만 1309년 프란시스코 그리말디는 세상을 떠난다. 그러나 그가 있음으로 해서 후대의 그리말디 가문은 모나코의 기득권을 주장할 수 있는 근거를 마련했다.

11) 모나코를 빼앗긴 지 20년 만인 1341년 가문의 레니어(Rainier, 후에 레니어 1세로 추앙)가 와신상담 끝에 모나코 성채를 다시 점령했고 이듬해 황제당인 라이벌 스피놀라스 가문으로부터 소유권을 획득했다. 더군다나 레니어는 모나코 인접 지역인 망통(Menton)과 로크브륀느(Roquebrune)까지 돈을 주고 사들임으로써 모나코 독립의 기초를 닦았다. 모나코가 독립 주권을 갖게 된 것은 그로부터 180여년 후. 랑베르 그리말디(Lambert Grimaldi, 1420~1494)가 1489년 프랑스의 샤를 8세로부터 모나코의 독립을 공식 승인받았다. 1512년에는 프랑스의 루이 12세(Louis XII, 재위 1498~ 1515)로부터 독립을 재확인하고 프랑스와 모나코의 영구 동맹이 맺어짐으로써 오늘날 모나코 공국의 기본 골격이 마련된다. 그리말디의 후손들은 서류가 모나코의 독립을 보장하지 않는다는 사실을 너무도 잘 알고 있었다. 그 뒤에도 그리말디 가문의 왕실은 프랑스로부터 독립을 유지하기 위해 프랑스가 싸우는 싸움판에 원정군으로 들어가 목숨을 바치기도 했으며 때로는 지루한 협상을 통해 독립 유지 노력을 게을리 하지 않았다. 카롤린느가 실권을 잡았을 때 망통과 로크브륀느는 모나코로부터 분리를 시도하기 시작했다.

12) 니이하라 히로아키, 국민은행 연구소 옮김, 『기업 성공 6가지 핵심조건』, 매일경제신문사, 2005.

13) 본래 룰렛이란 말은 '작은 바퀴'라는 프랑스어다. 게임 방식은 0에서 36까지의 눈금으로 37등분된(미국식에는 00이 있어 38등분되어 있다) 정교한 회전원반 가운데에 주사위 1개를 넣고 쿠르피에(courpier)라는 전문가가 굉장히 빠른 속도로 회전시킨 뒤 정지한 주사위가 어디에 멈추는지를 놓고 돈을 거는 도박이다. 룰렛의 기원에 대해 확실하게 알려진 것은 없다. 프랑스의 위대한 철학자 파스칼(Blaise Pascal, 1623~1662)이 만들었다는 설이 있는가 하면 익명의 프랑스 수도사가 개발했다는 설도 있다. 게다가 본래 중국에서 개발되었던 도박인데 도미니코회 수도사들이 중국 선교를 갔다 유럽으로 귀환하면서 가져왔다는 설도 있다.

14) 2007년 7월 바티칸이 교황의 지침에 따라 최초로 탄소중립 국가임을 선언했다.

15) 미국 CIA의 World Fact Book 2008.

16) 아르곤은 스페인 북동부 지역을 중심으로 1035년 라미로 1세에 의해 완전 독립한 뒤 450년 동안 왕국으로 존재했던 곳이다. 아르곤은 카스틸과 자웅을 겨루는 스페인 내 2대 파워로 성장했고 결국 1469년 카스틸의 이자벨라 공주와 아르곤의 페르디난드 왕자 결혼으로 양국이 통합됐다. 이 통합 왕국은 스페인 전 지역의 통일을 달성하여 이른바 스페인 황금시대 진입의 초석을 닦게 된다.

17) 이후 1948년 1월 1일 관세 동맹이 더욱 확대되어 3국 상호간의 수입세를 철폐하는 동시에 제3국으로부터 수입품에 대해서 공통의 수입세를 적용하는 단계에 이르렀다. 그러다 1960년에는 전면적인 경제 협력 체제로 전환, 베네룩스 경제동맹을 결성했다. 여기에는 유사시에 군사동맹으로까지 발전시키겠다는 포석이 깔려 있었다. 이들 3국의 협력 관계를 호의적으로 보던 유럽 각국에서 분열된 유럽이 하나의 시장으로 통합되는 것이 더욱 유리할 것이라는 시각이 싹트기 시작했다. 바로 유럽 통합이 시작되는 도화선이었다. 따지고 보면 1952년 유럽 6개국의 유럽석탄철강공동체(ECSC)가 발족, 1958년에 유럽경제공동체(EEC)로 발전, 그리고 유럽공동체(EC)를 거쳐 오늘날의 유럽연합(EU)이 탄생케 된 뿌리가 바로 베네룩스였다.

18) 미국 CIA의 World Fact Book 2008.

19) 레체부르게쉬가 일상적으로 통용되는 모국어임에도 불구하고 프랑스어나 독일어가 더 보편적으로 쓰이는 데에는 이유가 있다. 그것은 표기법의 문제다. 주변 강대국의 눈치를 보고 살아야 했고 또 침략을 당한 이들은 프랑스어나 독일어를 잘 할 수밖에 없는 입장이었다. 그런데 레체부르게쉬는 워낙 소수인들이 사용하는 데다 고어(古語)의 모습이 역력해 많은 국민들은 많은 고민을 할 수밖에 없었다. 레체부르게쉬로 쓰느니 차라리 독일어나 프랑스어로 쓰는 것이 훨씬 손쉬운 까닭이었다. 게다가 레체부르게쉬가 턱없이 부족해 프랑스어나 독일어를 차용할 수밖에 없었으니 언어 자체의 보존이 발등에 떨어진 불이 됐다. 이에 따라 정부 차원에서 해결책을 마련하기 시작했다. 1914년 당시 교육부 장관이던 니콜라스 벨터(Nicolas Welter)의 주도로 학교에 처음으로 레체부르게쉬 철자법 교육 시간이 도입됐다. 룩셈부르크인들이 자국의 언어에 대해 익숙해진 것도 이 때문이다.

20) 무릇 한 국가를 건설한 영웅에겐 늘 전설과 로망이 따라다니게 마련이다. 지그프리트 백작에게도 멜루시나(Melusina)라는 여인이 있었다고 한다. 룩셈부르크 구전에 따르면 지그프리트가 멜루시나에게 청혼했을 때 그녀는 한 가지 요구 조건이 있었는데 매달 하루 낮밤엔 그녀를 혼자 있도록 해 달라는 것이었다. 그 시간에 그녀가 무엇을 하는지 묻지도, 더군다나 미행도 하지 말라는 단서를 달았다. 룩셈부르크판 '금단의 사과'가 생겨난 것이다. 금기가 있으면 반드시 깨고 싶은 것이 사람의 마음이 아닐까? 아담과 이브에서도 강렬했던 금기는 인간의 호기심에 의해 깨어지고 비극을 낳았지만 비극이기에 아름다움으로 남아 있는

것은 아닐지. 많은 스토리가 그렇듯 룩셈부르크 스토리도 비극을 향해 달린다. 멜루시나와 결혼한 지그프리트는 그 궁금증을 도저히 참을 수 없었다. 멜루시나는 매달 첫 번째 수요일 새벽, 성채의 지하 터널에 있던 자신의 비밀 처소로 내려갔고 목요일 아침 태양이 떠오를 때까진 나타나지 않았다. 게다가 멜루시나의 비밀 처소가 지하 동굴을 통해 알제트 강까지 연결되어 있었다. 지그프리트의 의구심은 깊어만 갔고 거의 모든 사람들이 상상할 수 있는 뻔한 스토리의 반전은 시작된다. 지그프리트는 어떤 수요일 부인의 비밀 침소에 몰래 다가갔고 방의 열쇠 구멍으로 훔쳐보기 시작했다. 아니나 다를까 멜루시나는 욕조에 있었는데 물고기의 꼬리가 달린 인어로 변해 있었다. 멜루시나 역시 천혜의 능력을 타고났으니 남편이 몰래 엿보고 있음을 알아차리는 것은 정해진 귀결이다. 그 언젠가 이 비극이 다가오리란 예상을 했음직하다. 순식간에 그녀는 창문으로 몸을 날려 알제트 강으로 사라져 버리고 말았다. 물론 그녀는 다시 돌아오지 않았다고 한다. 그 이후 사람들에게는 알제트 강에서 절세미인의 얼굴을 볼 수 있었다는 얘기가, 큰 인어의 꼬리가 물살을 가르는 모습도 보았다는 얘기가 전해져 온다.

21) 2008년 8월 현재 벨기에 인구는 10,403,951명이다. 미국 CIA World Fact Book.

22) 이 자료는 벨기에 맥주위원회 http://belgianbeerboard.com에서 자세한 내용을 확인할 수 있다.

23) 오린지 공은 후일 아버지의 뒤를 이어 윌리엄 2세(재위 1840~1849)로 즉위한 인물. 그는 영국에서 옥스퍼드대학을 다니는 등 유학을 한 끝에 영국군에 입대해 군 경력을 쌓은 뒤 네덜란드-벨기에 연합군을 이끌고 웰링턴 연합군 사령관 휘하에서 싸우다 바로 이곳에서 부상당했다. 공사에만 4년이 걸려 1824년 완공됐다.

24) 역시 상술이 뛰어난 이곳의 상인연합회에서는 1990년대 중반 오줌싸개 동상의 여성판인 제네킨 피스(Jeanneken Pis)를 만들었는데 이 역시 대단히 조악한 수준이다. 얄팍한 상술이 만든 동상이지만 여전히 많은 관광객들이 호기심을 못 이겨 그곳도 방문한다.

25) 성서학자들은 이 성혈이 진짜라면 그것은 성경에 나오는 아리마테아의 부자 요셉(Joseph of Arimathea)에 의해 보관되었을 것으로 추정한다. 아리마테아의 요셉은 꽤나 부자였고 당시 의회 의원이었는데 빌라도 총독에게 허락을 얻어 예수의 시신을 자신의 동굴에 매장토록 했던 인물이다. 그렇다면 이 성혈은 어떻게 보관되었을까? 그것은 미스터리다. 다만 전해오는 바에 따르면 성혈이 들어 있는 유리와 세공품을 검증해 본 결과 대체로 11~12세기에 콘스탄티노플에서 제작된 것이란 결론을 얻었다. 그리고 그 유리 병 속에는 성혈을 부패하지 않게 하는 향수 성분이 포함되어 있다는 것이다. 그러다 제2차 십자군 원정에 참여했던 플란더스의 기사 디에드릭 반 덴 엘자스(Diederik van den Elzas,

1128~1168)가 브뤼헤로 가지고 왔다고 한다.

26) 1866년 남아프리카에서 처음으로 다이아몬드 광산이 개발되면서 암스테르담의 손길도 바빠졌다. 최초의 광산 개발자는 킴벌리(Kimberley) 사였다. 그리고 그 뒤를 이은 회사가 지금은 너무나도 유명해진 드비어스(De Beers) 사다. 그 등장으로 다이아몬드가 대규모로 공급되었다.

27) 같은 북유럽에 있지만 핀란드는 바이킹과 그 뿌리가 다르다. 언어학적으로 핀란드어는 핀-우고르 언어군(Finno-Ugric languages)에 속한다. 핀어의 대표는 핀란드어이고 우고르어의 대표는 헝가리어다. 핀란드나 헝가리 모두 우랄 지방이나 그 동쪽인 동양에 그 인종적 기원을 두고 있다는 강력한 시사이기도 하다. 아이슬란드에도 바이킹의 후손이 살고 있으며 인구는 2008년 7월 현재 304,367명(미국 CIA World Fact Book 통계)이다.

28) 북유럽 신화의 뿌리라 할 수 있는 서사집. 북유럽 신화에 있어 가장 중요한 자료이다. 운문으로 이루어져 있는 『고(古)에다(Elder Edda)』와 산문집인 『신(新)에다(Younger Edda)』로 구분한다. 신에다는 특히 아이슬란드 역사학자인 스노리 스툴루손이 1220년경 썼다는 기록이 있어 『스노리에다(Snorri's Edda)』로 불리기도 한다.

29) 스위스 제네바의 세계경제포럼이 발표한 「2007년 세계 성 격차보고서(2007 Global Gender Gap Report)」에 따르면 양성의 평등 지위에서 스웨덴, 노르웨이, 핀란드 등이 세계 1위권에 올라 있다.

30) Vinnova는 스웨덴의 각종 시스템을 효율적으로 발전 및 혁신하기 위한 정부기구로 특히 연구개발에 대한 자금지원도 하고 있다. 기술, 교통, 통신 및 노동 분야 혁신에 역량을 집중하고 있으며 이에 참여하는 민간기업도 선별해 연구, 개발 비용을 지원한다.

31) 오르후스가 세계적 주목을 받게 만든 주인공은 그라우발레(Grauballe)인으로 불리는 미라다. 그라우발레는 본래 오르후스 근처의 조그만 마을 이름이다. 1952년 4월 이곳 주민이 땔감용 석탄을 캐다 석탄으로 변해버린 미라를 발견하게 되어 그를 그라우발레인이라고 이름 지었다. 육신은 탄화(炭化)되어 거무칙칙했지만 머리카락이나 피부의 미세한 곳까지 그대로였다. 살아 있는 것처럼 보존이 잘 된 상태였다. 오르후스대학 연구팀의 탄소 연대 측정 결과 대체로 BC 55년경에 생존했던 것으로 추정됐다. "브루투스 너 마저!"라고 외쳤던 로마 황제 카이사르와 동시대 인물이다. 그라우발레인은 지금 오르후스 근교 호이베르그(Højbjerg)에 있는 '모에스고르드(Moesgård) 선사 박물관'에 전시되어 있다.

32) 덴마크어로는 Øresund, 스웨덴어로는 Öresund이다. 덴마크와 스웨덴을 가로지르고 있다.

33) 이곳에 거점을 둔 4개의 제약회사는 노보 노르디스크(Novo Nordisk), 아스트 라제네카(AstraZeneca), 레오파마(LEO Pharma), 그리고 룬트벡(H. Lundbeck) 이다.

34) 애기장대는 발아(發芽)에서 다음 발아까지 6주밖에 걸리지 않는 데다 크기도 작아 식물 연구의 모델 식물 역할을 하고 있다. 특히 화학물질을 쓰면 다양한 형태의 돌연변이체를 만들 수 있어 우주 실험이나 유전자 변형 연구에 가장 자 주 쓰이는 식물이다. 이미 2000년에 약 1억 2,500만 개로 추산되는 게놈의 염기 서열이 완전히 해독되었고 400여 종의 유전자도 발견된 상태다.

35) 우리나라에서는 문학사상사가 『상실의 시대』란 의역 제목으로 2000년 출간했다.

36) 2000년에 김대중 대통령이 바로 이 자리에서 노벨평화상을 수상했다.

37) 「경향신문」 2006년 6월 4일자 인터넷 재인용. http://media.daum.net /foreign/asia/view.html?cateid=1042&newsid=20060604162307597&p=khan

38) 「경향신문」 2006년 6월 4일자 인터넷 재인용. http://media.daum.net /foreign/asia/view.html?cateid=1042&newsid=20060604162307597&p=khan

**작지만 강한
나라를
만든 사람들**

위기 속에서 성공의 기회를 발견한 유럽 강소국 사람들의 지혜

초판 인쇄 | 2009년 3월 1일
초판 발행 | 2009년 3월 10일

지은이 | 김성진
펴낸이 | 심만수
펴낸곳 | (주)살림출판사
출판등록 | 1989년 11월 1일 제9-210호

주소 | 413-756 경기도 파주시 교하읍 문발리 파주출판도시 522-2
전화 | 031)955-1350   기획·편집 | 031)955-1357
팩스 | 031)955-1355
이메일 | book@sallimbooks.com
홈페이지 | http://www.sallimbooks.com

ISBN 978-89-522-1092-0   03320

책임편집·교정 : 정회엽

값 13,000원